U0929567

CHINA

# 中日广告文化比较研究

JAPAN

董彬　孙顺华◎著

A COMPARATIVE STUDY OF ADVERTISING CULTURE BETWEEN CHINA AND JAPAN

中国社会科学出版社

**图书在版编目(CIP)数据**

中日广告文化比较研究／董彬，孙顺华著．—北京：中国社会科学出版社，2016.12

ISBN 978－7－5161－8939－9

Ⅰ.①中… Ⅱ.①董…②孙… Ⅲ.①广告文化－对比研究－中国、日本 Ⅳ.①F713.80

中国版本图书馆CIP数据核字(2016)第221726号

出版人 赵剑英
责任编辑 任 明
特约编辑 李晓丽
责任校对 朱妍洁
责任印制 李寡寡

出 版 中国社会科学出版社
社 址 北京鼓楼西大街甲158号
邮 编 100720
网 址 http：//www.csspw.cn
发行部 010－84083685
门市部 010－84029450
经 销 新华书店及其他书店

印刷装订 北京市兴怀印刷厂
版 次 2016年12月第1版
印 次 2016年12月第1次印刷

开 本 710×1000 1/16
印 张 15
插 页 2
字 数 246千字
定 价 58.00元

凡购买中国社会科学出版社图书，如有质量问题请与本社营销中心联系调换
电话：010－84083683

# 前　言

每个国家的广告都成长于自己民族传统文化的土壤中，都沉淀了丰富的民族文化内容。鲁迅先生说，民族的即世界的。人类越是走向世界一体化，民族文化的特征越是会引起人们的关注。体味和弘扬传统文化的特殊韵味，正成为当今中国乃至世界文化的热点。但中国广告近三十年的发展史，是一场典型的“西学东渐”运动，从对西方广告创意的顶礼膜拜、模仿甚至抄袭，到对西方广告营销理论的痴迷和追随，在这场轰轰烈烈的运动中，拥有几千年历史的中国传统文化在广告中逐渐淡化。传统文化的缺失必然导致广告与本土消费者的距离渐行渐远。在这样的大背景下，对广告文化的研究就显得尤为重要。

英国著名文化人类学家泰勒在 1871 年出版的《原始文化》一书中对文化的界定是至今公认的权威表述：“所谓文化或文明乃是包括知识、信仰、艺术、道德、法律、习惯以及其他人类作为社会成员而获得的种种能力、习性在内的一种复合体。”广告文化是什么？过去我们总是从商业文化的视角将它定义为文化的附加值，是商品设计、生产、包装、宣传过程中展现出的生活方式、价值取向。那么从文化学的视角考虑，我们就把它定义为“民族文化的艺术呈现”和“民族文化的精神再现”。因为从文化的视野来看，“广告的文化本质注定了关系万众且又背负深深的广告现象的文化学、社会学特征和存在论意义，这一特征和意义与普遍的人类生命关系（当然同样是人类文化关系）以致社会结构关系交融在一起，共同织就了碧丽辉煌却又筚路蓝缕的广告传播的历史性命运”。[①] 广告文化不仅仅反映社会生活，而且反映了一个民族的文化。早在 1927 年，戈公振

① 邹徐文：《一种大众传播模式的结构主义解读：关于广告文化现象的社会学分析》，人民出版社 2010 年版，第 1 页。

在《中国报学史》中就说过，“广告为商业发展之史乘，亦即文化进步之记录”。无疑，广告在追求商业目的的同时，还蕴藏着某种文化观念和文化价值，而这些文化价值和文化观念对人们起着潜移默化的教化功能。成功的广告往往有其深厚的时代文化内涵，它是时代进步中文化的一面镜子。[①] 正因为如此，当我们站在历史的高度回瞰广告时，我们看到的不仅仅是广告作为商品宣传符号所起到的销售功能，在它的身上同时体现着勃勃生机的民族文化，它本身就是绵长久远的民族文化的呈现。因此，只有认真地研究广告文化产生的诸种文化条件，研究广告所包含的丰富多彩的文化内容，我们才会对广告的文化特征有一个比较明确的认识。寻根以振叶，沿波而讨源。一个民族赖以生存的环境、经济、政治、道德伦理体系等的交互作用共同构成了一个民族的文化模式和价值建构，进而成为广告文化的表达内容和艺术文化的审美取向。

在体悟中国广告 30 年的文化韵味时，本书选取了日本近三十年的广告文化作为参照系。之所以选取日本进行比较，是因为中日两国的广告文化背景有很多相似之处。中日两国是一衣带水的邻邦，有着两千多年的文化交流史，日本在文化、经济、政治体制、宗教、生活习惯等方面深受中国的影响。中国的儒家文化被日本吸收和接纳，与本民族文化进行融合，对日本国家行为、个体心理、个体行为起到规范和指导性的作用。文化背景的相似性便于对两国广告文化做出有针对性的比较。同时，日本广告从 20 世纪 60 年代就接受欧美文化的影响和冲击，走过了纷繁复杂的发展历程。在长期的广告实践中，日本注重将别国的先进经验与本国的政治、经济、文化相融合，逐渐形成具有鲜明特点和独特风格的广告文化。而今，日本的广告已居于世界前列。比较与日本广告文化的异同，既利于评估我国广告文化在现代文化中的存在价值，又可以了解日本广告文化的特色，学习日本广告文化发展中的先进经验。

广告文化所涉及的内容实在是太深太广了。一方面，从经济到政治，从伦理到法律，从哲学到市井，从风俗习惯到审美心理，都涉及广告文化的内容，它们从不同视角不同程度地对广告文化产生着或深或浅、或大或小的影响。另一方面，广告创作的整个过程，从广告主题到创作风格、表现手法以及广告法律法规的制定，无处不渗透着文化的影子。因此，要对

① 刘剑、李殿来：《浅谈广告的文化内涵》，《新闻传播》2004 年第 5 期。

广告文化进行全面翔实地阐释，需要多种层面多个视角的分析和研究。但毋庸置疑的是，中华民族传统的道德伦理体系是中华传统文化的核心。所以，我们从广告文化中涉及传统道德伦理的几个方面进行了初步探讨，以试图寻求广告文化形成的奥秘。本书所涉及的主要内容包括：中日广告与"忠""孝"观念，中日广告与"义""俭"观念，中日广告与女性文化，中日广告与民族文化心理，中日广告创意历程比较以及中日公益广告主题比较。当然，这只不过是选取了伦理道德领域中的几个具体的问题。但即使是如此初步的探讨，我们也能够深刻地感受到广告与文化之间密不可分的关系：虽然广告作为商业社会的产物，有其自身的发展规律和特质，但形成广告的这一切要素都离不开文化，从某种意义上，我们甚至可以说广告本身就是一种文化。

# 目　录

# 第一章

# 中日广告与“忠”“孝”观念

菲利普·科特勒将广告讯息诉求分为理性诉求（Rational Appeal）、感性诉求（Emotional Appeal）和道德诉求（Moral Appeal）。“道德诉求”就是让消费者感觉到什么是对的与适当的，以激发消费者伸张正义及公理的情绪为诉求重点。假设有同样品质但不同品牌的产品，通过广告向其产品注入伦理道德因素的品牌常常会具有较大的比较优势。[①] 广告是社会生活的反映，在广告中我们可以依稀看到社会伦理的缩影。

中国和日本共处于东亚文化圈，日本深受中国文化特别是儒家的伦理观影响，甚至有“儒教之国”的说法，两国建立在相同文化根基上的伦理观有很多共同的属性。其中，“忠”与“孝”的传统伦理价值观是中日两国在处理家庭、社会以及人际交往过程中最基本的准则。但由于两国人文和社会环境不同，这些最基本的伦理道德观在两国文化中又展现出不同的特色。在日本文化中，对“忠”非常关注，忠诚甚至成为日本人的基本特质，日本人的舍我奉献精神闻名世界。而中国更注重“孝”。孝道是中国人的立身之本，是衡量一个人的最基本的道德标准。两国社会伦理观的差异必然会深深镌刻在广告伦理中。

中日广告在孝道内容的表现上非常相似，两国都出现了大量提倡孝敬父母的主题广告，并通过以情动人的手法深入人心。不同的是中国广告在表现孝道主题时直抒胸臆，而日本广告则是含蓄隐晦。在对忠文化的理解上，两国广告表现出较大的差异。忠在中国广告中重点表现为弘扬爱国主义精神，而在日本广告中我们很少见到正面宣传爱国主义的广告，更多地表现为对环境的保护和对家园的爱护。

---

① 金书羽、陈正辉：《广告的德性》，《广告大观》（理论版）2007 年第 5 期。

## 第一节　根深蒂固的积淀：中国广告中的忠孝观念

忠孝伦理观是我国最基本的伦理观念，在中国广告中我们可以看到两种形态：一种是强化表现忠孝的伦理精神。这里所说的伦理，是指长期以来沉淀在人们心中的对事物的传统看法。另一种是呼吁忠孝伦理观念的回归。在近三十年的广告发展中，对“忠”与“孝”观念的关注基本呈现逐年上扬的发展轨迹。

### 一　中国“孝”观念的渊源

“孝”是在中国影响最深远的一个伦理概念。它是中国自原始社会以来形成的最重要的社会伦理观念。孝的道德观念产生于最古老的中国原始家庭，是中国古代社会道德关系的基础。它建立在以血缘为基础的原始氏族的宗法社会基础之上，深深地渗透于中国传统文化心理之中，主宰着中国人的价值观念和行为规范。孝道观念先于儒家思想。

孝顺父母是孝道观念的核心。许慎《说文解字》称：“孝，善事父母者。从老省，从子，子承老也。”《尔雅》中说：“善事父母曰孝。”孩子善事父母，是人伦之纲常，是家庭关系维系的根本。“事父母，能竭其力。”① 作为子女，应该竭尽全力赡养父母。这里说的赡养，不只是物质上的满足，还包括在精神上从内心深处对父母的敬爱。孝的最高境界是顺应父母，凡事都听从父母。《论语·学而》中说：“父在，观其志，父没，观其行，三年无改于父之道，可谓孝矣。”② 父母在，学习他们的志向，父母不在了，反思他们的行为，多年不改变父母的行径和志向。孝敬父母这是做子女根本的品德，顺从父母者才是孝的境界。在以血缘关系为纽带的中国古代农业社会中，群落、宗族以及国家都是在此血缘基础上建立起来的。“孝”可以推衍为是维系国家的最根本的品格。

孝是做好万事的基础。在古人看来，一个人在家庭中能够孝敬父母，那么他就是一个值得托付终身，成就举国大事之人。只有对父母孝敬，才会对国家忠诚。《论语·学而》中说，“其为人也孝悌，而好犯上者，鲜

① 转引自李泽厚《论语今读》，安徽文艺出版社1998年版，第36页。

② 同上书，第40页。

矣；不好犯上，而好作乱者，未之有也。君子务本，本立而道生。孝悌也者，其为人之本与!”能够孝敬父母的人，肯定不会犯上，更不会去作乱。孔子强调孝是至高无上的品德，无形的孝是“天下第一德，百行之首”。在中国传统文化中，行孝几乎成为衡量一个人的道德标准。汉代甚至将“孝”列入律法规条，孝被奉为“至德要道”，将个人的修养、家庭的和睦、社会的稳定、君王的治国原则联系在一起。孝道是立事之本，是关乎国计民生的大事。

在文学作品中，孝是最能打动人的情感。在这些早期抒发孝道之情的诗歌和各种故事中，重点表现了三种情感。一是强调父母与子女的血肉之情和养育之恩。如历史上有名的花木兰替父从军，沉香救母，宝莲灯等故事被运用到各种体裁的作品中，深受百姓欢迎。二是固守家园的乡土之情。中国古代有“父母在，不远游”[①] 的说法。在中国古代农业社会中，农耕生活是生存的基础，也是家庭经济收入的唯一来源。子女不应该随意离开自己的父母。照顾父母，以农养家是儿女孝敬父母的前提。因此在《诗经》里，我们看到远离父母在外行役的人心中的不安和矛盾。“哀哀父母，生我劬劳”[②] “哀哀父母，生我劳瘁”[③]，因为远行在外不能侍养父母而心生愧疚。三是游子思故乡的情结。这种远行而思念父母的孝子之情在文学作品中是常见的表现主题。大家熟知的“君自故乡来，应知故乡事。来日绮窗前，寒梅着花未?”（王维《杂诗》）充分展现了游子对家乡的思念之情。叶落归根是中国最典型的文化心理。这种心理背后，有着深深的孝道思想的影响。

“孝”作为中国文化的母题，它的深刻性不仅仅在于表象，更重要的是它已在人们心中内化成一种精神，积淀为一种形式。“孝”在中国文化中起着半宗教的作用，它甚至可以给人以精神的力量。有了这种近乎宗教式的伦理精神，中国人即使做出超常的举动，也会受到尊敬和褒扬。凡此种种足以说明“孝”的巨大的感人力量。

到了20世纪80年代以后，中国社会迅速地由传统向现代转型。改革开放以来，在体制转轨、社会转型的大背景下，西方的伦理价值观念也伴

---

① 李泽厚：《论语今读》，安徽文艺出版社1998年版，第117页。

② 于夯：《诗经》，山西古籍出版社1999年版，第116页。

③ 同上。

随着“全球化”进程进入了人们的日常生活中，特别是个人主义、独立意识等观念的推及，深刻地影响了人们的道德观、伦理观。在这样的大背景下，孝道的观念也逐渐发生了变化：父子关系由绝对服从转向自由平等的关系。“二十四孝”的道德宣扬以及“父叫子亡子不得不亡”的思想得到彻底改观，新时代的孝道观念更强调子女的独立自主和父母对子女的关心爱护。从绝对服从的“孝”到平等尊重的尊老爱幼之情，亲子关系出现民主平等化的趋势。子女不再是父母的私有财产，他们作为家庭的一员，在责任和义务的背后，每个人都有属于自己的那一份生活的权利，有自己做事的原则和为人的尊严。同时，伴随着独生子女政策的实行，亲子关系发生逆转，孩子成为家庭重心，父母及长辈的生活开始以孩子为圆点，家庭关系呈现出“小太阳形态”。父母为孩子投入过多的关心和溺爱，以致孩子对父母的孝道文化被弱化。

## 二　中国广告中的“孝”主题

中国社会的文明是建立在孝道文化基础上的，孝文化的影响根深蒂固。“百善孝为先”“父母在，不远游”等孝道观念深入人心。因此，许多企业抓住消费者心底的潜在伦理积淀，从孝文化入手进行创意，借助传统文化打开消费者的心扉，唤起大众心中对父母的内疚与思念之情。关于孝主题的广告主要表现在以下三个方面。

### （一）产品广告中对孝文化的借用

现代社会为人们提供了广阔的发展空间，远离家乡的儿女都有着对家乡父母的思念、挂念之情。广告正是借用子女的这种心理，将孝道文化融入广告创意中，唤起子女的挂念之情。在20世纪80年代，威力洗衣机就以“献给母亲的爱”引起了大众的普遍关注：

> 画面上，春天的田野、挺拔的白杨、欢快的溪水和慈祥的母亲。画外音传来一个轻柔的女声：“妈妈，我又想起了家乡的小河，想起了奶奶，想起了您。妈妈，我给你送去一样好东西。”伴随着画面上一家人围绕着“威力”洗衣机的欢声笑语，广告故事定在一个淳厚的男声上：“威力洗衣机，献给母亲的爱！”

“威力”广告让人心旷神怡，耳目一新，牢牢地抓住了观众的心。在众多的洗衣机广告中脱颖而出。1993 年母亲节前北京地铁的车门上突然贴出这样一则广告：夕阳余晖中母亲孤独的形象在等待儿女归来。母亲慈爱的眼神洋溢着温馨和期盼。这则广告表达母亲对子女的挂念和企盼。红色标题“回家”相当醒目。广告词诗意动人：“曾几何时，我们因为奔波事业，陶醉爱情，照顾子女，而冷落了终身操劳的母亲，回家看看母亲最欣慰的笑容吧！哪怕只是打个电话。”这则广告触动了大众心底脆弱的空间，许多人纷纷回家去探望父母。

1999 年最经典的雕牌洗衣粉的广告则截取了一个下岗工人的家庭生活片段：

在唯美的音乐中，出现一对母子，母亲伏在孩子的身边。画面切换到年轻的妈妈下岗了，为了生计而四处奔波，懂事的小女儿心疼妈妈，帮妈妈洗衣服。小女孩自述：“最近，妈妈总是唉声叹气，我要给妈妈一个惊喜。妈妈说，雕牌洗衣粉只要一点点就可以洗好多好多的衣服，可省钱了！”画面从母亲不断地寻找工作，切换到孩子一个人坐在沙发上蜷抱着等妈妈回来，后来妈妈回来时女儿已熟睡，妈妈正想亲亲女儿时看到女儿写的纸条：“妈妈，我能帮你干活了！”眼泪在妈妈的眼中涌动，慢慢滚落下来。广告以母亲泪水奔涌而出结束。字幕出现“不卖贵的，只买对的”。

雕牌洗衣粉巧妙地借助了孩子对妈妈的孝心，为妈妈分忧，给妈妈以心灵的安慰的感人情节，将雕牌洗衣粉至真至爱的深情牢牢地根植于消费者心中。这是一个孩子对妈妈关爱的感人故事。懂事的孩子，母亲内心的苦闷，浓浓的亲情跃然眼前，怎能不让人深深感动？这个广告让纳爱斯集团在竞争日益激烈的日化洗涤市场中，一年之内创造了洗衣粉单一产品销售额增幅 15 亿元的奇迹，令整个洗涤行业为之震惊，雕牌洗衣粉一举成为洗衣粉市场的龙头老大。由此可见，孝文化在中国人心中的强大力量！

孝文化在广告中运用得最频繁的还是“买礼物孝敬父母”的表现主题。椰岛鹿龟酒的广告通过两个老人的争执将孝心融入广告中。老人甲和老人乙像个小孩子一样争起来，老人甲说：“女儿好。”老人乙说：“儿子好。”吵累了，老人甲问道：“那你儿子给你送的什么啊？”老人乙拿出一瓶椰岛鹿龟酒，甲大吃一惊，也拿出一瓶，原来二人的子女都送的是椰岛鹿龟酒。两人相视一笑，说：“女儿儿子一样好！”广告借助儿女对父母的孝心将酒作为儿女尽孝的工具。金六福酒春节“回家篇”广告也是采用孝文化主题，“回家的路无论有多远，这一天，都要和亲人共享这杯福酒”。这句台词配合着舒缓的音乐和温暖喜庆的色彩，将节日、产品、促销、亲情几个元素在广告中完美而含蓄地融合到一起，使人为之动情。

进入21世纪后，以给父母送礼为主题的广告更是大量出现。大家都耳熟能详的脑白金，在“今年春节不收礼，收礼只收脑白金”被大家广为传播之后，又推出“孝敬爸妈脑白金”的主题。其后，静心口服液又推出“爱爸妈，用静心。”先是小女孩唱“世上只有妈妈好”，后小女孩长大，旁白：“女儿大了，妈妈却老了，孝敬爸妈不能等。”画面出现“爱爸妈，不能等”。黄金搭档的广告“黄金搭档送老人，腰好腿好身体好”。直接把黄金搭档放到了孝文化的市场，这些广告借助全方位的广告媒介组合引起了人们的广泛关注，借用孝道主题触动了大众内心的弱点，从而给产品带来巨大的销量。

（二）品牌广告中对孝文化的表达

在现今社会，上学、工作等各种原因使子女远离父母已成为一种很普遍的现象。年迈的父母渴望跟子女进行沟通，盼望子女常回家看看，但子女往往因为忙于工作和生活等各种各样的琐事而忽略了父母，甚至因为父母的唠叨极为反感。等静下心来，回想起年迈父母的沧桑，步履蹒跚的身影，满头的苍苍白发，内心不禁充满愧疚之情。获得2011年中国广告长城银奖，中国艾菲广告银奖的腾讯QQ《亲情》借用孩子自述的方式，充分表现了对父母的歉疚之情。整篇广告以一个已长大的孩子自白的视角描述对父母的歉疚：

她，是我最亲近的人。
但也许，正因为相距太近，反而有了距离。
那个时候，我好想逃开。
我终于实现了这个愿望。
有一天，她竟然在QQ上出现。
当与她相隔在地球两端，我才逐渐读懂生活，读懂她。
对她的思念因为距离而不断放大，
对她的偏见因为距离而消失不见，
距离远了，心却近了。
爱，突然变得清晰，

唠叨，变得动听。
不论母亲离我有多远，
弹指间，我觉得，她就在身边。

——12 年相伴，腾讯

两分钟的故事里充满了心理冲突和矛盾，从孩子的逆反心理、与父母的隔阂、渴望逃离父母的约束，再到对父母亲近的渴求，对冲突的深入刻画淋漓尽致地展现了拳拳母爱。广告利用妈妈“三度敲门”而孩子反感厌恶的情节来表现孩子与母亲的隔阂，唤起大众回想起自己曾经类似的情感经历。全篇讲述儿子从母亲在身边时自己的烦躁不耐烦，厌恶母亲的唠叨到出国在外母亲不在身边时感受到母亲对自己的爱之深、疼之切的变化，使每个游子想起自己的母爱经历和感受，温情动人，触到人心底深处。《亲情》广告在春晚播出后，各界好评如潮，甚至被网友认为是“春晚最感动节目”。

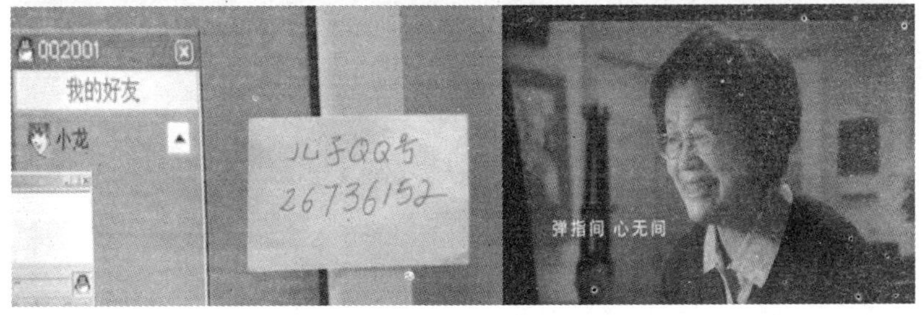


图 1－1　腾讯 QQ《亲情》

经济的快速发展，使子女长大后远离父母出外发展事业成为一种较为普遍的社会现象，子女忙碌的事业和繁重的家务负担使他们无暇回家看望父母，父母与子女聚少离多。针对这一现象，2012年，百事可乐推出了《把乐带回家》的形象广告，展现父母对儿女亲情的期盼。广告讲述三个儿女每年春节都各忙各的，留下老爸一人过年。除夕夜，外面烟花璀璨，正当老爸心灰意懒，以为又要一个人度过一个孤单冷清的春节时，扮演神秘人的古天乐到了，他带着三个孩子儿时的记忆唤起了他们对父亲浓浓的思念和回忆，更激起了子女的内疚之情，孩子纷纷回到家中跟老人团聚在一起。这个温馨亲情的广告因为深入挖掘子女远离父母，忙于工作从而忽视父母的内疚之情而被广泛传播。作为竞争对手的可口可乐，其过年的广告片也采用了孝道主题来表现。老人在家包好饺子等着孩子们回家过年。孩子们却偏偏打来电话，说有事在身不能回家，于是老人失望之极。正在此时，门铃响了，孩子们每个人手中都抱着一瓶可口可乐，笑呵呵地站在门口。老人于是激动万分——那股对孩子对亲情的渴望啊！令人涕然泪下。

**图1-2 带乐回家**

获得台湾第30届金钟奖的中华汽车的广告，以一个长大成人的孩子的视角回忆父亲对自己的爱，那句“中华汽车永远向爸爸的肩膀看齐”的广告语几十年来一直被传为经典。

> 30年前，我5岁，那一夜，我发高烧，村里没有医院。爸爸背着我，走过山，越过水，从村里到医院。爸爸的汗水，湿遍了整个肩膀。我觉得，这世界上最重要的一部车是爸爸的肩膀。
>
> 如今，我买了一部车，我第一个想说的是：“阿爸，我载你来走走，好吗？”
>
> 广告语：中华汽车，永远向爸爸的肩膀看齐。
>
> 印象中，爸爸的车子很多，大概七八十部吧。我爸爸没什么钱，

他常说：“买不起真车，只好买假的。我这辈子只能玩这种车啰！”

经过多年努力，我告诉爸爸，从今天起，我们玩真的。爸爸看到车后，还是一样东摸摸、西摸摸，他居然对我说：“我这辈子只能玩假的，你却买真的！”

爸，你养我这么多年不是假的，我一直想给你最真的。

广告语：中华汽车，真情上路。

浓浓的父子之情深深地打动了每一个人。唤起了大家对父爱的回忆。眼前浮现出小时候在父母背上的片片场景。

无独有偶，台湾三菱汽车的企业形象广告“爸爸的背影”篇也是运用含蓄的手法进行广告诉求。女儿打电话给爸爸说要回家，在家的记忆瞬间盈满女儿的回忆，爸爸天天踏着脚踏车载她回家。在自行车后座上的女儿充满着快乐和自豪。女儿长大后离家在外地工作，终于要回家了，自豪地打电话告诉爸爸自己有车了，爸爸不用再骑自行车到车站接她了！可是女儿回到了老家，到了车站前，还是看见爸爸骑着自行车在等她的身影，不禁泪流满面。

这则广告大部分情节描述父女之间的亲情故事，描绘不同阶段女儿坐在父亲自行车后座上的幸福和快乐来展开，充满了柔柔的亲情。故事最后出现三菱汽车：“三菱汽车，全省 164 个家，欢迎您随时回家。”广告没有对三菱汽车的性能进行任何描述，但深深的情感触动了无数人的心弦。

每逢岁末，一汽奔腾都会推出“让爱回家”主题广告，如期陪伴思乡之人踏上归途。2014 年的“让爱回家”没有讲故事，没有对白，只是在一段时空交错的视频里，同步展现了“你的一天和他们的每一天”。片中，父母的平淡与儿子的精彩呈现出强烈的对比，最后父亲深沉而关切的独白直指人心：“你的生活异彩纷呈，有朋友、有爱人。而在父母的心里，或许只有你，对你的关切与期盼。在享受生活的同时，一定要留出些时间，多陪伴一下父母，让爱没有遗憾。”

（三）公益广告中对孝道文化的呼吁

近三十年来，中华传统文化中关于孝的观念已发生明显改变。随着国外各种意识和观念的入侵，孝的观念在不知不觉地被淡化或者遗忘。在现

图 1－3　一汽奔腾广告

实生活中，在我们的身边，“空巢老人”越来越多，有的人借口工作忙，一年难得回家一次看望年迈的父母。更有少数人丧失良知，他们将生活无法自理的父母视为累赘，甚至把老人赶出家门。鸦有反哺之义，羊知跪乳之恩，面对孝文化的断层，孝道教育的缺失，广告义不容辞地担负起了传播社会伦理的功能，一时涌现出大量以孝道为主题的公益广告。在 20 世纪 90 年代初，一则老人矗立在寒风中等待儿女归来的公益广告引起人们的广泛关注，后被许多企业引用作为自己的形象宣传广告。90 年代中后期，山东电视台播出了一则“常回家看看”的公益广告：

一个老太太在做饭切菜，电话铃响了，电话那边传来儿子的声音：“妈，本来说要回家吃饭，可公司这边要陪客户吃饭。微波炉用的还方便吗？家里还缺什么不缺？”婆婆一边摆手一边说：“家里什么都不缺”。老太太刚放下电话，电话又响起，这次是孙子的电话：“奶奶，我今晚和同学去游乐园玩，奶奶再见！”老太太正想和孙子说点什么，可孙子已挂断电话，电话中传来“嘟嘟嘟”的声音。老太太表情由兴奋转为失望沮丧，看着电话无奈地叹了口气。一会儿，电话又响起，这次是女儿：“妈，家庭影院看得怎么样啊？我今天和同事一起去跳健美操，就不回家了啊！”老太太落寞地坐在桌旁：“都忙！忙！哎！忙点儿好啊！哎！”天已经黑了，老奶奶披着外套沮丧地坐在沙发上，双手紧握，一动不动，目光茫然，电视机是开着的，却什么台都没有。孤零零的老奶奶坐在沙发上，头转向一边似乎在看些什么或者是在等些什么。她靠在沙发上，似乎感觉有点冷，动了动衣服。最后老奶奶坐在客厅的沙发上睡着了。画外音：“别让你的父母感到孤独，常回家看看！”

在几十秒的广告中老人的孤苦无助、失望、郁闷等情感让观众在瞬间深刻体验，这则广告让子女感受到物质的满足不是老人的真正需求，老人要的是精神上的愉悦，需要儿孙的陪伴。孝的真正意义不仅仅是给老人物质上的供应，而是给予老人更多的精神上的快乐和满足。20 世纪 90 年代末，哈药六厂推出公益广告《给妈妈洗脚》获 CCTV 国际电视广告大赛公益广告作品金奖，整个情节围绕给妈妈洗脚展开：

场景一：妈妈给儿子洗脚时，给儿子讲小鸭子的故事，画面亲切，温馨。

场景二：妈妈大汗淋漓地端水给坐在轮椅上的奶奶洗脚，奶奶低下头摸着妈妈的额头说：“忙了一天了，歇一会儿吧！”妈妈说：“不累，妈，烫脚对您的腿有好处！”而此刻妈妈脸上展现出轻松的笑容。孩子偷偷跟在妈妈后面，看到了这一切，并迅速感染了他，儿子悄悄地去给妈妈准备洗脚水。

场景三：在妈妈疲惫地走出母亲房间时，儿子端出洗脚水，那一刻母亲所有的疲惫都烟消云散，疲惫转化为欣慰。儿子也给妈妈讲小鸭子的故事，在孩子的心里，小鸭子的故事是弥足珍贵的，而他要把自己认为最珍贵的东西给妈妈，展现出儿子内心对妈妈最真最纯的爱。

广告通过三个典型场景“妈妈给儿子洗脚”“妈妈给奶奶洗脚”和“儿子给妈妈洗脚”给人留下了想象空间，让人们产生深刻的联想：“妈妈对孩子的言传身教”和“儿子以后孝敬妈妈的行为”，从而突出了父母是孩子最好的老师，孝道是在不断延续下去的，点明了广告的主题“将爱心传递下去”，使人们感到无比温馨。

在网上流传甚广的公益广告《孝》，重绘了当今大多数家庭的生活场景：

早晨，老太太做好早饭，送孙女上学，伺候儿子儿媳吃饭，等儿子儿媳上班后，开始满头大汗地擦地擦桌子打扫卫生，忙完又马不停蹄地去买菜，回家放下菜马上去接孙女放学，回家后开始准备晚饭，饭后又收拾碗筷。这样的生活节奏比上班族还要繁忙。当老人收拾完碗筷，走出厨房的时候，儿子给妈妈倒了一盆洗脚水，为妈妈洗脚。广告中，以字幕的方式表达父母对子女的情感“父母之爱是一种默默无闻，寓于无形之中的感情。这样的每一天都是平凡的，但这种爱是伟大的。父母之爱是无私不求回报的。父母为家操劳的身影随处可见。能享受父母之爱是最大的幸福。父母恩比天，百善孝为先。”

这样的故事情节是大多数家庭生活的缩影。老人在家沦为家庭保姆的地位，虽然因为爱儿女而心甘情愿，但作为儿女是否应该反思这一切都是应该的、理所当然的吗？广告对社会发出呼吁“父母恩如山，百善孝为先”。

## 三　中国“忠”观念的渊源

在中华民族几千年的发展历程中，“忠”作为一种伦理观念，对中国人的行为和思想一直起着导向标的作用。就现有文字记载，“忠”的观念在春秋时期已成为非常重要的伦理观念。对“忠”的理解主要有三种含义。

### （一）忠体现的是内心的诚、敬、无私、正直、守信等意义

从《国语》《左传》和《论语》等文献来看，“忠”的本意是指人内心的正直、无私和信用。在《国语》《左传》中经常是忠和信连在一起来表达完整的意思。“忠能应外，忠也；守节不淫，信也。”① “考中度衷，忠也；制义庶孚，信也。”② 在《左传》中，这种连接更为密切。“外强内温，忠也；和以率真，信也。外内倡和为忠；率事以信为共。”《论语》中，子曰：“言忠信，行笃敬，虽蛮之邦，行矣。”汉代许慎《说文解字》中提到“忠，敬也”，这里的“忠”指的是人内心的态度。

### （二）忠是指爱社稷和国家

在血缘关系基础上建立起来的家族和氏族，逐渐形成国的概念。君臣

---

① 徐元诰：《国语集解·卷一·周语上》，中华书局2002年版，第64页。

② 孔颖达：《春秋左传正义》，《十三经注疏》，中华书局1980年版。

关系是亲族关系的进一步延伸。孝的扩展即成为忠。“孝者，所以事君也。”（《大学·传论》）“君子之事亲孝，故忠可移于君。”（《孝经·广名扬》）二者的分别在于：孝，是指家族之间的伦理，而忠则指亲族血缘关系之外的伦理关系。爱国家爱社稷是由孝心扩展而来。《左传》中提到，“临患不忘国，忠也”。忠于国家、社稷、人民作为“忠”的内涵，指为了国家、为了人们的利益而牺牲自己的一切，公而忘私的品格。这种品格，源于古老的氏族社会的群体意识观念，是伟大而崇高的伦理精神。在这种精神的影响下，有无数仁人志士为国家宁愿牺牲自己的生命。

（三）忠的另一个含义是忠于主人或君主

当氏族社会走向封建社会以后，专制的制度下忠君思想成为主宰人们的主要思想。从《左传》中，我们更多地发现这种“忠君”思想的表达。孔子曾言：“君君、臣臣、父父、子子”。主张“君使臣以礼，臣事君以忠”。传统中国社会中，私忠的观念较为强烈。当然，私忠并非一无是处，在漫长的中国古代社会，生存在广大地域上的人民，没有强有力的经济联系，只能通过对皇帝的私忠，铸造一种向心力，共同维护着中华的统一。[①] 忠于国家社稷和忠于君主是中国古代忠的伦理思想的两个主要方面，它构成了中国关于忠的伦理道德规范的核心，甚至发展成为一种自觉的道德追求。值得一提的是，“忠”虽然一直是历代统治阶级所提倡的伦理观念，但一直没有被绝对化，中国的“忠”是有代价、有条件的，孔子强调“臣事君以忠”的前提是“君使臣以礼”，纵观中国历史，宫廷动乱、农民起义大都因为君对臣不礼。

在历代文学作品中对于忠的塑造重点弘扬的是对于国家、民族的忠诚。这对于国家和民族的兴衰存亡有着非常重要的意义。《左传》中提到“忠，社稷之固也”；诸葛亮在《后出师表》中提出了“鞠躬尽瘁，死而后已”；范仲淹在《岳阳楼记》中提出了“先天下之忧而忧，后天下之乐而乐”；文天祥在《过零丁洋》中提出“人生自古谁无死，留取丹心照汗青”；林则徐在《赴戍登程口占示家人》中提出了“苟利社稷生死以，岂因祸福避趋之”的思想等，都充分显示了强烈的为国家、为民族的献身精神。忠国，中国古人不仅表现在言论中，更表现在人生的实践上。战国时期的屈原，抱着为国为家的理想，忧国忧民，愤而作《离骚》，他在《九

① 陈杰、章秉纯：《公忠与私忠》，《云南师范大学学报》2001 年第 6 期。

章》中反复吟唱，念念不忘的就是他的国家。还有南宋诗人陆游，“僵卧孤村不自哀，尚思为国戍轮台”，“死去元知万事空，但悲不见九州同。王师北定中原日，家祭无忘告乃翁”的诗句抒发了诗人炽烈的爱国之情以及忧国忧民的思想。

公忠思想作为中国文化中崇高的道德力量，一直贯穿于几千年的历史发展中，它积淀为中国古代爱国志士仁人的品格，提倡自觉地为国家利益和民族利益而献身的精神。这一精神具有超阶级、超时代的历史光辉，并经过长期不断深化、积淀，孕育着中华民族特有的为国家、为民族的爱国主义思想。

忠的观念由对君主的愚忠转向强调对国家对人民的忠心。在变迁过程中，对于忠的理解既实现了传统文化的传承，并依照现实条件与环境赋予“忠”以新的内容。在忠国爱民的前提下实现忠的转型。对于忠的理解，人们将独立意识加入其中，忠从绝对服从的愚忠转向富有独立思维和意识、勇于表达自己观念和想法的方向转化。传统的爱国主义是感性和自发的，当今的爱国主义更加突出了理性的特点，强调情感到理性的升华。在现实生活中忠的含义主要表现为两种，一是忠于工作职守。在工作中任劳任怨，勤勤恳恳，以身作则。二是爱国主义和民族自豪感，以及困难来临时全国人民众志成城的坚定意志。近三十年来，由于受各种因素的影响和冲击，传统伦理观逐渐发生了变迁，但其基本的核心概念仍然主导着中国人的思维和行动，这在广告中有着深切的反映和表现。

## 四 中国广告中的“忠”主题

在当今经济全球化和世界格局多样化的社会背景下，中国传统文化中“忠”的观念逐渐转化为中国人的爱国主义思想。忠君爱国是我国古代爱国主义的核心内容。20 世纪 80 年代以来，全球化使人们的爱国理念和爱国情感受到冲击，尤其是进入 21 世纪以后，网络化更是淡化了爱国主义的概念，但潜藏在国人心底的文化积淀仍然存在。当面对国内国际一系列重大问题时，国民的爱国主义情绪会被空前地激发起来。广告作为社会的缩影，涌现了大量表现爱国主义主题的广告。这主要表现在三个方面。

### （一）对传统文化的传承

中华文明蔓延上下五千年，影响着中国社会的政治、经济以及人们生活的方方面面。随着中西文化的交融，一些传统文化的精髓正在逐渐消融。在这种社会大背景下，弘扬传统文化成为我们今天文化发展的重中之重。尤其是在全球化的发展态势下，对于民族的文化遗产，我们更应该好好地继承和发展。宣扬传统文化传承的广告主要出现在2000年以后。

2001年，昆明卷烟厂的《老戏楼》给大家留下了深刻印象。广告通过真实人物的故事，采用老人旁白的方式：“人一老呀，就爱念旧。如今岁月变了，这老玩意儿还没变；舞台变了，老姐妹的精气神儿没变；每天城市都在变，还好文化没变。”出现字幕：尊重历史，传承文化。在漫漫的历史长河中，糟粕会被淘汰，而不管时代如何变化，精华都会被传承和发扬。广告通过真实情节向人们呼吁：不管时代和社会如何变化，我们都应该记住历史，尊重历史，将我们文化中的精髓发扬光大，传承后世。

2002年，一则保护文化遗产的公益广告出现在南京的各大媒介上，这则广告画面是实拍的南京中山门外城颓秃的古城墙，硕大的广告语触目惊心：

别让祖先的遗产在我们的手中流失，请保护古城墙！

在细节上，广告展现了古城墙被人为破坏的惨状。再加上精细的文案说明：

南京古城墙始建于春秋战国，距今已有2400多年的历史，主要部分建于明朝，距今也有600多年历史。

总长度为33.67公里，比号称“世界第一大城”的巴黎城墙还长1.7公里，新中国成立后南京市政府为保护好南京古长城，已经进行了数次大型维修，并且还建有世界上唯一的城垣史博物馆，专门研究南京城墙的历史文化。

他像孤独的老人，无声地伫立在风雨中，他确实老了，再也容不得一点点损伤。然而，据媒体报道，南京古城墙还在遭受不同程度的人为破坏。违章建筑，环境污染，挖掘偷盗——如果肆意下去，他会逐渐消失。随之而去的是祖先珍贵的文化遗产，建筑艺术，以及宝贵的旅游资源。

请伸出你的双手，帮助他，呵护他吧，不要让他残喘在历史的边缘。

传统文化遗产毁坏严重是近年来普遍存在的一个社会现象。这则广告用真实的画面再加上数字实证的文字，告诉大家古长城的悠久历史，是宝贵的人类历史遗产。断裂的城墙，墙体上人为挖出的大洞让人心痛不已。文案中采用拟人的方式把古城墙比作一个风烛残年的老人，号召大家尊重历史，爱护文化遗产。广告字字含泪，恳请大家爱护保护国家文化遗产，让它更好地传承下去。继南京文化遗产的公益广告之后，各地发布了一系列传承传统文化的公益广告，从不同角度展现了非遗文化的现状和前景，诉求恳切，以富有社会责任感的呼吁，希望全社会来关注非遗文化的保护，以民间文化的自觉来彰显民间文化寻根的情节。

2013 年，一则保护传统文化遗产的广告《数据恢复中》引起了人们的频频转发。广告采用数字化表达的方式，用电脑软件模拟新建数字化大楼。由于资源空间不够，系统需要长久删除三座文化遗产，当文化遗产被删除后再来诊断国别时，屏幕上总是显示民族基因丢失，身份识别错误的词条。电脑的诊断是恢复中华文化，但无论多聪明的软件怎样恢复也总是显示“恢复失败！文化载体丢失！”研发人员想尽办法对故宫原图进行回放，但结果还是“恢复失败！文化生存空间不兼容！”研发人员在做了 N 次试验后，电脑时钟显示：“中国基因数据恢复失败！”这时画面上出现“中国原始数据正在丢失，一旦删除，永不可恢复”“保护文化遗产，保护民族文化”的字幕。这则广告是由 332 张图片组成的真人定格动画，主题为“看 2100 年的中国人为何重建故宫?”在这个数字化现代中国，传统文化数据正在逐渐丢失，蕴含着民族基因的文化遗产生存空间亦遭受着巨大冲击。保护文化遗产就是继承中国传统文化的精髓。文化遗产一旦消失，将不可恢复，不仅仅是复制粘贴那么简单。

2013 年中央电视台首届公益广告大赛中，上海家化旗下佰草集选送的创意脚本《保护非物质文化遗产之倒计时》，从全国数以千计的参赛作品中脱颖而出，一举捧得金奖。创意人员经过调查研究，掌握到大量的非物质文化遗产濒危个案，从地方音乐、传统戏剧、民间工艺到传统医药，几乎无所不包。最后，从中选取了皮影戏、苏州评弹、太极古方等 9 个典型代表，通过写实的影像记录，并以倒计时的形式呈现，希望以此唤醒大家的关注，“抢在时间前面，让传统文化之美源源不绝”。

### （二）在重大事件面前，万众一心、众志成城的精神

进入 21 世纪以来，中国接连发生了“非典”、“5・12”汶川地震、

“玉树地震”等重大灾害，在灾难面前，中国人的爱国心再次被激发起来，灾区人民的生死安危，紧紧揪着亿万国人的心。灾情就是命令，时间就是生命。大家万众一心，众志成城，展开了一场与死神赛跑的生死救援。同一时期，为配合爱国精神的宣传，广告中出现了大量有关灾难主题的公益广告。

2003年面对非典疫情肆虐，全国人民团结起来，全力以赴，共同战胜非典。这一时期围绕抗击非典全国各地涌现出各种题材的宣传广告。其中最有影响的是中央电视台推出的《直到永远》和《春天》。《直到永远》篇以大家自主结成的同心结、万里长城、蒲公英以及燃烧的蜡烛为意象，象征奋战在一线的医务工作者的“苟利国家生死以，岂因福祸避趋之”的公而忘私的精神。画面不断闪现医务工作者主动请缨、举手宣誓的场景，病人痊愈后对医务工作者的感激之情——配合着广告歌曲：

> 别害怕，我就站在你身边！看黑夜无法吞没黎明的天。我坚定地不让泪水涌出双眼，付出一切只为生命的宣言！我微笑地矗立在生死之间，爱的火焰，燃烧心中，直到永远！

当生命与死亡近在咫尺，当职责与信念高于一切，公益广告《直到永远》以爱为证，爱让我们勇敢，爱让我们坚定，爱让我们驱逐黎明前的黑暗。广告以煽情的话语，激扬的旋律，真挚的情感，触动了大家的心扉，让所有胆怯的人重拾生活的勇气和信心。

《春天》则以纪实黑白照片的形式，客观理性地记录了人们在这一场波及全社会的灾难中的表情。被隔离的医护人员，被隔离的患者，与疾病斗争的勇气，战胜困难的微笑，在这刹那间凝结成泪水。旁白：“又一个春天来了，这是被忧伤笼罩的春天，这是被洁白唤醒的春天，这是个万众一心的春天，我们都会记住这个春天。”

这是个刻骨铭心的春天。这个春天的颜色，令人心动，引人深思。这一时期涌现出大量的歌颂白衣天使的广告。口罩和护士帽成了广告表现的主题。

2008年，汶川地震发生后，近七万同胞罹难。面对灾难，中国人民再次团结起来，众志成城。许多志愿者主动投入到灾后的抢险战斗中。社会各界也积极备战，从各个视角迅速地投入到公益主题的广告宣传中。中央电视台拍摄了一系列抗震救灾的公益广告。《短信》讲述的是在废墟底下人们发现了一个手机，上面写着："亲爱的宝贝，如果你能活着，一定记住我爱你！"这是发生自灾难中的一个真实的短信故事。通过这条灾难中的短信，绽放出人间博大的爱。同时再现中国人对同胞的缅怀和激励之情！简单的情节简单的元素展现出深厚的缅怀之情。《国际广告》杂志社则制作了大型的宣传单页。《中国力量》画面是在废墟夹缝中挺了五天仍在坚持等待救援的孩子，"我在，同胞在。伸出你的援手，每个人都是力量的源泉。地震可以移动山，阻断水，垮塌房屋，但我们坚信人定胜天，中国挺起你的脊梁！"中国红十字会则用中国地图脉脉相连的平面广告呼吁："有一种力量叫一脉相连。"中国儿童救助会用儿童蜡笔画的形式，从一个儿童的笔触画出云朵上的大树和房子。"我想家在云上，因为那里有我的爸爸妈妈和姐姐——"四川当地的企业也呼吁全国一心，重建家园。"全国人民是一家，我们都是中国人！""无论我在哪，无论我是谁，我们的心在一起，我们的爱在这里，我们的行动在这里。"各个省市在组织捐款捐物的同时纷纷发布公益广告号召大家团结一心。来自各个企业的众多优秀影视及平面广告从不同视角表达了万众一心、众志成城的坚定决心，爱国主义情绪空前高涨。

（三）倡导反腐倡廉的广告主题

反腐倡廉是爱国主义精神的集中表现。为了大力弘扬爱国精神，各地政府纷纷以公益广告的形式加强对广大群众的爱国教育。早在1995年的龙吟榜电视广告中，两则反腐广告意味深长，引人关注。一则命名为《黑白颠倒》的电视广告，表现手法非常简洁。当电视画面出现黑屏时，旁白：白色，当画面出现白屏时，旁白：黑色。寓意简单明了，正是因为混淆了黑白，所以才会发生贪污腐败。另一则广告引用了赵高指鹿为马的典故，引人入胜，发人深思。国内的反腐倡廉广告主要从21世纪初开始出现。

2008年，湖北广播电视台拍摄的反腐倡廉主题的公益广告《松》篇，采用中国水墨画的风格，以挺直的松、山雨、夜晚和月光，再辅以纯净的古筝乐曲，把自然与人的社会意识和责任相联系，以大观小、小中见大的方法去认识事物的本质，以松柏的本质去寓意人的正直。

旁白："松，位之高，干之直。经苍山雨，历晓月寒，松柏本性，不惧严寒，正气凛然。为人当如凌云松，清正廉明心为公。”

结尾以“为人以正，譬若青松”的字幕及画外音点题，旨在弘扬正气，促进社会和谐，以期形成良好的社会风气。南方电视台的反腐倡廉广告则采用莲和竹为基本元素，采用水墨画的表现形式。莲和竹象征廉洁，“有莲，出淤泥而不染；有节，及凌云处尚虚心。德昭天下，廉洁中国。”广东省纪委的反腐广告《猜拳》，以孩子游戏的方式展开：

孩子们：“把贪官带上来。贪官、贪官。”

孩子甲：“来来来，我有一个主意。我们猜拳决定，谁赢了谁做包公，好不好?”

孩子乙：“对，谁输了谁做贪官。”

孩子们：石头、剪刀、布。哈哈，我是包公，我是王朝，我做马汉。

孩子丙：恩，就剩我们俩了！来，石头，剪刀，布。

孩子丁：哈哈，你是贪官。

孩子丙：不行，你耍赖，我不做贪官。咱们三局两胜，回来回来，我不做贪官。

旁白：人生不是儿戏，做什么角色你自己决定。

字幕：廉洁从政，为官之道！

在孩子纯真的眼里，贪官就是坏人。大家都不愿做坏人，遭人唾弃。这则广告通过轻松的情节和独特的视角，传达了反腐倡廉对于每个人人生抉择的深刻意义。伴随着反腐倡廉运动的深入开展，国内涌现出一批反腐倡廉主题的优秀广告，从不同视角和题材进行反腐倡廉的宣传。

2012 年，一则反腐主题的平面广告吸引了人们的视线。广告选取了苍蝇和蜜蜂这两个形体相似但截然不同的元素，在一张纸的对角线两头站着这两种小生物，中间用文案连接。“有的人一生忙碌，只为奉献；有的人一生营役，只求索取；有的人一辈子廉洁，晚年却失节。从廉洁到腐败的路，可以很长也可以很短，有时就在一念之间。”寓意明显，是当甘于奉献的小蜜蜂还是遭人唾弃的苍蝇，就在一念之间，警钟长鸣。CCTV6 热播的反腐倡廉广告《家中那一缕灯光》令人不禁潸然泪下。画面不断闪现一贪污犯昔日跟孩子妻子一起欢笑的场景，全家福的幸福甜蜜。最后以孩子在铁窗前的哭声："爸爸——"而结尾。"一人不廉，全家不圆。"《高墙》则是以已经入狱，站在高墙内的贪污犯反思视角来表达自己的忏悔之情。想起贤惠的妻子，可爱的孩子，多病的父母，自己当初怎么就伸出罪恶之手呢？穿着狱服的男人站在铁窗前凝思，画外独白：

> 耸立的高墙，禁锢了我灿烂的生命。紧闭的牢门，锁住了我无忌的灵魂。在监狱的这些日子，我喜欢偎依在铁窗旁，回忆昔，或思念或落泪或忏悔，而最让我恋起的还是请反腐倡廉。

还有的广告从孩子的视角描述自己眼中爸爸的变化。各种素材的反腐倡廉的公益广告盛起，从孩子、妻子、父母等各个视角告诫人们不要为了短期的不正当利益毁掉幸福的家庭和自己的美好前途。

## 第二节　社会素养的重建：日本广告中的忠孝观念

在日本文化发展的过程中，吸收了中国儒家文化以及西方不同的文化理念，因此形成日本特有的伦理观念。虽然"二战"以后，日本的伦理道德观念发生了很大变化，但忠孝传统伦理观作为日本文化的民族积淀，它已经渗入日本国民的骨髓，深深地影响着一代代日本人的观念。广告是社会文化的产物，自然担当起反映社会文化的职责。笔者选取了与中国文化密切相关，对日本传统伦理产生深远影响的忠孝伦理观念进行研究，分析这些伦理观如何通过广告影响日本公众的观念。

### 一　日本"孝"观念的渊源

中国的儒家经典自公元5世纪起便已传入日本。直到律令时代日本皇室为巩固中央集权，大力引进儒家思想和佛教文化，宣扬"孝"道，"孝"的观念才开始逐渐流传。但是，尽管有了这些推行"孝"道的举措，可这毕竟仅是作为皇室、贵族和官僚的行为规范而制定的，基本囿于上层社会。孝道还远未被日本人民普遍接受，并成为公认的道德标准。公元六七世纪，伴随着中国儒教、佛教以及世俗文化在日本的传播，中国的孝道思想才被日本人普遍接受。公元8世纪时孝谦女皇下令每个家庭必备

《孝经》，全国的学生都必须熟记在心。除了武士以效忠主人为最高美德外，孝顺成为日本人最基本最崇高的道德标准。

日本统治者主要通过以下手段来宣传孝道：第一，从律令时代起，《孝经》作为学校必读书目。大学和国学这种培养封建统治官僚的教育机构将《孝经》作为必读书。不通晓《论语》《孝经》者，不能任官，即使天皇、皇太子也要对《孝经》认真诵读。日本的孝谦女皇曾模仿中国唐玄宗的做法，“宣令天下，家藏孝经一本，精勤诵习”，堪称日本史上推行孝道之至举。孝道被作为必修的基本规范约定下来。第二，对孝行进行表彰。法律规定“凡孝子、顺孙、义夫、节妇志行闻于国郡者，申太政官奏闻，表其门闾，同籍悉免课役”（《赋役令》）[①]。在《续日本纪》等古代史籍中，多有表彰孝行的记载。幕府时期，在全国各地设立“忠孝札”（布告牌），上书“励忠孝，夫妇兄弟诸亲类相互和睦”等内容。同时，幕府、诸藩大力彰显孝行。仿照中国宣传孝道的《二十四孝》一书而编撰的彰显日本孝子的书籍也频频出版。第三，将孝道列入法律，法律惩治不孝。律令时代，法律将“不孝”罪列于“八虐”，对犯“不孝”罪者，要予以惩处，或绞或徒。幕府时期提出“若有不忠不孝者处以重罪”之类的内容。[②]

由于孝道并不是日本的原生文化，因此在吸收的过程中必然出现一些偏颇。日本的孝道强调子女对父母的绝对服从。“孝道”只是局限在直接接触的家庭内部。充其量只包括父亲、祖父，以及伯父、伯祖父及其后裔，其含义就是在这个集团中，每个人应当确定与自己的辈分、性别、年龄相适应的地位。在日本有一则流传极为广泛的谜语，用我国的解谜形式来翻译则是：“为什么儿子向父母提意见就像和尚要求头上蓄发一样？”（佛教僧侣必须剃度）答案是：“不管怎么想，绝对办不到。”孝道在日本就成了必须履行的义务，甚至包括宽容父母的恶行或无德。这在文学作品中有大量体现。据《菊与刀》的记载，日本现代电影中有这样一个故事：有位母亲经营着一家规模颇为可观的餐馆，手头亦很富裕。她的儿子是个乡村学校教师，已经成了家。有一年，农村大灾，一对农民父母，为了挽

① 《儒家思想与古代日本人的“孝”道二》，日本旅游网。

② 李卓主编：《齐家之道——中日孝道比较》，《家族文化与传统文化》，天津人民出版社2000年版。

救一家人的性命，想把正在上学的女儿卖到妓院去。这位教师为救自己的学生，向村人筹集了一笔款子替她赎身。然而，这位教师的母亲却把这笔钱从儿子那里偷走。儿子知道钱是母亲偷的，却不得不自己承担惩罚。他的妻子发觉了真相，写下了遗书，说丢钱的责任全在自己，然后怀抱婴儿投河自尽。事件宣扬出去后，母亲在这一悲剧中应负的责任却无人过问。儿子在尽了孝道之后，只身前往北海道，磨炼自己的人格，以求日后坚强地经受同类考验。这位儿子是个品德卓绝的英雄。①

日本的"孝"道中还掺入了大量佛教色彩，更多地宣扬"恩"的作用，认为子女对父母尽"孝"就是报父母的"恩"。"恩"是"孝"的前提。这便是日本式"孝"的伦理。这种对恩的等量偿还，被称为"义理"。而亲子间终生的恩孝关系则形成了家族内永久性的恩义关系。这种关系绝不仅仅局限于家庭内部。作为一个日本人，自出生之日起到离开人世，其一生都活在"恩"的世界中，无时无刻不受到"义理"的约束。在日本人观念中，"父母之恩"是仅次于"天皇之恩"的第二大恩情。这可以分成两种恩惠，即是"生成之恩"和"养育之恩"。父母把自己生产到这个世上，当然是感恩的对象。日本哲学家贝原益轩（1630—1714）曾说："父母之恩穷天地，如果没有父母，怎么会有我？其恩比海深比山高。对此，不会有任何疑义。父母不仅生产了自己，而且全心全意把自己养育成人，有时甚至不惜牺牲他们自己的生命来保护、养育子女。当然，也有幼年时就丧失父母的人，对他们来说，养育自己的祖父母、兄弟、亲戚，作为第二位的亲人，也应该成为感恩的对象。父母是生产和养育我们最直接的恩人，感恩的生活首先从父母开始发动也是最自然不过的事情了。但是，平常父母之恩也仿佛空气、水之恩惠一样，不易成为人们自觉的对象，等到父母去世之后才认识到这一点，实在是太晚而后悔莫及。"②

近三十年来，日本的孝道思想也在发生着变化。日本是一个较典型的"男子中心主义"社会。妇女一直是赡养照顾老人的重要力量。但在20世纪70年代，在工业化和都市化的迅猛冲击下，传统的"男主外，女主内"的家庭观念发生了深刻的变化。越来越多的妇女走出了家门，参加各

① ［美］露丝·本尼迪克特：《菊与刀》，吕万和、熊达云、王智新等译，商务印书馆1990年版，第48页。

② 许建良：《日本人的恩伦理意识初探》，《桂海论丛》2010年第3期，第65页。

种社会活动。子女在外工作或学习很少回家。家庭的“空巢”现象十分严重。“常回家看看”，这是日本父母对儿女的希望，也是远离父母的儿女们孝敬父母的重要表现。母亲节、父亲节是一个很重要的日子，幼儿园的老师会教孩子们给父母制作礼物。据调查结果显示，日本人一年为父母尽孝所花的费用平均大约是 14 万日元，约合 11000 多元人民币，其中主要花在为父母买礼物、一起去吃饭和回乡探望父母上。日本每年有三大节日，即五一黄金周、夏天的盂兰盆节和元旦，一般放假都在一周以上。长假开始时，赶着回家的人挤满了新干线，高速路更是堵得一塌糊涂，这种现象在日本被称为“民族大移动”。儿女回家的时候，一定会向父母献上礼物。一瓶酒、一件普通的衣服，由于带着儿女浓浓的情意，父母都会感到万分高兴。也有的给父母买精致的笔记本电脑，为的是让父母每天可以看到自己问候的邮件和照片。在日本，父亲因为工作忙很少有时间顾家。母亲大多是家庭主妇，孩子的成长主要靠母亲。因此在母亲节时人们都用各种形式表达对母亲的孝心和谢意。日本人送给母亲的礼物最多的是花，主要是康乃馨。明治维新后，日本受西方文化的影响，儒家的孝道也被赋予了新的内涵，这就是人格的独立。日本人生儿育女，已不全是为了防老，而是为了尽义务。老人在日常生活中尽量不给儿女们添麻烦。儿女一旦成人就不会再向父母伸手。父母为子女出资购房，常年为子女带孩子的并不多。近年来日本也有父母和子女关系越来越疏远的倾向，有时反而让人感到亲情之间产生了距离。

## 二 日本广告中的“孝”主题

虽然日本人对于孝道观念的理解已经发生了变化，但由于传统的伦理观早已融入国民血液中，所以在日本广告中我们可以看到很多关于孝道文化的影子。日本的年轻人越来越多地忙于自己的事业，远离家庭，甚至没有时间跟父母吃一顿饭，父母在家中备感孤独。从 20 世纪 80 年代开始，在日本的公益广告中出现大量关于记录日本老年人孤独生活的广告，较有代表性的有《老年人的幸福是什么》，通过老年人热切渴望与年轻人之间的交流和沟通，表现老年人的孤独以及希望与子女交流的迫切愿望。在公益广告中，也出现一些对以往父子母子亲情的回顾情节，例如广告《幸福的瞬间》，“父母与你一起拍摄的照片，张张都珍藏在父母的记忆深处，张张都潜藏着父母无限的回忆。逢年过节，与父母一块打开这些珍藏了父母之爱的相册吧。相册里，珍藏着不为你所知的小故事、暗含着父母对你的殷殷期待……陪坐在父母身边，打开父母的回忆。无须多言，这一刻，一定是你和父母的心灵走得最近的时刻，也是你们家庭最为温暖的瞬间。”呼吁子女回家与父母进行亲情交流。

20世纪90年代，老年人孤独问题更为严峻。在日本的广告中仍然延续这一主题。企业开始针对养老和孝道，在产品广告中提出解决的办法。旭化成工业住宅公司的广告标题是：“在爸爸买的分块出卖的土地上可改建两代家庭的住宅。”这则广告以年轻一代为目标人群，提出了地价不断上涨的现实状况和倡导子女跟父母共同居住的粮袋家庭的居住模式。广告展现了日本社会目前的社会生活形态：老人与子女的同居率非常高。这是日本至今仍然存在的一种社会习俗，即只有父母与已婚孩子共同生活才被认为是正常的、能给人以安宁的生活形态。即使老人与子女分开居住，为保证子女“常回家看看”，日本提倡“一碗汤距离”原则，即父母和孩子两家之间的最佳距离是“煲好一碗汤送过去刚好不凉”。[①] 日本伦理学家提出了“一碗汤距离”的概念，即子女与老人居住距离不要太远，以送过去一碗汤不会凉为标准。这样，子女既有自己的世界，又能够方便照顾长辈。后来，有人发展了这一理论，提出最近为“一碗汤”距离，最远为“一炷香”时间。正是由于子女与老人分开居住的距离不远，从而保障了子女能够“常回家看看”。这一口号还被运用到楼市设计中，将适于年轻人居住的户型和适于老年人居住的户型结合到一个小区内，从而使“一碗汤距离”的小区成为人们居住的最佳地点。[②] 日本建筑公司的广告语“和玄孙一起住的日子将要到来”，暗示建筑的房子使用寿命很长，且宽敞，可以一直用到四世同堂。

21世纪以后，老年人孤独问题仍是社会的重要问题。媒体以及社会工作者做了大量调研发现，日本老年人孤独死的现象非常严峻。公益短片《老人和猫的幸福时光》讲述老年人跟一只猫相依为命的故事。猫与老人非常亲密，洗澡睡觉散步生病吃饭一刻不离。猫逗老人开心，安抚老人，是老人唯一的伴侣和寄托。短片由一张张老人与猫的真实照片组成，在老人苍老的面容和猫的陪伴中透出深深的孤独和苍凉。面对整日奔波忙于工

① 《看日本人怎样常回家看看》，人民网，2014年12月29日。

② 同上。

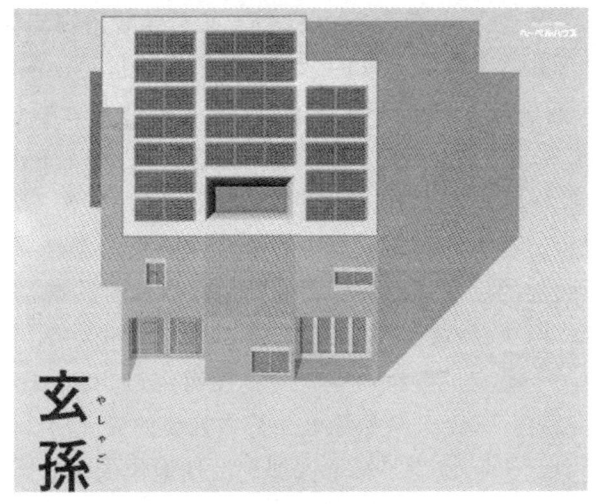


**图1-4　日本建筑公司广告**

作，无暇回家照顾老人心存内疚的子女，许多公司抓住这一商机，成立专门公司并推出孝亲广告。2011年9月，日本敬老日当天，爱知县一家“孝亲代理公司”就打出这么一则广告：“你工作忙碌，无法回乡探亲吗？无暇回乡去扫墓吗？那么，就让我们来代替你尽一尽孝道吧！”老板称，看到日本一些富裕阶层的老人，经常是一个人孤零零的在家吃饭，就产生了这个点子。“话食屋”的食品公司则以“代替人们回家陪老人吃饭”为主题，在广告中大力宣传代替人们陪老人吃饭说话。旅游公司也借助孝道这一主题推出孝亲旅游。在广告中通过唤起子女对父母亲情的方式号召大众对父母行孝道：“逢年过节，带着父母双亲去那些留下父母回忆的地方旅游吧。小时候放暑假的时候，父母带着你一块游玩过的避暑胜地。父母新婚，曾经留下他们倩影的地方……这些地方都曾经留下了父母的青春足迹，有着他们的美好回忆。带着他们故地重游，父母的脸上一定会绽放发自内心的微笑。”

## 三　日本“忠”观念的渊源

日本“忠”的观念来源于中国的儒家思想。内藤湖南在《何谓日本文化》一文中，根据“忠孝”的读音和含义，推断出在忠孝这一思想传入日本之前，日本本土没有忠孝的思想。到公元6世纪，儒家的影响越来越深化。日本把儒家思想的核心“仁”用“忠”来代替，他们理解的“忠”更多地意味着对自己领主的忠诚乃至献出生命。在日本的封建时代，“尽忠”就是要对等级制中的首领（如大名、将军）表示忠诚。但是在明治维新以后，尽忠的对象就集中到了天皇身上。这是因为，日本人认为天皇是天照大神的后裔，而天照大神则是日本人的祖先。因此，天皇是活在人间的神。由于日本社会从来没有受到过外来的侵略，因此在日本的历史上，只有一个皇室，万世一系，日本没有经过36个王朝的变换，它的社会组织并没有瓦解，天皇始终处于等级社会的最高层。正因为这两个原因，向天皇“尽忠”成为了日本占据统治性地位的观念。[①] 日本本土化的忠的思想主要表现在以下几个方面。

（一）对天皇的顺从与忠诚是日本忠的思想的核心内容

据《菊与刀》中记载，天皇是高于国旗和爱国主义的象征。天皇是超越国内一切政治纠纷的象征，是神圣不可侵犯的。日本人充分利用天皇这个最高象征的人的价值，老百姓听说天皇“关心国民”时会感动得热泪盈眶。为了使天皇放心，他们可以献出自己的生命。教师在受训时，如果说人的最高义务就是爱国，他就会被指责不够忠诚，必须说是对天皇报恩。“忠”在臣民与天皇之间构成了双重体系。一方面，臣民向上直接对天皇，其间没有中介，他们自己用行动来使“陛下安心”；另一方面，天皇的敕令，又是经过天皇与大臣之间的各种中介者之手，层层传到他们耳朵的。罗里（H. Lory）曾描述这么一件事，在一次平时军事演习中，一位军官带队出发时下令，不经他许可不能喝水壶里的水。日本的军队训练，非常强调能在极困难条件下，连续行军五六十英里。那一天，由于口渴和疲劳，有20个人倒了下去，其中有五人死亡。打开死亡士兵的水壶一看，里面的水一滴也未少。那位军官下了命令，他的命令就是天皇的命令。[②]

（二）与武士道精神培育紧密结合，强调对领主的忠诚

强调对长者、对法律的忠诚是日本忠的伦理观的另一重要内容。日本

① ［美］露丝·本尼迪克特：《菊与刀》，吕万和、熊达云、王智新等译，商务印书馆1990年版，第15页。

② 同上书，第46页。

人并非毫无选择地吸收中国儒学，而是按照日本民族生存发展的主体需求，对儒学进行取舍的。日本的武士道精神兴起于镰仓时代。起初，武士和主人是一种“主从恩义”的契约关系，武士替主人打仗，主人则恩赏他们。后来，又演化为一种主人、家臣、随从之间的效忠与依附关系。于是，对领主忠诚的道德伦理成为武士道的最高伦理规范，这一伦理规范最终形成法典，对武士的道德观念影响很大。武家法典——《贞永式目》，告诫武士要敬神佛、尚勤俭、克己奉公、重视团体利益等。武士在长期的社会生活中逐渐养成了忠勇、尚武、重视名誉、轻视死亡的文化心理。并逐渐发展到克服自我的私欲，追求为主人牺牲一切的奉献精神，形成绝对的效忠。武士把为主人战死作为自己的最高荣誉，在不能光荣圆满地完成任务时则以切腹自杀的方式来体现对主人的忠诚。按照日本人的观点，遵守法律就是对他们的最高恩情——“皇恩”的回报。①

日本的“忠”是指绝对的忠诚，是一种强制性的法令，而不是自觉的行为。它是上级对下级的规定，也是下级对上级的绝对义务，没有任何的附加条件。忠是日本人的必备品质。在圣德太子时代，忠明确为绝对的伦理道德原则，甚至写入宪法中。宪法再次强调臣子对君王的绝对服从关系。日本在很长的一段时间里，掌握兵权的大将军掌管着国家的政治、军事、法律等大权，但他们没有推翻天皇取而代之，这主要就是“忠”的思想起到了重要作用。

近三十年来，日本的忠的思想更多地表现为忠诚。这种效忠的文化观念逐渐渗透到日本的企业精神当中。日本企业非常重视对员工忠诚心的培养，这在全世界都堪称楷模。正如沃特曼和波得斯在《成功之路》一书中所指出的：“生产率这件事，并不在于日本人有什么奥秘，而纯粹是在于人们的忠诚心，在于他们经过成效卓著的训练而产生的献身精神，他们个人对公司的认同感。”日本企业家充分认识到了这一点，他们将传统的“为主人效忠”“对家长绝对服从”等观念成功演化为一种“一切为了企业”“做企业的忠诚战士”的企业文化。此外，在具体的实践中，日本企业还通过终身雇佣、员工持股、鼓励员工参与决策等方式树立和提升员工对企业的忠诚意识。时至今日，松下电器公司的职员每天早上上班时，还要一起背诵70年前公司创始人松下幸之助制定的产业爱国主义精神、公

① 《“忠”的伦理观和日本人的舍我精神》，凤凰网“历史电子期刊”，2010年3月21日。

平正直的精神等七种精神。进入2000年以后，日本企业与员工的相互忠诚关系也在发生变化。日本共同社报道说，60年前的军国主义时代，日本老百姓处处依赖国家，最终感觉受到背叛。“二战”以后，日本老百姓又处处依赖公司，结果现在又因为公司普遍裁员而感受到公司的背叛。日本有关研究机构的调查表明，与其他工业化国家的同龄人相比，日本50岁或50岁以上的人自杀率更高，原因之一就是被服务多年的公司“背叛”（解雇），无力再担负养家糊口的责任，精神上垮了下来。眼看着父辈的遭遇，日本年轻一代的想法普遍发生了变化，频频跳槽或从事非全日制工作的年轻人已经成为一个相当庞大的群体。这些年轻人将父辈的经历引以为戒，再也不愿像父辈那样把一生与某家企业紧紧地绑在一起。不仅如此，他们也不愿意再像父辈那样工作得那么辛苦。

## 四 日本广告中的“忠”主题

忠的思想在日本人的观念中根深蒂固，它影响和左右着日本人的思维方式和行为模式。从日本国旗来看，白底象征纯洁，红日居中象征忠诚。忠诚是日本人的民族特色。日本企业非常重视员工的忠诚，对员工进行各种实业爱国的文化传播和教育，员工也把忠诚企业作为自己的荣耀。在日本，不忠诚的人是会被人们唾弃的。

在日本中小学以及社会广告中，我们很少看到有关爱国主义教育的内容，这是有一定历史渊源的。由于日本在第二次世界大战期间以“爱国主义”名义对国民进行军国主义教育，导致许多年轻人在“爱国”的旗帜下走向战场，最终成为“战争炮灰”。因此，战后日本一直不敢进行“爱国主义”教育，国民中也有一种“爱国主义 = 军国主义”的恐惧感，甚至对于国旗和国歌也有一种抵触情绪。① 但由于长期对自己国家资源匮乏的危机教育，让日本人对自己的家园、资源以及名胜古迹等自然而然产生了一种保护意识。潜意识中的爱国意识也就自然而然会出现。再加上“和为贵”经由圣德太子发扬光大再与日本的传统文化相结合，“和”之精神得以铸就，“大和民族”的无须言喻的爱国观从此也就形成了。② 对于爱国主义主题的理解，日本人不是以宏观的角度大力宣扬热爱国家、爱国主

① 徐艺源：《日本政府重拾“爱国主义教育”的方针》，《国际在线》2013年第10期。

② 万景路：《日本人为什么那么爱国?》，日本新华侨报网，2013年2月21日。

义等主题，而是通过日常生活的细节展现。维持良好的社会秩序是日本公益广告经常表现的一个主题。在20世纪90年代的戛纳广告作品中，我们就看到有关日本公共秩序的公益广告，广告采用幽默的方式告诫大家要自觉维护环境。有人往地上扔了一个烟蒂，被其他公民发现，拿起烟蒂，逐人追问：“是你扔的吗？”扔烟蒂的人感到非常尴尬，从地上另外捡起一个烟蒂，说：“这个是我扔的。”如果人人都对这种不良行为刨根究底，不良的社会行为很快会销声匿迹。对自己家园环境的爱护体现出日本人具有很强的爱国意识。公益广告《注重吸烟的礼仪》则通过人们日常生活中的一个个小细节告诉大家吸烟对他人的损害：

画面一：一个人坐在台阶上把香烟放到下水盖上蹭灰，远处，一群人在盯视着他，文案：“其他的人都在看着你。”

画面二：在匆匆行走的人行道上，一男人的香烟烟雾环环萦绕着小女孩的脸，文案：“吸烟所散出的烟雾正好达到孩子脸的高度，孩子在被迫吸烟。”

画面三：一男人在人群中躲闪，烟雾萦绕到别人的身上。文案：“我移动避免去碰到你，但我的烟不能。”

一个个具体的细节展现香烟给别人造成的干扰，告诫人们吸烟应注意的礼仪。

在公益广告中，日本人的爱国精神更多地表现为一种社会责任和自觉行为。在日本的植物园和公园中，为了提醒游人保持园内卫生，经常可以见到路旁有这样的告示牌，上面写道：“除了脚印之外，请不要留下其他痕迹。”细致而幽默的广告语！这是一种具体细节又易被人接受的广告标语。在富士山游览区到处竖着这样的告示牌：“富士山是日本国的象征，为了不使美丽的富士山变脏，请参加把垃圾带回运动！”登山的游客们果然都能用自备的垃圾袋，把用过的包装物装进塑料袋中带回去扔进垃圾箱。环境的保护与日本国家的爱国主义紧密地结合起来。近年来，以动漫、游戏、音乐和影视为代表的日本文化产业在海外一直面临着较为严重的盗版问题，日本业界为此蒙受了上百亿日元的巨额损失。针对在海外日本动漫的违法流通现象，日本贸易振兴机构在各国推出防盗版广告，其中，在北京地铁大望路站滚梯旁做了一则以熊猫为主人公的防盗版广告，

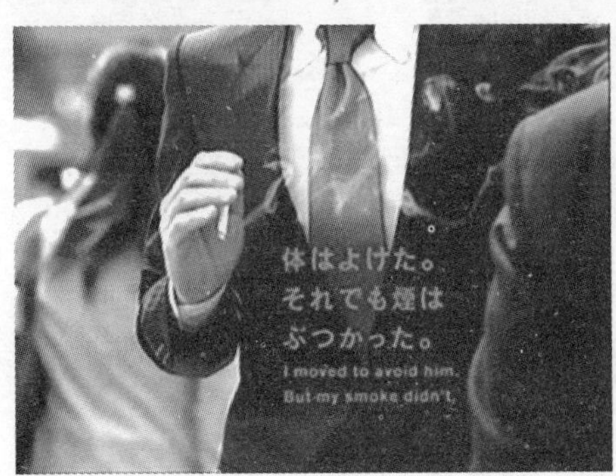

**图 1－5　公益广告《注重吸烟的礼仪》**

引发了众多路人的关注。很多人在乘坐滚梯时，都目不转睛地看着广告上这些真真假假、形态各异的熊猫。在最后一幅广告图片上还写着“保护知识产权”和“不做！不卖！不买！”的广告语。希望借助国人对国宝形象的珍视，唤起人们对于日本知识产权的保护意识。

对国家公共秩序的维护也是日本人爱国精神的重要表现。以日本地铁公益广告为例，地铁是一个城市甚至是一个社会的缩影，从中可以看到人生百态。日本地铁的公益广告从很微小的行为细节向人们展示应该共同遵守的社会秩序和社会责任。下面是一组日本地铁的公益广告，分别从“给残疾人和孕妇让座”“不要在地铁上背着大包，以防影响他人”“不要在地铁门内游戏，影响乘客上下车”“不要在车上跷着二郎腿”“不要在车上与朋友分享你的礼物”“不要大声喧哗”“耳机声音不要太大”“不要醉酒躺在车上”等角度，告诫大家自觉遵守公共秩序，主动承担维护公共秩序的社会责任。只有每个人都自觉遵守公共秩序，才能营造出好的社会环境。

在“3·11”大震灾中日本人所表现出来的不乱不躁、遵守公共秩序

图 1－6　日本防盗版广告

图 1－7　给残疾人和孕妇让座

图 1－8　日本地铁广告

等良好素质，也让世界再次叹服。这些表现在让世人共睹日本人的良好精神素质的同时，其实也在无声宣示着日本人潜意识里的爱国意识。日本

AC 的公益广告《松本》，号召大家相信日本的力量。大地震之时，日本网民自发地发布了大量关于日本国民在大乱中坚守秩序的公益图片和视频，向全世界宣传日本国民的爱国意识。一幅幅图片，一个个细节的场景，向世人展现了日本人的爱国意识。

仙台的人们在马路上避难时，集体站在了路中间的绿化带中，虽然有些拥挤，但没有一个人占用两边的机动车道。

在一段日本超市的视频中，我们看到，虽然摇晃得很厉害，但是身着超市工作服的人们仍然镇定地扶住货架，防止上面的玻璃制品掉下来，一直扶到一整段的摇晃过去。

公交车内电话铃声此起彼伏。但在日本，公共交通工具内不打电话是规则。在如此紧急的情况下，人们还是照常遵守规则。

回家排队，用公用电话排队，没有人乱扔垃圾。在这样大的灾难面前，日本人依然没有放弃他们的文明。

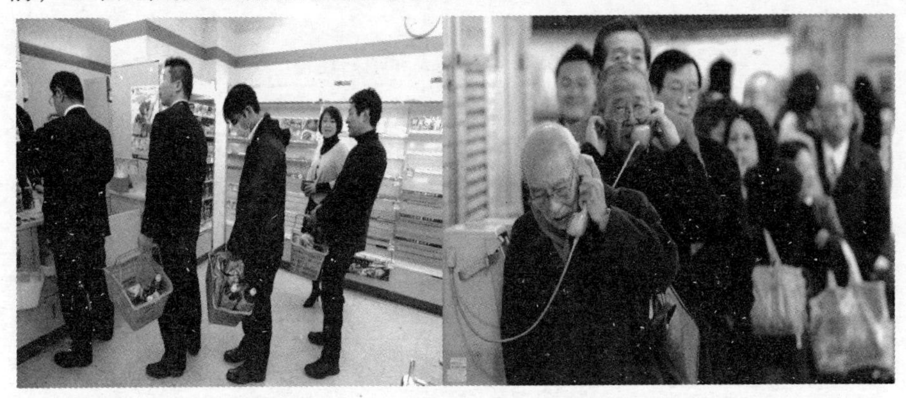

**图 1-9　大地震时日本人井然有序**

日本经历了“3·11”特大地震和海啸后，仙台市荒浜的当地记者拍摄到了一段感人的“狗坚强”的故事。视频中的小狗已经没有了自己的主人。在视频中小狗坚强地守候着自己的伙伴儿，这段视频被命名为《无尽忠诚》，已经成为网络上热门的视频，短短一天就超过了五万人观看。视频中的小狗显得疲惫而瘦弱，在受伤的同伴儿身边徘徊，它的同伴儿已经无法动弹。这条小狗很关心生病的同伴，不时地安慰着它。据说，日本也开始为震后失去家园的动物们募集援助物品，很多人留言称准备收养这条小狗。对于忠诚度要求很高的日本人来说，这条视频无疑是民族精神的再次展现！

图1-10　日本公益广告《松本》

## 第三节　吸纳与突破：中日广告中“忠”“孝”观念的比较

广告的社会伦理观与传统伦理思想密不可分。日本传统伦理思想中吸纳了中国儒家忠孝观的主要内容。与儒家忠孝观不同的是，日本强化了忠的观念。表现在广告中，对“忠”的内涵有所突破。

### 一　中日广告中“孝”观念的对比

孝是中国儒家传统伦理的核心，是中国人伦理价值观的重要内容。这一儒家伦理在日本的伦理价值体系中也占有一席之地。如“子女对亲长要恭顺、服从，亲长老后子女要负抚养义务”等孝道的基本内容，即便在受西方思想强烈影响的今天，也仍然是日本人公认的伦理道德规范。因此，中日广告在孝道主题的表现内容上非常相似。

两国广告中出现大量提倡孝道的广告。近三十年来，随着社会结构的变化，子女远离父母或由于工作压力无法陪侍父母的现象成为中日社会的普遍现象。从20世纪90年代末，中国的企业广告中开始出现关于孝道的内容。尤其是近几年，随着打工潮的兴起，中国也出现大量空巢老人，农村有的地方甚至整个村子的年轻人都出去打工，只有孩子和老人在家。针对这一社会现象，广告中出现大量孝道主题的广告，其广告表现更是百花齐放，在广告中多次出现“常回家看看”之类的表述，呼吁子女关注父母的情感。在日本的广告中，从80年代起关爱老人就成为日本公益广告的年度主题。日本老人的空巢现象十分严峻，老年人的孤独成为重要的社会问题。在广告中我们可以看到老年人孤独寂寞的生活场景。这是中日广告中所展现的共同问题。

情感动人是中日“孝”主题广告的主要表现手法。对于孝道主题的表现，中日两国的创作风格都倾向于采用情感动人的方式。父母竭尽全力含辛茹苦地把孩子养大，指望孩子知恩图报，俗话说，“养儿防老”。子女长大后理应赡养父母，给予父母物质以及精神上的敬爱和满足。这是社会的伦理规范。当出现子女远离父母无暇照顾老人时，社会伦理会对造成父母孤独、与父母缺乏沟通的行为进行谴责，通过广告呼吁子女回家陪陪老人，跟老人多沟通。无论中国还是日本，许多广告都出现子女回忆小时候父母对自己的体贴照顾和无尽关爱，比较如今父母的苍老和对父母的疏忽，进而表现子女的内疚之情，潜意识中表现出子女应知恩图报的文化价值观。

当然，由于两国文化和发展的不同，孝的伦理观念在广告表现中也会有些差异。这些差异主要表现在中国广告中对孝的表现方式更为直接，对孝的宣传更为明显。而日本的广告中对孝的表现方式含蓄委婉。譬如，同样是表现父母孤独寂寞的广告主题，中国的广告中则通过子女对父母的冷淡来表现。广告情节借助子孙儿女给老人打电话不能回家，重点突出老人的失望，意指谴责子女忽视老人的行为。广告语非常直白的呼吁人们：“孝敬父母，多回家陪陪老人!”而日本的广告中我们看不到任何对子女的谴责，只是在广告中把老人一天天的孤独寂寞的场景进行深度地刻画，使人不自觉对老人的孤苦产生怜悯和同情。在广告中没有提到任何与子女相关的词语，没有出现任何子女的镜头，只是入木三分地描述老人的孤苦处境。对比中日孝广告的表现，我们很明显地感觉到日本广告在表现伦理时的含蓄委婉。

## 二 中日广告中“忠”观念的对比

中日文化中对“忠”的理解不尽相同。中国文化中“忠”是有条件的“忠”。日本文化中，“忠”是绝对的“忠诚”。在广告表现上自然也有很大差异。对中日关于忠的广告伦理观的研究，我们主要通过广告的对比来进行。

### 1. 表现内涵不同

由于忠在日本文化中的独有地位，忠已成为日本人的自身品质。在日本，忠是日本历史上最为推崇的伦理观，主要指对天皇的忠诚。近三十年来，忠的思想仍然占据日本人的核心思想。但忠的概念已逐渐演变为公民自觉地对家园的爱护、对环境的保护。对于日本人而言，忠的观念是根深蒂固的，是日本人的自然品质，因此日本人认为没有必要大张旗鼓地宣扬爱国主义，在广告中我们很少见到正面宣传爱国主义的广告。广告中忠的伦理观更多地表现为对家园的爱护，对环境的关注以及对公共秩序的维护。在日本公共广告中，我们经常见到日本人对于礼仪的重视，譬如：吸烟的礼仪、交通礼仪、过马路汽车给让路后应主动对让路者施礼等，教给人们如何去遵守公共秩序，维护国家形象。在中国传统伦理中，忠的观念指私忠和公忠，私忠指对君主和主人的衷心；公忠指热爱国家和社稷。在后来的社会发展中，公忠的思想发展为爱国主义，被人们反复颂扬。因此在中国，尤其是近三十年来，忠的伦理观主要是指爱国主义。在中国广告中，我们经常可以看到宣扬爱国主义的词汇，在中国网络电视台推出的一系列以“中国形象，中国精神，中国文化，中国表达”为主题的宣扬新风尚的公益广告中，我们可以看到对中国传统文化、中国伦理道德等爱国主义主题的大力弘扬。

**图1－11　中国形象·中国精神·中国表达**

2. 表现形式不同

我国广告中对爱国主义的宣扬正面直观大气，日本对爱国主义的表现

**图1－12　中国形象·中国精神·中国表达**

则是通过生活中细小慎微的小事深入社会生活的方方面面。我国爱国主义广告往往选取极具中国特色的泥娃娃、年画等物象以及党旗、党徽、党章等来表现，文案往往用“祝福祖国长”，“笔笔都是中国梦，祝福祖国寿千秋”，“中国梦，和为贵”等语言深刻直观地表现爱国主义的主题特色。爱国主义被作为一种文化、一种精神通过广告进行颂扬和提倡。在危急关头，像非典流行和大地震时期，公益广告出现的是“众志成城，万众一心”的宣扬，广告画面是恢宏气魄的大众奋战场景，号召中国人团结一心，共同应对灾难。在反腐广告中，不断宣扬“廉洁为政，为官之道”的主张。总的来说，我们可以感觉到中国广告对爱国主义的宣扬正面直观大气，侧重号召和呼吁的力量。日本的广告则含蓄隐晦。日本文化的特点决定了日本广告表现手法的含蓄性。对于爱国主义，日本的广告中很少出现这一字眼，大多是通过生活中寻常的小情节、小场景来展现。广告《魔法少年》通过日常生活中极微小的小场景，以开车司机的视角表述过马路少年施礼后所带来的温暖和幸福的感觉，暗示人们应注重礼仪。日本地铁广告则从微小的言谈举止中告诫人们应遵守共同的社会规则，维护日本良好的社会秩序。除了对公用秩序和礼仪的维护以外，对环境的爱护也是忠的伦理观所表现的重要内容。像富士山的广告，富士山是日本的形象，对富士山的爱护就是对日本形象的爱护。即使在大地震时期，日本媒介通过各种渠道所传播的内容也是维持好的公共秩序的宣传，良好的公共秩序是日本的国际形象，对公用秩序的维护就是对国家的爱护。

从中日广告比较来看，日本对于忠的广告伦理观的理解跟中国有一些差异。日本的忠的广告宣传深入社会生活的各个方面中，对人们的日常行为进行了具体的指导。人们的日常行为和礼仪都代表国家形象，对自身行为的约束就是在维护国家形象。而中国广告中对忠的伦理观的宣传更多地停留在精神层面。

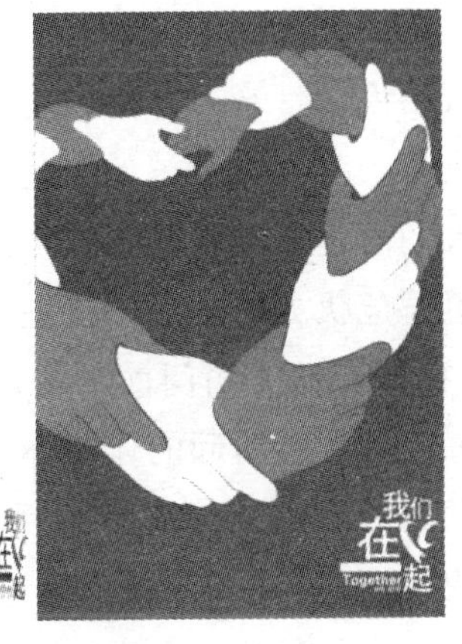


图 1－13　中国赈灾广告

图 1－14　日本魔法少年广告

# 第二章

# 中日广告与“义”“俭”观念

经济的繁荣给人们带来了一系列的道德思考，义与利、奢与俭的道德冲突被推到了风口浪尖。大众消费文化不断地缔造着各种美轮美奂的消费幻象，推动着人们对物质利益的孜孜追逐。随之，价值取向紊乱、社会责任淡化，经济道德危机如影随形、接踵而来。国际著名社会学家丹尼尔认为：“广告就是在我们的文明门前刻的烙印，它是展现新的生活方式和价值观的预告……今天广告所起的作用不再是单纯刺激需要，它更为微妙的任务在于改变人们的习俗……教会人们新的生活方式。”在道德危机与消费文化的矛盾冲突面前，广告自然地担负起宣传传统经济伦理的职责，将传统伦理观融入广告文化的传播中。

中日两国经济伦理观表现出了很强的相似性。日本文化非常注重节俭，日本人的勤俭节约闻名遐迩。中国文化也强调节俭，勤俭持家是中华民族的优良传统。重义轻利、先义后利的伦理观念对两国文化都产生了深远影响。

在广告文化的传播中，节俭文化作为中日两国的主流文化，一直是广告所积极倡导宣扬的价值主体。两国广告采用了不同的手法表现这一主题。中国广告注重用讲道理的手法培养大众的节俭意识，日本广告更注重以小见大，教给人们节俭的具体办法。在对见义勇为的理解上，两国广告表现出了非常明显的不同。在中国广告中见义勇为是积极颂扬的仁义精神，广告也为推动和宣扬见义勇为的精神做出了积极贡献。日本的伦理观中并不认可见义勇为的行为，在日本广告中我们找不到任何关于见义勇为的主题广告。

## 第一节　经济伦理的呼唤：中国广告中的“义”“俭”观念

在中国传统文化中，“义”与“俭”一直是人们追求的价值理想，在中国的传统美德中有“重义轻利”“近义远利”“勤俭持家”的伦理要求，“义”和“俭”作为经济伦理的规范，始终影响和制约着中国人的思想和行为。但近些年来，在市场经济大潮的影响下，人们生活日益富裕，许多人的价值观开始混乱，弃义谋利、背信弃义的事件屡屡发生，奢侈浪费蔚然成风，为了个人私利过度开采和利用自然资源的现象屡禁不绝。广告自然而然地担负起宣传经济伦理的义务，针对单纯追求私利不顾公众和国家利益的行为，大力传播“义”和“俭”的观念，以影响和改变着人们的价值观。

## 一　中国“义”观念的渊源

在中国古代伦理道德体系中，“义”是一个非常重要的伦理观念。按照许慎的《说文解字》，“义”的本义为己之威仪，后引申出一切合乎事宜的举止。《周易·乾卦》中“利者，义之和也。利物足以合义”[①]。换种说法，即是正义。合乎正道的事。在儒家文化中，父慈子孝，兄友弟恭的思想行为就是义。儒家把这种以家庭和血缘为核心的道德思想推广到整个社会，孟子的“老吾老以及人之老，幼吾幼以及人之幼”就是这种道德理想的最直观表达。在落后的农业社会中，维持生存不仅需要家庭成员的相互依赖，还需要不同家庭之间的人际合作，需要相互帮助相互爱护，共同主持正义。因此，在中国古老农业社会培养起来的一方有难，八方支援的精神即是“义”的普遍理解。总体来说，义就是为了公众利益不惜牺牲个人的利益。

重义轻利是指重视仁义和道德，忽视功利和经济利益。在义利关系上，重义轻利的思想一直是中国传统价值观的主流价值取向。在《论语》中，孔子首先对义和利进行了区分。孔子说：“君子喻于义，小人喻于利。”（《孔子·里仁》）义和利的区分就犹如君子和小人的区分。因为“君子义以为质”（《论语·阳货》），“君子义以为上”（《论语·魏灵公》），这说明“义”是一种普遍的道德准则，具有至上的价值，是人们行为价值的内在依据。孔子非常强调义的价值取向的作用，多次强调“不义而富且贵，与我如浮云”（《论语·述而》），“见小利，则大事不成”（《论语·子路》）。在孔子看来，义作为社会道德原则，它超越了个人的

---

① 黄寿祺、张善文：《周易译注》，上海古籍出版社 2004 年版。

私利，体现社会的整体利益。在面对利和义的矛盾时，孔子提出“以义制利”“见利思义”的思想。这对其后的文学作品和社会价值取向产生了深远影响。

在文学作品和现实生活中，以义制利、见利思义的故事屡见不鲜。这些关于义的故事大体可分为四个主题，一是救危扶困，二是舍生取义，三是见义勇为，四是知恩图报。南宋的文天祥在国运衰颓的危急时刻，为挽救国家危亡，以“英雄未肯死前休”的气概，进行了百折不挠的苦斗。在牢狱生活中，文天祥本着“命有死时名不死，身无忧处道还忧”的信念，创作了许多诗歌，歌颂战友们以身许国的精神。苏武被扣匈奴，面对匈奴的名利引诱以及严刑威胁，苏武始终大义凛然，宁死不屈，牧羊几十年，不变气节。还有清代谭嗣同的血溅轩辕，朱自清宁死不要美国救济粮等，在气节面前，他们舍生取义，用自己的生命捍卫了气节，成为一代代不朽的音章。

中国是一个有着深厚道德文化基础的国家。维护正义，注重道德，一直是中华民族道德的优良传统。“义”的观念在历史衍变中逐渐去除了江湖中“讲义气”的习气，保留了见义勇为、知恩图报、扶危救困等传统观念，并加入了更多人性的关怀和国家政策的扶持，使见义勇为、扶危救困等思想进一步发扬光大，给人以道德的激励和情感的鼓励。但改革开放以来，自由主义、拜金主义泛滥，义的观念在人们思维中逐渐淡化，尤其是近几年来，我们看到毒奶粉、假酒、瘦肉精、注水肉、黑砖窑、水污染等道德沦丧的事故举不胜举，一些人为了钱、利，将道德底线抛到脑后。见义勇为、扶助老人反被陷害冤枉的报道层出不穷，人与人之间出现信任危机，受经济利益驱使，以经济交换为原则的处世方式渗透到人们的观念深处，体现在生活的方方面面。在这样的背景和环境下，政府开始通过各种宣传途径大力倡导和推广“义”的主旨。

## 二　中国广告中的“义”主题

在近三十年的广告作品中，对“义”主题的宣传主要表现在对社会弱势群体的关注、对见义勇为行为的颂扬和对社会责任的提倡等内容上。

### （一）对弱势群体的人文关怀

弱势群体又称社会脆弱群体，根据国际社会普遍认同的观点，“弱势群体”指的是由于某些障碍及缺乏经济、政治和社会机会而在社会上处于不利地位的人群，主要包括儿童、老年人、残疾人、失业者和贫困者等。其共同特征就是低职化或无职化、贫困化、脆弱化和边缘化。我国目前的主要弱势群体有农民、农民工、城市贫民、老年人、残疾人、乞丐和贫困学生等。[①] 社会政治经济发展的不平衡，使各地不同程度地存在着一些弱势人群。他们的生活环境和社会地位处于社会的最底层，扶助弱势人群是社会和谐的底线，对弱势人群的人文关怀既是传统道义的体现又是维护社会和谐的要求。近十年来，广告中开始大量涌现这一主题内容。从主题细分，主要体现在三类人群。

1. 对农民工的关注

农民工是社会重要的组成部分，他们文化水平偏低、没有城市户口，在孩子入学、住房、社会保障等方面存在一系列问题，社会地位较低。[②] 农民工大都从农村来到城市，他们漂移不定，以出卖劳力为生，在城市从事着最底层的工作，面对社会的种种歧视和不公平待遇，成为“城市边缘人”。对农民工关注的广告从2007年开始成为媒介宣传重点。

湖北电视台的公益广告《关爱》，号召大家对农民工多一些关怀和尊重。广告选取了三个典型的农民工形象，一个是日夜在生产车间劳作的缝纫工，一个是在高空作业的建筑工人，一个是骑着自行车不畏炽烈高温送液化气罐的工人，广告对故事情节进行了细节化的展示[③]：

> 旁白：每天，刘唤云要缝制出600多件这样的衣服。
>
> 字幕：他们也是父母心头的宝贝。
>
> 旁白：即使是夏天，崔旭东也常常在高温下持续工作。
>
> 字幕：他们也是孩子身后的依靠。
>
> 旁白：忙的时候，余兵能一天送40多瓶煤气，不论刮风下雨。
>
> 字幕：他们也是爱人日夜的牵挂，中国现有农民工一亿多，他们更需要理解和关怀。
>
> 旁白：尊重与爱，共创和谐。

---

① 曾来海：《大众传媒对社会弱势群体援助的意义和方法》，《当代传播》2008年第3期。

② 沈立人：《中国弱势群体》，民主与建设出版社2005年版，第22—23页。

③ 《中国广告作品年鉴》，中国传媒大学出版社2007年版。

农民工是非常典型的弱势群体，此广告让真实的民工演他们生活中的自己，真实的人演他们自己的真实人生，将农民工的生活形态原汁原味地呈现在我们眼前。对于社会而言，他们的工作不可或缺，他们很辛苦，应该得到社会的关心和尊重。这则广告既演绎了农民工工作的辛劳，条件的艰苦，也彰显了城市的发展和进步离不开农民工群体的贡献。三个典型人物的塑造不仅向人们展示了农民工的情感和生活，也向社会大众呼唤农民工需要大家的理解和尊重。

广东省广告公司创作了一则题为《关注弱势群体》的平面公益广告。广告画面触目惊心，令人感叹。在矿井里，四周是黑色的煤墙，一个硕大的煤筐里堆满了满满露尖的煤块儿，黑色的头发黑色的身子黑色的煤块黑色的脸，在一片黑色的世界里，一双泛白的眼球让我们发现原来这个硕大无比、满满的、冒尖的框子背在一个孩子的身上。文案："在他的世界，生存永远大于生命。关注最底层人群，少一点无视。有上千万个民工在从事着与生命搏斗的底层工作，让我们对他们投以更多地关注，改善他们的生存空间!"

2. 对失学儿童的关注

在失学儿童中，"因贫失学"的学生占到了大部分，而且形势非常严峻。目前，中国尚有5800万贫困人口，绝大多数失学、辍学的青少年生活在温饱难继的贫困家庭中，痼疾难除的绝对贫困往往使这些家庭在孩子教育的问题上力不从心。广告作为公众传播媒介，自然担负起向社会呼吁的任务，在广告中出现了大量关注失学儿童的主题。从2002年开始，这一主题的广告大量出现。

2002年，农夫山泉发起一分钱"阳光工程"，支持贫困地区学校基础建设。并发布一瓶水一分钱饮水思源助学篇公益广告。广告选取了一个缺水的贫困山区，一个老师和十个孩子，祠堂就是他们的教室。学生每人一学期45元，两个年级十个学生450元，这是学校的全部收入。倡导每买一瓶农夫山泉将为这些贫困孩子捐赠一分钱。帮助这些孩子实现上学的梦想。

2003年，山西恒康乳业的广告《助学》讲述了一个山区学生考上大学，因为贫困而失学，经过社会捐助，重圆大学梦，毕业后又回报社会的故事。全篇前半部分为黑白色调，讲述孩子收到入学通知书后矛盾复杂的心情，无钱上学的无奈，最后采用彩色色调，展示孩子获得资助完成学业后回报家乡，显示现实中的山乡巨变。这一色彩的比较使人深刻感受到：知识改变命运！知识改变中国！结合着大家都熟悉的歌曲《让世界充满爱》“轻轻地捧起你的脸，为你把眼泪擦干，我们同风雨，我们共追求，我们珍存同一样的爱！”呼吁全社会伸出援助之手，扶贫助教。

2004年，在中央电视台反复播出的一个在甲板上跳舞的小女孩吸引了人们的关注，这是一个渴望能进入舞蹈学校，但由于贫困只能在自家甲板上跳芭蕾舞的小女孩，无论船行至何处，都能跳出优美的舞姿，悬挂在船舱上的破旧的舞鞋和小女孩孤苦无助的眼神令人心生怜意。小女孩的自白“我从小就出生在这条船上，船头就是我的舞台，我知道，只要努力，没有什么做不到的，可是——”一点儿爱心可以改变一个人的命运，还犹豫什么呢?!

2005年，中国少年儿童基金会发布了一系列助学广告，将失学孩子的真实现状再一次血淋淋地呈现在人们面前。广告采用真实记录的方式选取了三个场景：一个是身上背着篓筐在垃圾堆里捡垃圾的孩子，文案：背在肩上的，是现实，也是理想。另一个是在垃圾废墟中找个土坑坐着读报的孩子，文案：摆在面前的是现实，也是希望。还有一个是在垃圾场捡出废纸自己折成飞机的衣衫褴褛的孩子，文案：拿在手中的是辛劳，也是梦想。同年，华文广告精粹的《龙吟榜》上刊登了《莫欺少年穷》的公益广告，一个衣衫褴褛、头发凌乱、手中拿着捡来的废弃空酒瓶的孩子的背影，文案：放弃，等同扼杀希望，请不要放弃可以帮助中国贫瘠地区失学儿童重返校园的机会。

2007年，华文广告的精粹《龙吟榜》上刊登了一则名为《上学途上》的助学公益广告，这是香港苗圃行动的重要内容。一个孩子在艰难地越过高山后又越过山谷，在齐胸的河水中奋力地行走，终于到了学校。广告让一香港学童亲身示范中国山区小孩每日上学的崎岖。旁白：你认为，这事没可能发生？在中国山区的学童，只要能够上学，走多远的路，心也甘。几次打动观众捐款，赞助办学。

2008年公益广告《隐形的翅膀》，是一部失学儿童和山村教师的励志之歌。广告选取了贫困山区的三个典型的小孩子，他们日常辍学在家牧羊、照顾弟妹、野外拾荒的场景，着重表现学生和教师面临艰辛时依然顽强的感人故事。配以字幕：

> 谨以此片献给所有关注贫困山区教育事业的人士——距成都 528 公里，双林村，春苗小学。刘伟强，10 岁，家境贫困，辍学，梦想长大后走出山区。王永琴，春苗小学，师范毕业返回母校任教。梦想村里所有的学生都能上学。一个小小的帮助，让他们离梦想更近一步。
>
> 伴随着广告歌曲：每一次，都在徘徊孤单中坚强；每一次，就算很受伤也不闪泪光。我知道，我一直有双隐形的翅膀，带我飞，飞过绝境。

我们每个人，只有大家都献上一份爱心，一起去做他们隐形的翅膀，才能帮助他们实现梦想，飞得更高。

3. 对残疾人的关注

残疾人是社会弱势人群的重要成分。他们由于身体的缺陷需要大家投以更多地关注和爱。广告一直担负着呼吁全社会关注残疾人的使命。

2001 年，由哈药六厂投放的公益广告《盲人公德》在中央电视台连续播放，该篇以公交车为背景：

> 公交车在行驰中，一个戴着黑色墨镜的盲人坐在公交车上。这时候车到站了，一位抱着小孩的女人上车了，正好站在盲人旁边。盲人听到孩子的叫声，主动站起来给抱小孩的妇女让座。当他到站下车的时候，从他蹒跚的步履中，人们才发现原来他是个盲人。镜头以抱小孩妇女的视角，一直追随着下车后盲人的脚步，发现在过马路时，一年轻小伙子主动扶着盲人帮助他顺利通过马路。字幕：彼此关怀，世界才会更美丽。平凡生活中的小事，便能体现出人们的社会公德，盲人能为正常人让座，正常人热心帮助残疾人，彼此关心，世界才会更加美丽！

2003 年由盛世长城广告公司制作了一则捐助兔唇儿童的平面公益广告。画面上是一个孩子脸部的特写，眼睛里写满着渴求。令人触目惊心的是孩子的嘴巴上面用一个三角形的黑色遮盖物盖住，上面写着："任何捐献你都能抚平这个缺口。在一个如此可爱的孩子，一个这般稚嫩的生命面前，有谁能不伸出自己的援助之手呢？"

2004 年，上海市慈善基金会做了一系列关注弱势群体的公益广告，刊登在《新民晚报》上。广告采用对比的方式，用婴儿的手推车和残疾人的轮椅车的标识进行对比，并附有文案：

> 在婴儿车旁写着：很多人抢着推。在轮椅车旁写着：更多人需要推。全家人都愿去推童车体验孩子带来的欢乐，在你身边，还有更多老人，残疾人，他们的轮椅同样需要你用爱来推动。关注弱势群体，让我们一起美好地生活。另一篇《盲道》篇则用放大盲道的特写，看上去像是曲折崎岖的道路，文案：他们脚下的路更坎坷，人生路充满荆棘，请帮助他们。

2006 年，北京电通推出公益广告《盲道》，一盲人手拿导盲杖在盲道上行走，可是走着走着，盲道没有了，盲人感到无所适从，不知该往哪儿走，原来道路拐角处没有设置盲道。广告呼吁大家对残疾人的关心不要只停留在表面文章，形同虚设的盲道设计只会给盲人生活带来不便，大家应该把爱心发展到残疾人生活的每一个细节。

2007 年，江西煌上煌集团推出关爱助残的公益广告《关爱就在身边》，广告画面上，人行道上堆满了自行车，盲人经过时，用手中的导盲杖艰难地识别着前方的障碍，盲道名存实亡，根本不能用。这时候路边的两个孩子看到了，他们使尽全身力气将路边的自行车一辆一辆搬离盲道，累得满头大汗。看着盲人老爷爷顺利地通过盲道，两个孩子擦着满脸的汗水脸上露出了快乐的笑容。旁白字幕：“其实，比眼睛更明亮的是心灵。”

在中国，盲道一向是一个被忽视的存在。怎样以自然的方式去揭开这个社会上司空见惯以至于麻木的伤疤？广告让天真的孩子去完成这个本该由大人来完成的任务。以他们弱小的力量挪开停放在盲道上的自行车，反衬出大人的冷漠。

2008 年，重庆第一届公益广告大奖银奖作品《盲道——忙道》，再次以真实的笔触形象地描述盲道被占的事实。呼吁社会大众关注这一现象，把盲道清出来，还盲人的权益。

2008 年，南方电视台推出关注孤残儿童的公益广告，广告完全用手的意境来表达。

一只大手可以接住新生的婴儿，可以为坐在轮椅上的孩子作滑梯，还

图 2－1 《盲道——忙道》

可以为雨天坐在肮脏的洞穴口的孩子抵挡风寒——旁白字幕："我国目前有 53.7 万孤残儿童。帮助他们，需要伸出你的手。也许伸出你的一只手，就可以改变这些孩子的命运。你的一份关爱，将影响他们的整个人生。"

这个世界需要把冷漠化成爱，你我的关注与行动，可以改变许多孩子的命运。广告通过一系列富有现场感和纪实性的镜头展示，让观众体验到种种孤残儿童的现状危机。而每一个旁观者，不应该只是冷漠的注视，只要伸出一双仁爱、恩慈、良善的手，就会给他们带来巨大的改变。

（二）公民的社会责任感的培养

在中国传统文化中，"正义""道义"一直是影响和左右中国人情操的重要观念。对于义和利的关系，中国优秀传统商德首先主张"义以生利""以义取利""见利思义""逐利思义""取之有义""信载义而行之为利"，而不能"见利忘义"。孟子宣扬舍生取义。在"义"和"利"面前，《易经》告诫我们："利者，义之和也。"是讲人与人之间、人与物之间要恰到好处的相和，最适宜的和，才能得到真正的利。假使只有自己得利，最终自己的利也会受损害。这些思想千百年来影响着一代代中国人的行为准则。

但是在市场经济催发的利益诱导下，人们开始陷入义与利的纠结之中。于是出现一系列舍义谋利的现象。2011 年温总理在同国务院参事和中央文史研究馆馆员座谈时做了《讲真话、察实情》的讲话，其中说"近年来相继发生'毒奶粉'、'瘦肉精'、'地沟油'、'彩色馒头'等事件，这些恶性的食品安全事件足以表明，诚信的缺失、道德的滑坡已经到了何等严重的地步"。食品安全是表面现象，真正的问题是中国人在面临义和利的抉择面前丧失了自己的道德准则。广告担负着劝服人们去实现一种积极有益的社会风尚和行为的作用，它"推介的是有利于人类社会进步的道德观念、行为规范和思想意识”，自然义不容辞地担负起宣传的作用。从2009年起，媒体出现大量地宣传食品、药品安全的公益广告。中央电视台拍摄公益广告《食品安全决定健康的未来》，广告从天真烂漫的孩子的视角，表达自己对食品的热爱：

画面：一群嬉戏的健康活泼的孩子。

可爱的小女孩手抱奶瓶：我喜欢喝牛奶，喝牛奶长高高。

大眼睛的小男孩：我喜欢吃肉肉，因为变强壮。

充满好奇的小男孩：我喜欢吃鱼，吃鱼变聪明。

好动的小男生：我喜欢吃青菜，吃青菜不生病

奔跑着的小女生：我喜欢吃水果，变漂亮。

一个小女生高举着深红色的苹果问：“妈妈，我能吃吗？”

这些对于大家来说本来是非常普通的食品，可是现在却潜伏着无限的危机，那些丧尽天良的人们，你们忍心对这些可爱的孩子下手吗？

2011年，绵阳市广告协会创作的公益广告非常直观地将化学元素周期表改写成2011食品元素表，将其中的每一样化学元素对应一种毒食品，于是产生了瘦肉精、双氧翅、银粉鱼、苏丹红、纸煎饼、美容桔、健美猪、罂粟汤、洗虾粉、蜡粉条、激素虾、注水鱼、一滴香、增白面、亮光米、人造蛋、红心蛋、自杀西瓜、绝育黄瓜、尿豆芽——等上百种化学元素中和的食品。化学周期表中的各种元素已经全部用进我们的食品中，让人胆战心惊，生化危机就在身边，生活在这样的环境里，我们如何自保？食品安全，人命关天。广告呼吁社会关注食品安全，关注民生健康。

2012年，广告借用李时珍尝百药和神农尝百药的典故，改写为《新李时珍尝百药》《新神农尝百草》：

当今民众品茶饮水，烹饪饮食，常遇三聚氰胺、地沟油、染色剂，深受疾病、镀上之苦，于是无奈何也，人人仿若李时珍，尝百物之滋味，水泉之甘苦，小心翼翼，如履薄冰唯恐一日而遇七十毒，不胜惊慌。

卫生部也制作了关于食品安全的公益广告。孩子在吃轮胎、纤维和塑

胶，文案以孩子的口吻："我不吃纤维。""今天的轮胎有点淡。""我真的吃不下那么多塑料!"我们今天的食品里有太多的化学成分，毒食品遍及我们生活的角角落落，可是我们不吃又如何维持生命?

中国食品药品监督局则干脆直接地用下水道来表现。打开下水道的井盖，里面竟是鲜美的涮海鲜，烧烤直接在地漏上烤，包子放在地漏上蒸，文案：每年中国有300万吨地沟油回流餐桌。

2013年以后，关于食物安全的广告越来越多，从蔬菜农药、食品添加剂到酸奶胶囊，食品安全危机成为重中之重。一时间，《口蜜腹剑》《笑面虎》《烧鸭》《苹果》《农药》等公益广告层出不穷。这些广告直接针对人们日常喜欢吃的千奇百怪、形状各异、五颜六色的各种零食、五谷杂粮、各种蔬菜，通过大量生动的故事和感人的画面给世人敲响警钟。

（三）对社会正气的弘扬

"由义为荣，背义为辱"，中国传统道德的荣辱观是以是否做到"仁"和"义"作为主要标准的。随着商业时代的到来，古老的准则经受了前所未有的挑战。义利关系在当代是否已经被抛弃，如何重新认识义利的纷争？公益广告作为弘扬正气的武器，承担起了人们观念领航者的责任。于是一些以弘扬正气为主题的广告开始出现。

1. 倡导见义勇为的行为

见义勇为是指公民为保护国家、集体利益和他人的人身、财产安全，不顾个人安危，同违法犯罪行为做斗争或者抢险、救灾、救人的行为。见义勇为，是发扬中华民族的传统美德，以德治国，倡导见义勇为，弘扬社会正气，促进社会主义精神文明建设的重要内容。从古人"路见不平，拔刀相助"到现代"惩恶扬善、匡扶正义"，见义勇为作为中华民族的传统美德被广为传颂，这种美德延续几千年传承至今。但今天，众多的社会现实使人们产生了质疑：新时代究竟该不该见义勇为？公益广告作为意识传播的载体，自然地承担起传播正义的责任。

2002年，CAC公益广告联盟推出系列广告《义字当头，怎可躲避》，广告选用四种药品，明目液、耳聋丸、大活络丸和速效救心丸作为素材，针对人们对社会上的不良现象视而不见的行为进行讽刺挖苦：

明目液，主治：因为意识障碍所导致的暂时性眼睛看不见，或视而不见。有些时候，眼睛看不见需要治疗。

耳聋丸，主治：因为意识障碍而导致的暂时性耳朵听不见，或听而不闻。有些时候，耳朵听不见，需要治疗。

大活络丸，主治：因为意识障碍而导致的暂时性四肢麻痹，行为不便。有时候，行为麻痹，四肢不便，需要治疗。

速效救心丸，主治：因为意识障碍所导致的暂时性心脏麻木不仁，毫无感觉。有时候，心脏麻木，毫无感觉需要治疗。

“两耳不闻天下事，一心只顾自己过”成为这些人的写照。然而，当每个公民都只顾自己的权益而忽视他人的时候，自己的权益最终也无法得到维护。

2004 年，上海以公交车为载体，通过公交媒介的数字电视反复播放。“勇敢的第一人、关键的第二人、成功的第三人、铜墙铁壁是众人。”“见义勇为光荣，见义不为可耻。”等鼓励见义勇为的公益广告。

2011 年广州市文明办制作了名为《见义勇为》的平面广告，画面上当有人被抢掉背包时，其他路人麻木地好似失明一样。事不关己高高挂起。

2013 年《德耀中华——二十四义》公益广告在公众中引起大规模的自发传播。广告借鉴古代的二十四孝，选取了当代中国的二十四个道德模范，没有虚夸的语言，只用简短八个字概括他们的先进事迹。比如，“大灾发生、千里驰援”的宋志永、“义务摆渡、与人方便”的赵永录、“一生乡医、解人疾苦”的刘玉莲，他们的先进事迹一目了然。其中，有的事迹简介读起来朗朗上口，如“雷锋传人、妙手仁心”的庄仕华。

在《水浒传》《七侠五义》之类的小说中，我们常常为那些打抱不平、拔刀相助的侠客义士所感动，对他们满是崇拜。其实“义”不需要什么高深的武功独门绝技，只要有一颗正直勇敢的心。看到不平之事能勇敢站出来，就是“义”的最佳表现。“义”与“仁”并为道德的代表。“义”，是指正当、正直和道义这样的气节，即“正义之气”。“义”的原义是指人的仪表，是人们在人际交往中对亲密友谊、对美好善良的追求。义已成为一种人生观、人生价值观，是人生的责任和奉献，至今仍是中国人崇高道德的表现。

2. 对城市文明的宣传

侠肝义胆一词在新的环境下被赋予了全新内涵。正义的内涵不仅仅表

图 2－2 《德耀中华——二十四义》公益广告

现在面对危急关头挺身而出，在日常生活中，需要我们富有正义感的时候随处可见。譬如，对城市环境中地上乱扔的垃圾，墙壁上随处的涂鸦，我们不能无动于衷。每一个公民，不仅要从自身做起，更应伸出自己的正义之手，和大家一起清理干净，从细微之处行侠仗义。

2005 年广州 4A 广告年轻人创意大赛中，《让垃圾回家》的公益广告脱颖而出，广告表现出人意料。垃圾桶上贴着门牌号，挂着福字，到了夜晚还亮起了灯。如此温馨的垃圾桶，人都想住进去了，你还不愿让垃圾回家吗?

2010 年，同样是以垃圾为主题，广州文明办采用夸张的方式将可乐瓶、废纸团、苹果核儿描述成巨大的负担，要用尽全力才能勉强拿动。文案：有这么难吗？把这些微不足道的垃圾顺手扔进垃圾箱本是举手之劳，为什么如今它竟成为影响人们生活的障碍？发人深思。广州黑马广告公司从正面视角创作《志愿超人》和《千万雷锋》，展露城市志愿者的美好愿望。“变身吧！做志愿超人，随时可帮人！”以及“广州需要千万个雷锋！”的广告文案呼吁大家行动起来，自觉加入到志愿者队伍中，以帮助更多的人。广告给人一种希望和渴望，如果人人都充满爱，世界真的会变成美好的明天。

2011 年，广州文明办的公益广告《文明互助，广州人不麻木》给大众留下了深刻印象。电视剧《不要跟陌生人说话》播出后，很多人诙谐地用它来比喻现代的人际关系，甚至成年人在教育孩子的时候也借用这句话。广告画面正是运用了这个主题，展现时下存在的社会问题。当陌生人问路时，时尚美女就像雕塑一样视而不见，麻木不仁。美女在石凳上坐着，当拄着拐杖的老人来到跟前，美女如磐石般岿然不动。不知何时，人们最基本的信赖缺失了，人与人之间建起了堡垒，真诚侠义之气在逐渐消失。

2012 年，长沙文明办制作了一系列漫画形式的公益广告，“我缺德？至少我不在公共场合吸烟。”“我丢人？至少我不在公共场合吸烟。”“我变态？至少我不在公共场合吸烟。”“我混账，至少我不在公共场合吸烟。”一系列文案以讽刺挖苦的笔触呼吁吸烟者讲点仁义道德，在公共场合考虑其他人的健康，不要只图一己之快。

2013 年，长沙文明办推出主题为文明城市的影视广告，有意设立了三种阵营，好人、坏人、漠视的人，用孩子天真的语调去提醒大人一个简单的道理——好人越多，坏人越少：

画面一：一个饭店的全景，人声嘈杂，画外音：最新发现！饭店里有三种人。

画面二：一个年轻男人抽烟的画面。画外音：A 公然抽烟的人。

画面三：女人跟孩子被烟味熏得捂着鼻子直皱眉头。画外音：B 悄然吸二手烟的人。

画面四：一个女人愤然阻止吸烟的男人。画外音：C 愤然阻止以上惨剧发生的人。

字幕旁白：好人越多，坏人越少，文明城市，你我共建。

在不文明的现象面前，有的人视而不见，有的人忍气吞声，不惹是非，有的人义愤填膺，公然挑战，广告呼吁人们在遇到不文明现象时，能主动站出来，行侠仗义，主动主持公道，只有路见不平拔刀相助的人越来越多，才会维持和谐的社会环境。

## 三 中国传统的节俭思想

崇尚节俭是中华民族的美德，它具体指人们能够克制自己的消费欲望，约束自己的消费行为。孔子认为能否崇尚节俭，直接关系到国家社稷之盛衰存亡。他周游列国，四处宣扬节俭的观念："奢则不逊俭则固，与其不逊，宁固。"（《论语·述而》）荀子直接提出了节用的思想。节用是为了储蓄，而储蓄的目的在于满足以后的欲望。"长虑顾后而恐无以继之故也"，若不能做长远打算，贪图一时享受，必然陷身于贫困。在满足当前欲望的同时，将节余的物质储备起来，即使出现灾荒，也不必为之忧虑，"十年之后，年谷复熟而陈积有余"正是这个道理。战国时期的思想家墨子较为完整地提出节俭的思想，他对奢侈浪费的行为极为愤慨，提出"其用财节，其自养俭，国富民治"（《辞过》），"凡足以奉给民用则还，诸加费不加于民利者，圣王弗为"（《节用中》）。墨子一生过着简朴的生活，"量腹而食，度身而衣"，主张"节用，节葬，非乐"，他的弟子也是"短褐之衣，藜藿之羹，朝得之，则夕弗得"。

作为传统伦理观念，俭的思想在民间故事和成语中大量体现，俭已成为主流伦理深入文学的创作中。像克勤克俭，其来源于大禹治水的经典故事。唐宋八大家之一的苏轼房梁挂钱，将钱按天分成份儿，仔细权衡，能不买的东西坚决不买，只准剩余，不准超支。积攒下来的钱，苏轼把它们存在一个竹筒里，以备意外之需。东晋的大官吴隐之则"卖狗嫁女"。抗战时期，美国记者斯诺在延安看到毛泽东等中共中央领导人吃的是粗糙的小米饭，穿的是用缴获的降落伞改制的背心，住的是简陋的窑洞，他感慨地称赞这是存在于共产党人身上的"东方魔力"，并断言这种力量是"兴国之光"。著名抗日爱国将领续范亭在一首《五百字诗》里写得好："节约莫怠慢，积少成千万，一粒米如珠，一菜不许烂。""节约虽有限，万合是十石，细流成江河，冲破东海岸。"滴水汇成河，粒米攒成筐。

近三十年来，俭的观念由个人奉行的节俭美德逐渐转化为对整个人类环境、资源状况所担负的责任。勤俭节约是中华民族的传统美德。然而在社会发展转型的过程中，浪费似乎成为一种“常见病”，在消费至上的意识形态倡导下，人们迷恋上对奢侈豪华生活的狂热追求。同时，科技发展迅速，经济全球化在有效推动了社会发展的同时，也给人类带来了巨大的负面效应：人与自然面临着严重的失衡，整个人类生存面临严重的威胁，最根本的表现是资源危机和环境破坏。尤其是20世纪90年代以来，工业的过度发展和资源的过度开采，使很多种类的不可再生资源面临枯竭；大气臭氧层遭到破坏，无法阻挡太阳紫外线辐射对地球生物的伤害；酸雨，受酸雨危害的地区越来越多，使这些地区出现了土壤和湖泊酸化，植被和生态系统遭受破坏，整个生态环境面临威胁。在这样的环境下，节俭成为社会公德的内容体系。俭德作为公德在整个社会得以推行，有利于在全社会形成节俭意识，培养节俭精神，养成节俭光荣、浪费可耻的社会风气。

## 四　中国广告中的节俭思想

俭以养德，这是几千年来中华优秀文化的积淀和传承，也是先贤们倡导的做人准则和行为规范。俭存奢亡，历史上多有明鉴。大诗人李商隐的诗道出了历史铁律：历览前贤国与家，成由勤俭败由奢。而民间对于持家过日子提倡节俭的名言名句更是内容丰富，深入人心，如勤俭持家，勤俭永不穷，坐食山也空。精打细算，有吃有穿；大吃大喝，当屋卖锅。克勤于邦，克俭于家等。节俭文化已融入老百姓的骨子之中。但近些年随着人们生活水平的不断提高，各种奢靡之风重新兴起，且有越演越烈的趋势。对节俭意识的宣扬和提倡成为广告宣传的重要内容。在近三十年的广告传播中，对节俭文化的宣传主要表现在对传统节俭文化的宣传和对资源的浪费以及过度开采的声讨上。

### （一）宣扬勤俭节约的传统

随着国力的增强和生活的改善，有些人把勤俭的优良传统丢了。当前社会随意浪费的现象比比皆是。在这些不良现象中，“大款”“公款”充当了主要角色。这种社会现象已经引起社会的广泛关注。2013年1月22日，习近平总书记在十八届中央纪委第二次全体会议上发表重要讲话。习近平强调，要坚持勤俭办一切事业，坚决反对讲排场比阔气，坚决抵制享乐主义和奢靡之风。要大力弘扬中华民族勤俭节约的优秀传统，大力宣传节约光荣、浪费可耻的思想观念，努力使厉行节约、反对浪费在全社会蔚然成风。以勤俭节约为主题的公益广告大量涌现。1月24日，《北京日报》刊登了关于北京各大报纸纷纷刊发的公益广告倡导勤俭节约的文章：

> 市属媒体登公益广告倡导勤俭节约
>
> 本报讯（实习生 褚慧超　记者 贾晓燕）临近春节，聚餐宴请增多，“舌尖上的浪费”引发媒体关注。昨日，市属各大媒体纷纷刊登公益广告，呼吁市民勤俭节约、杜绝浪费。
>
> 《北京日报》第5版刊登了以“厉行勤俭节约、反对铺张浪费”为主题的整版公益广告，用三幅漫画讽刺大吃大喝等不良风气。其中一幅漫画内容是：胡吃海喝的食客端着酒杯围坐在一桌盛宴周围，叫嚣着“一人吃两千不算贵”。下方黑字醒目提醒人们：“不要忘了，我们还有一亿多农村扶贫对象、几千万城市低保人口，还有为数众多的困难群众……”同时《北京晨报》公益广告也采用漫画形式，一双筷子夹向一只酷似红唇的碗，提醒市民，警惕“舌尖上的浪费”。
>
> 还有不少媒体的公益广告刊登了写实照片。例如《北京晚报》的公益广告选用的照片中，瘦弱的小男孩，用渴望的眼睛盯着手里已经发了芽的土豆，醒目的标题告诉大家——这些土豆就是他的口粮。《北京青年报》的公益广告选择的照片则是河北农民唐荣斌家的灶台，锅盖一掀，锅里蒸着山药、土豆、馍馍等。《法制晚报》刊登了打工子弟学校的学生在简陋的教室里，认真学习的照片。这些公益广告提醒着大家：在大吃大喝、铺张浪费时，想想这些生活困难的人们。
>
> 《新京报》的公益广告则采用平面设计图案：一个吃饭用的碗，碗底漏出巨额财富。以此提醒广大市民，一饱之需，何必八珍九鼎？
>
> 《京华时报》的公益广告是鲜艳中国红，一个大大的手书“俭”字，以及一个盛着“糟蹋、挥霍、浪费、奢侈、铺张、无度”等浪费“六宗罪”的碗，提醒着人们记住古训：俭，德之共也。
>
> 此外，北京电视台、北京广播电台等媒体也滚动播出公益广告，千龙网等网站还在首页挂出“谁知盘中餐，粒粒皆辛苦”，呼吁广大市民厉行勤俭节约，反对铺张浪费。

各个媒体对勤俭节约观念的呼吁，使勤俭节约的概念在短期内迅速得到广泛传播，甚至成为人们的社会话题。4 月，《经济日报》刊登“勤俭节约关注生活点点滴滴”的公益广告，7 月，由《天津日报》发布的中国娃主题广告，宣传“一粥一饭当思来之不易，半丝半缕恒念物力维艰。节俭朴素，人之美德；奢侈华丽，人之大恶。勤俭节约是中华民族的传统美德，也是每个家庭的传家之宝。为了祖国繁荣富强和家庭富裕美满，请从现在开始，从身边做起，节约一滴水、一度电、一张纸和一支笔……”号召勤俭节约从身边点滴做起。12 月，中央电视台、中国网络电视台联合推出无锡泥人题材“勤俭节约”主题公益广告。该视频时长 45 秒，以憨态可掬的无锡泥人为素材，配合 3D 背景画面，辅以稚嫩的童声配音，大力弘扬中华民族“勤俭节约”的传统美德。旁白：“说一说，道一道，成由勤俭败由奢，紧紧手，年年有，一粥一饭精细算。旧物易主贵如宝。不摆谱来不比阔，勤俭兴家福绵长，勤俭节约中国风尚。”山东网络台也适时推出广播广告《课堂》：

> 老师说：“上课了，今天我们来学习李商隐的《咏史》，历览前贤国与家，成由勤俭破由奢。”学生：“老师，老师，是什么意思啊？”老师：“意思是说看尽前朝旧事，成功来自勤俭节约，而奢侈浪费最终会导致国破家亡。”学生：“哦，原来是这样啊，老师，我爸爸还教给我好多这样的句子呢！像节俭则昌，淫佚则亡，俭，德之共也，奢，恶之大也。”老师：“所以说，我们要远离奢侈，勤劳朴素，这样啊，国运才会永久兴旺！”旁白：勤俭节约是中华民族的传统美德，厉行节俭，拒绝浪费。广告通过老师和孩子对话的视角，表明勤俭节约的观念应该代代相传。

勤俭是一种行为，需要我们用习惯去养成。从身边的点滴做起，去养成一个良好的习惯。在物质匮乏的时候理应勤俭，在物质富足的时候，同样不能忘记勤俭。勤俭节约已成为国内广告的主要内容，影响着每一个人的思想和观念，无论社会如何变迁，勤俭节约的美德都应当很好地继承发扬。

### （二）过度消耗资源造成的危害

进入 21 世纪，中国广告中的资源消耗问题越来越引人注意。对于资源的消耗，广告中主要有两种主题：一种是从反面角度用威吓的方式表明资源的过度消耗给人类带来的危害，警钟长鸣。另一种是从正面视角告诫人们应该怎样去做。这些广告多运用数字、图表、证人证言、现场实景等方式让大家深切感受到资源过度消耗的危害，使人在震撼的同时，引以为戒。

1. 从反面视角描述过度开采资源的危害

这是过度开采资源广告中经常用到的手法，旨在通过对危害程度的描述使人们意识到问题的严重性。

2003 年，中央电视台拍摄了 60 秒的公益广告《拍卖》，以前瞻的眼光预测了如果我们对资源继续挥霍下去，那么未来的世界将是无法想象。

> 拍卖师：清代玉观音流传至今 400 年之久，起价 20 万，20 万成交。由于人为的破坏和污染，这是地球上仅存的最后一株植物（植物放在特定的保护层中），起价 500 万，520 万，560 万，580 万，600 万。最后一瓶未被污染的天然水，1000 万，1500 万，1700 万，1800 万，2000 万，2300 万，2500 万，2500 万成交！最后一罐无污染空气。
>
> 字幕：这是一次未来世纪的拍卖会，拍卖品：清代玉观音，底价：20 万；拍卖品：天然水，底价：1000 万。拍卖品：无污染空气，底价：无价。失去了才知道它的珍贵，珍惜现在，保护未来。

未来，当这些资源成为旷世奇宝时，我们人类或许早已经变异成其他物种，或许已被淘汰了！广告通过夸张的手法警示我们节约能源，爱护环境。过度消耗环境资源的危害已经显而易见。

2006 年，WWF 推出《节约能源》的公益广告，主题是“如果过度消耗电能，未来的北极将会这样——画面上北极变成了一望无垠的沙漠”。《消失》则在人头攒动的北京街头展示情景互动广告，冰塑北极熊触目惊心地屹立在很小的一块雪地上，旁边的广告牌写着：“如果全球变暖的状况得不到改善，2100 年她们就会灭绝。支持可再生能源，减少二氧化碳排放，才能拯救它和我们自己。”

2011 年，自然资源的过度开采成为广告宣传重心，媒体推出了《别让他们侵占森林》《红楼梦》《西游记》《废纸》及《倒带》等十几篇宣传过度开采自然资源的后果的公益广告，其中，《曾经》和《保护长江》引起人们广泛关注。

公益广告《曾经》运用国画的形式表现“天苍苍野茫茫，风吹草低见牛羊”的美好场景：

远处的山峦朦胧可现，天上白云朵朵，遍地的绿草，遍地的牛羊，牧民们骑着马在悠闲地放牧，唱着牧羊歌，一派壮阔无比，生机勃勃的生态景象。可这只是诗中的场景。如今的场景是：在沙化区，晚上睡在屋里，第二天睁眼一看，已陷入茫茫沙漠中。这并非危言耸听，在我国沙区个别地方甚至比这更严重。江山如此多娇，请勿只是曾经。“天苍苍野茫茫，风吹草低见牛羊”这句萦绕在心口的一句脍炙人口的诗句，不知道羡煞了多少人的眼球，优美的大草原，蓝蓝的天空，清新的空气，曾是昔日内蒙古大草原的美好写照，可今天的大草原已是严重沙化，再也没有了昔日的风采。

《保护长江》以三十年后的2046年的普通高等学校招生全国统一考试题的形式表现主题，画面以选择题的形式写了两首诗：

我住　　头，君住　　尾，日日思君不见君，共饮　　水。[宋] 李之仪

A. 恒河 B. 底格里斯河 C. 幼发拉底河 D. 尼罗河

滚滚　　东逝水，浪花淘尽英雄，是非成败转头空，青山依旧在，几度夕阳红。[明] 杨慎《临江仙》

A. 黄河 B. 伏尔加河 C. 米西西比河 D. 亚马逊河

文案：长江干流60%水体遭遇不同程度的污染。90%未经处理的工业污水、农药、化肥、生活污水直排江中，长江上游地区森林覆盖率最高曾达60%—80%，目前仅为5%—7%。最后触目惊心的一排字：一代人荒废，下一代人忘却。

我们正在以过度开采、过度使用破坏我们赖以生存的环境，环境破坏的影响已经开始反作用于人类。2011年，长江中下游遭遇50年来罕见干旱，湖北千余条水库水位跌停，洞庭湖望天喊渴，鄱阳湖底养鱼变放羊。

曾经的“孤帆远景碧空尽，唯见长江天际流”的美景一去不返，令人痛心！

2. 教给人们节约能源的具体做法

这类广告从正面视角告诉人们节约能源应从自身做起，从身边小事做起。

2006年，贵州电视台推出30秒的电视广告《掰手腕》，利用小学生在学校掰手腕的极富有戏剧性的生活场景，使节约用水这一概念得以巧妙表达。瘦弱的孩子在掰手腕的游戏中连赢不断，令人诧异的答案竟是孩子每天习惯扭漏水的水龙头，从而锻炼出过人的力气。娱乐化的情节，生活化的场面，令人在轻松自然间对广告留下深刻印象。字幕：我要节约用水，使劲节约用水！给大家留下深刻印象。广告通过细节化的表现给孩子做出了榜样，不是大家都想力气大吗？那就多去关注寻找漏水的水龙头，并扭紧它。故事寓教于乐中，教育孩子节约用水，从点滴开始。

2007年，WWF发起了名为“节能20招”的传播活动，号召民众登录“节能从小做起”网站，将各种节能妙招以生动的形式展示给公众。北京奥美为其制作情景互动广告，拍摄了中国北京的街道实景：在灰蒙蒙的大街上，车辆拥挤，骑车的行人用纱巾包着脸，一辆小车后拖着一个大大黑色的“尾气”。尾气是充气气球，在拥挤的马路上给人以警醒的提示：少开一天车，看看你排入空气中的废气能少多少。平面广告则运用越野车与小轿车的比较、普通灯泡与节能灯的比较、电视亮屏与暗屏的比较，从细节处告诉大家“汽车排量小，环保效益大”，“处处用节能，家家更省电”，“屏幕暗一点，节能又护眼”。

2008年浙江广电集团以“再小的力量，也是一种支持”为广告语，利用自身强大的明星阵营，推出公益节水的影视广告。画面是一个寻常的家庭卫浴水龙头，运用明星的演示告诉大家从自身做起，关紧水龙头。旁白字幕：你知道它一分钟流多少水？5升。刷牙的时候顺手关上水，一年能省多少水？满满109个浴缸。再小的力量也是一种支持。

2010年，世界自然基金会推出《低碳忽视》，从我们日常经常使用的空调和饮水机的电源插座入手，告诉大家节碳环保，从我们的日常习惯做起。文案：“据统计，有30%的家庭和公司经常忘记关闭空调，即使在离开的时候，请不要忽视它对环境的危害，也不要忽视我们可以对环境做出的巨大贡献，低碳就在我们身边。生活小细节，低碳大贡献。据统计，有

70%的家庭和公司一直开着饮水机，即使在不需要的晚上，请不要小瞧了它对环境的危害，也不要小瞧了我们可以对环境做出的巨大贡献，低碳就在我们身边。”广告以非常简洁的笔触告诉大家低碳节能离我们的生活并不遥远，它就在我们的身边，就在每个人的行为中。

2011年，中央电视台推出了《节电》，从生活细节告诉人们怎样去省电。

字幕：你睡了，但它们还没休息，台式机待电功率4.9瓦，电视机待电功率8.07瓦，壁挂空调待机功率8瓦，洗衣机待机功率2.6瓦，微波炉待机功率11瓦，音响待机功率12.35瓦，据统计，如果每个人都及时关闭待机电器的电源，节省的电能可以供应东北三省所有的家庭用电。节约无小事。

看到这一系列的数字令我们感到瞠目结舌：日常生活中微不足道的小细节竟然会造成这样大的资源浪费！我们每个人只要付出举手之劳，就可以节省下庞大数量的能源。

2012年，WFF又推出以“出行少开车”为主题的平面公益广告，画面上一只硕大的汽车雨刷正在刷掉各种一氧化碳、碳氢化合物、二氧化硫等重污染成分，雨刷所刷之处一片洁白。文案如下：

> 汽车排出大量的一氧化碳、碳氢化合物、氮氧化合物、细微颗粒物以及硫化物等。这些一次污染物还会通过大气化学反应生成光化学烟雾、酸沉降等二次污染物。

广告以说理性的文字告诉大家汽车尾气带来的危害，呼吁公众解决这一问题就应该从自身做起，出门少开车。

## 第二节　百姓生活的再现：日本广告中的“义”“俭”观念

“义利”和“奢俭”是日本传统经济伦理的重要内容。与中国不同的是，日本的“义”和“俭”更贴近百姓生活和价值观，成为解决利益和道德冲突问题的有效资源。近三十年来，日本经济快速发展，也出现了资源消耗严重，人与人的关系利益化等一系列社会问题，作为宣传载体的广告，成为宣传“义”“俭”思想，解决利益和道德矛盾的重要阵地。

## 一 日本文化中“义”的理解

中国伦理观中对于义的阐释是知恩图报、见义勇为、行侠仗义等观念，日本对义的阐释主要是知恩图报。在日本文化中有很强的报恩思想。“恩”是债务，而且必须偿还。“报恩”被看作与“恩”全然不同的另一个范畴。对日本人来讲，称为“恩”，一经接受，则是永久常存的债务。“报恩”则是积极的，紧如张弦，刻不容缓的偿还，是用另一系列概念来表达的。欠恩不是美德，报恩则是善行。为报恩而积极献身之时就是行有美德之时。这恩情的范围很广，从天皇之恩到父母之恩，主人之恩，师长之恩。日本文化中所谓“义”就是确认自己在各人相互有恩的巨大网络中所处的地位，既包括对祖先，也包括对同时代的人。日本小学二年级教科书中，有一个小故事，题目叫“不忘恩情”，就是这个意思。这是少年修身课教材中的一段故事：“哈齐是一条可爱的小狗。它出生不久，就被一个陌生人带走了。在那个人家里像小孩一样受到疼爱。因此，它那弱小的身体也强壮了起来。主人每天早晨上班时，它总陪送到车站，傍晚下班回家时，它又去车站迎接。不久主人去世了。哈齐也许不知道，它每天都在寻找主人。照例到那个车站，每当电车到站，它就注视人群中有没有它的主人。”岁月就这样流逝，一年过去了，两年过去了，三年过去了，甚至十年过去了，但仍然可以看到那已经长大、衰老的哈齐，每天在车站前寻找着它的主人。这个故事的道德含义是：哈齐知恩图报，尽自己本分去报答主人的恩情。[①]

在日本武士道文化中，武士道的最高标准是“义”。“义”并不是“江湖义气”的意思，而是“人道”“正义”“责任”或者说是“正确的道路”。武士道的“仁”要求武士不能成为黩武主义的武夫，而要具有宽容、爱心、同情、怜悯的美德。研究日本传统文化经常接触到的一个概念就是“义理”，即为“正义的道理”。不为个人感情所左右，做符合自己身份的事，走自己应该走的路，这叫“正义”。人们经常在“人情”和“义理”的夹缝中彷徨，感情用事是武士道精神所鄙视的，任何情况下都应该走上正义的道路，履行自己的职责，做该做的事，而不能因为感情而

① ［美］露丝·本尼迪克特：《菊与刀》，吕万和、熊达云、王智新等译，商务印书馆1990年版，第40页。

放任自流，这也是武士看起来无情的一个文化原因。对国君应该“忠”，对父母应该“孝”，对朋友应该“仁”，对妻儿应该“爱”，这些感情归根结底都是因为“义”。有些时候，为了保卫正义，可以杀人或者舍弃自己的生命，比如战死或自杀。总之，“义”是高于一切的，远比金钱、地位、感情、生命更重要。[①] 武士道吸收了中国儒家的伦理道德思想。借用“仁义礼勇诚”等概念，并将其理论化，融入日本特有的文化内涵，形成了一套完整的武士道德体系标准。

近三十年来，日本人对于义的观念由原来的情义完全转化成“人道”“正义”“责任”。在文化的交融中，日本人观念中增加了更多的同情、怜悯、宽容、爱心的美德。他们互相帮助，但不愿公开声张。日本企业从20世纪80年代开始，担负起更多的社会责任，他们不仅仅为弱势群体捐献财物，而且开展了很多志愿者项目，主动担负起扶危救困的社会责任。日本很多具有极强经济实力的大财团都会建立自己的基金会，以帮助扶持社会弱势群体，在业界起到了良好的模范作用。绝大多数日本非政府组织都建立了自己的志愿者库，有心理援助、现场急救、物资调配等各类专业人才。1995年的日本阪神大地震，140万民间志愿者涌入灾区，1995年也因此被称为日本历史上的志愿者元年，对日本社会和日本慈善事业的发展产生了深远的影响。早在20世纪70年代末，日本的电视节目中就有专门的慈善节目，每季都会邀请极具影响力的艺人前来做宣传，呼吁大家献爱心。截至2010年，该节目已筹集约291亿日元，这些资金都被用于救助那些伤残人士以及对国内外的各类自然灾害的援助。虽然在日本传统文化中对仁义的描述很少，但受到佛教以及西方理念影响，慈善观念已经深入日本人骨髓，对日本人的观念起着非常大的影响。

## 二 日本广告中“义”的主题

虽然在日本历史上强调忠诚淡化仁义的概念，但近三十年来在文化的交融中，日本人观念中增加了更多的同情、怜悯、宽容、爱心的美德。他们互相帮助，热心慈善事业，尤其对残疾人投以更多关注。在日本广告文化中出现了很多体现仁爱的作品，呼唤人们的仁爱慈善之心。在日本的广

① 姜晓寒、徐慧：《浅析日本武士道精神中的儒家思想元素》，《读与写·教育教学版》2013年第4期。

告作品中我们可以看到更多的人与人之间关爱的影子。这主要表现在：

（一）对弱势人群的关注

日本人对残疾人投以非常多的关注，这在广告作品中有着极为明显的表现。图2－3是2010年日本残疾人周活动的宣传海报。作者为长崎县的一名小学5年级学生。11月29日，日本发行量最大的报纸《读卖新闻》在其头版上刊登了一条政府的公益广告。广告中的粗体黑字显示：12月3—9日是“残疾人周”。这条由日本内阁府打出的广告说：“只要你的一点关爱或努力就可以实现一个不管有无残疾、大家都相互尊重人格和个性的互助共生社会，让我们了解残疾人、并将其作为身边的事情想一想吧。”12月3日是国际残疾人日，世界各国都会举办一些关爱残疾人的活动，但是像日本这样将从12月3—9日的整整一周都设为残疾人周的国家恐怕并不多。这一方面是因为过去日本政府曾将12月9日（联合国大会通过有关残疾人权利的决议的纪念日）定为残疾人日，另一方面也显示出日本对于残疾人的关爱程度较高。日本总务省甚至召开研讨会，具体商议电视广告字幕的普及方案，为全国1900多万听觉障碍者及听力下降的高龄人群提供便利。在日本报刊中还经常看到献血广告，广告文案《二十岁的记录》以一个女孩的视角呼吁社会大众为白血病患者捐献血液。

**图2－3　日本残疾人周广告**

“生命从白血病患者献出的10cc献血开始，骨髓库相信珍视生命的人们的爱心，将你的健康与时间献出一点点可以吗？现在在这个瞬间还有很多寻求新的生机的白血病患者，加入者达到30万就有90%的患者能找到合适的捐献者，捐献者只需从手腕采血10cc，这是为生命的奉献。”广告文案选取了一个非常细微的视角，每个人只要捐献10cc血，这对每个人来说，微不足道，但对于患者来说，却是救命的血液。呼吁大众主动献出爱心。

(二) 对自杀者的心理关注

由于日本经济的高速发展，日本民众普遍工作压力大，跟家人和孩子的交流很少，这成为日本家庭的普遍现象。日本文化的特点决定了日本人在处理家庭和工作的关系时大多数人是以工作为中心，这种以工作为重心的生活方式导致他们与子女很少沟通和交流。同时很多成年人自己生存的压力增大所产生的负面情绪影响到未成年人，他们无法给自己适当减压，因此造成了一系列社会问题，其中自杀是最为严峻的问题，“加强心理疏导，减少自杀率”成为日本历年公益广告的年度主题之一。日本劝阻自杀公益广告《远离自杀》借用世界名著的故事情节给人留下了非常深刻的印象。

一个穿中学生制服的女孩子在看世界童话故事，她翻了几页《灰姑娘》后把书扔下了，又拿起一本《丑小鸭》，翻了几页后又扔到一边，又拿起一本《青蛙王子》还是翻几页扔下了，女主角扔下翻阅过的《灰姑娘》《丑小鸭》《青蛙王子》，心神不定地走向楼顶，爬上栏杆，准备从高楼跳下。就在她要向空中迈出一步的时候，此时，被施了魔法的青蛙王子、灰姑娘、丑小鸭叫住，问：你为什么不看完那些书呢？故事才刚刚开始，后来会怎样你知道吗？我破解了那个老妖婆的魔法；我变成了美丽的白天鹅；我和王子结婚了。接着画外音：人生就像是一本书，最精彩的故事大都在最后。

这则广告以一个普通的性格内向、以书为伴的少女的视角，描述了他们的苦闷绝望的世界。在广告中没有出现老师成年人等人群，更没有采取说教的形式，因为自杀者往往是自闭的，不愿与人沟通交流的，更不会相信说教。因此广告利用对名著的理解深入诠释生的意义和价值，利用一个个小的故事来告诉未成年人目前的挫折只是人生成功的必经之路，一旦自杀，所有未来的美好的事物将不会再见到。故事最后的高潮也告诉青少年要乐观地对待人生，勇敢地直面生活中的阴霾！广告简单易懂，给人以震撼，很容易使人产生心理共鸣。

**图 2-4 日本自杀救助广告**

（三）人与人相互间的关怀和扶助

日本近三十年来受到各种文化的影响，人与人相处过程中表现出更多的关心和关爱。日本流行每日速递播出日本AC的公益广告《关爱》，以动画的表现形式，通过生活中的种种微小的细节，譬如：朋友间有好吃的东西要分享，看到别人拿着重物要去帮忙，下雨天看到有人淋雨要将伞递上，当朋友遇到难事要倾囊相助，看到老人主动让座等一系列小事，向社会宣扬相互关心相互关注的良好社会风气。“3・11”大地震后，日本AC迅速推出了一组相当温馨的公益广告，目的是呼吁人们在大灾难面前不要忘记人与人之间的关爱，以及家人之间互相关心和支持的重要性。就目前已播出的广告来看，这组公益广告共有三条短片①。

第一条短片：冷漠少年的爱心被激起。短片的开头是在大家熟悉的地下铁车厢内，一名身穿蓝衣黑裤的孕妇正扶着扶手站着乘车。一位俊少年虽然看到了孕妇站着乘车，却冷漠视之，假装看不到不予让座。这时，俊少年身边的一位女白领主动起立，招呼孕妇过去坐自己的座位。俊少年虽然不动声色，但内心却燃起一丝愧疚。镜头一转，俊少年下车了，在一个陡坡前准备爬上石阶。这时一位老奶奶也正在上石阶，但因为陡坡的石阶路较长，老奶奶走起来相当吃力。俊少年改变了在车厢中不给孕妇让座的冷漠，主动上前扶着老奶奶上石阶，他内心感叹道，原来帮人的时候自己内心更快乐。然后一幕少年扶助老奶奶的温馨场面结束了短片，却在观众的心中留下一份暖意。人间有爱嘛，施比受更有福！

第二条短片：幸福的一家。短片的开头是一位精灵可爱的小妹妹在餐桌前等着吃早餐，妈妈亲手为女儿端上了早餐，小妹妹幸福地吃着。镜头一转，爸爸拖着小妹妹上学去。小妹妹穿上了校服，戴上了黄色帽子，转身向妈妈挥手说再见。这条短片的构思非常简单，也是日本家庭每天都会做的事，在平时我们根本不会去注意。但在这个灾区居民家庭支离破碎的时刻，这简单而幸福的一幕却令人备感珍惜，备感温馨。

第三条短片：亲子乐。短片是以一个三人家庭的亲子乐为背景的。小女孩和父母一起进行亲子活动，一家人笑得很甜，很幸福。这条短片是要提醒人们，不要只顾工作而忘记了家庭。在你功成名就的背后，你的妻儿更想得到和你在一起的时间。（潜台词：等到灾难发生后再去缅怀就太迟了）

① 孙美玲、周宇博：《中日公益广告文化价值观的比较——以5・18汶川地震和3・11日本大地震中的公益广告为例》，《广告大观》（理论版）2013年第2期。

这三条广告从不同的视角展现了社会生活中存在的不同的关爱。体现日本国民对亲情关爱的渴望。

## 三 日本文化中“俭”的特色

节俭，是日本典型的文化特色。日本是一个岛国，地小物稀，自然资源匮乏，自然灾害频发，生存空间有限。这培养了日本人节俭的意识和强烈的民族节俭观念。“勿暴殄天物”是许多日本人的口头禅。日本人从节省能源、环境保护、资源再利用到居家生活中的精打细算都做得很到位。节约型社会是日本的突出特色。日本“节约型社会”的建立，固然需要各种节约的技术和经验，而深层的社会文化背景则是其节约立国风尚存在的根源。

日本中世纪以来的武家家训及商人家训中有大量切实、具体的节俭之训，可资我们了解日本人的节俭传统。武家将节俭作为立国的根本。在幕府时代，武士是统治阶级，他们大多强调厉行节俭，反对铺张。例如，有关衣着方面，战国时代越前大名朝仓氏的家训《朝仓敏景十七条》规定：“朝仓家族，年初出仕，须穿有朝仓家纹之布衣”，“衣服为掩体之物，粗陋亦可蔽身。应据财力、位次着相应服装。着不合身份之华服者，是为奢。”（伊势贞丈：《贞丈家训》）战国时代和江户初期的大名加藤清正作《加藤清正掟书》，强调“衣着限于棉布，耗费金钱于衣饰，荒谬无益”。当时有些讲究的人都穿用绢做的衣服，虽光鲜华丽，但价格昂贵，且不耐穿，所以从节俭耐用的角度考虑，做了以上规定。有关日常饮食方面，熊本藩藩主细川重贤在家训中规定了每日饭菜的标准：“朝夕食素，一汤一菜，午间可吃鱼，亦不过一汤二菜。”一个藩主家庭，在婚仪、待客时若因故要多加一个菜，还要经过审批才行，可见这种规定之严。德川幕府与各藩都要求武士节俭度日，尤其是第五代将军德川纲吉时要求更严，他不仅下令禁止美食铺张，穿着华丽，而且自己带头厉行节俭，平时吃饭不得超过两菜一汤，且滴酒不沾。幕府殿堂内的窗纸、拉门即使再陈旧，如无破洞也不许更新。将军以身作则，幕府官员自当效仿。据说当时幕府的官吏在值班时都各带便当。①

商人是注重实际的阶层，对如何节俭，节省开支的规定更是详细而具

① 李卓：《从家训看日本人的节俭传统》，《日本学刊》2006年第4期，第111—117页。

体。例如：店内生活万事宜行简素，朝夕饭食一菜一汤，不许喝酒（《住友长崎店家法书》）。平素在店内不得穿棉布以外的衣服，腰带也勿用绢物（《伊藤吴服店家训》）。不图华美，但求质素，穿干净的棉服即可（《诸户清六遗言》）。以酱油生产为业的商人滨口家的家训规定“家虽富有也要安于棉服蔬食”，“裁缝之事一切必家内自办，绝不可委托他人”。一家人遵照这样的家训，暖身安于棉衣，饱腹甘于素食，连家长也不许特殊。家训还规定“除家长外，吃饭时不可使用茶碗”。小小饭碗之事也予以足够的注意，并写进家训，反映了商人节俭度日之用心良苦。①

今天，在展现日本江户至明治时期大地主兼商人生活情景的北方博物馆中，我们仍可发现我国唐代李绅的《悯农》诗：“锄禾日当午，汗滴禾下土，谁知盘中餐，粒粒皆辛苦。”这反映出当时的地主以诗为训，提醒家人，时刻不忘节俭。被誉为“日本近代实业界之父”的涩泽荣一于1891年亲自制定了《涩泽家家训》，在强调“勤与俭乃创业之良图，守成之基础，应坚守之，不骄不怠”的同时，专设“教育子弟之法”，要求子弟勤俭节约。例如：子弟满八岁，男孩应停用保姆而代以严正之监督者；凡子弟幼少之时，要使其知世间之艰苦，养成独立生存精神，且男子外出时尽量步行，以保障其身体健康；子弟达十岁以上，可给予少量金钱作零花钱，但要严格按身份定其额，以此唤起其对生计的关注。节俭是日本的传统文化，日本人从小就受到家庭和学校的教育，在意识中节俭的观念早已经根深蒂固。正是在节俭的理念下，日本人走出了一条经济型的发展道路。②

俭的观念在日本人思想中是根深蒂固的，体现在生活的方方面面。日本人对节俭意识的培育主要通过三种方式。一是家庭教育。日本人从小就接受父母的节俭教育，比如日本父母会教育自己的孩子不吃完盘子里的饭菜是可耻的行为，到别人家里做客必须吃完主人准备的食物，否则就是失礼，被人看不起。二是学校教育。日本学校非常重视对学生的节俭教育，日本小学生每天的午餐都由学校提供，若有学生浪费食物，老师会对其教育，并会遭到其他同学异样眼光。三是日本媒体将推动人们的节俭意识作为一个重要的社会责任，不惜版面、时间倡导节俭意识。随着时代的变迁，日本人对节俭的理解也发生了一些变化，过去对节俭的理解只是局限在个人及家庭，近三十

---

① 李卓：《从家训看日本人的节俭传统》，《日本学刊》2006年第4期，第111—117页。

② 《日本通》日本家训中的节俭精神之武士篇，《日本旅游电子刊物》2011年5月19日。

年以来，节俭的观念也扩大到国家和人类的范畴。从20世纪80年代末，高速发展带来了严重的环境问题，目前世界范围内大量的能源资源消耗，已经超出了环境的承载能力，要保护环境就要节约使用资源。日本近年来对节约的认识有所深化，把节约与环境保护结合了起来。尤其是20世纪90年代以后，日本相继出台两部法律用于保护环境。由于日本的环保教育做得全面、丰富而生动，环境保护的全民参与程度很高，日本建立了大量环保公益设施，如环境博物馆、市民环境教育中心等，推广环保意识和环保行为。日本的环保宣传无处不在。在宾馆、饭店、车站随处可见图文并茂的宣传资料。“日本资源匮乏”，这一概念在日本深入人心，由此促成了日本人深刻的危机感，也使节约资源以及资源的回收利用成为必然的选择。日本的垃圾与资源分类、丢弃方法详尽细致，并得到了严格执行，令人称道，甚至让人感叹“世界上没有垃圾，只有放错位置的资源”。

## 四　日本广告中的“俭”主题

在日本文化中，节俭一直是主导日本人思想的主要观念，即使在经济高速发展时期，大众对节俭的认识和观念也从未改变。在日本广告中，节俭一直是各类广告宣传的主题。广告中对于节俭的宣传主要通过两个方面体现。一是日常节俭观念的宣传教育。二是对环境资源的节俭。

### （一）日常节俭观念的宣传

节俭成为日本大企业立业的根基。上佳商社的座右铭就是“成功来自勤俭”。川崎重工长期以来一直贯彻“节约也是创造财富”的理念，执行着苛刻的节约标准。在新干线车辆生产车间，就连车厢打磨后的合金粉屑也要集中回收再利用。日立电器公司更是提出了“把1分钟看成8万分钟”的口号。意思是1个人浪费1分钟，日立公司8万人就要浪费8万分钟，全公司由此树立起“公司越庞大，越要注意节约”的观念。至于许多中小企业设立“最佳节约能手奖”等则早已不再是什么新鲜的话题。日本企业自上而下践行节约，真正树立了“浪费可耻”的荣辱观。在日本社会中，政府机构、研究机构和社会团体印刷的各种节省资源的公益宣传广告很多，对市民日常生活中如何节省资源指导很详细、要求很具体，如空调夏天制冷不要低于28度，冬天制热不要超过20度，人走即关；做其他事情时，不要开着电视机；家用电器待机时的耗电量占家电耗电量的10%，因此不使用时应拔下插头；要尽量购买节能家电；照明要采用荧光灯，它与白炽灯相比更节电、寿命更长；电饭煲尽量不要使用保温功能；洗衣机洗衣服尽量达到一定容量再洗，与其每天洗一点，不如一起洗；冰箱中的东西不要太多，这样会导致冷气流通不畅，浪费电力；有条件要尽量徒步、骑自行车或者乘公交车上班，少用私家车；复印时要坚持两面印，纸的反面也可以使用；开车节油的速度是一般道路时速40公里，高速道路时速80公里，不挂高档、空档，尽量少急刹或者急加速，留心轮胎气压是否合适，等等。经过潜移默化的长期宣传，节俭的观念已深入日本民众心中。

（二）对环境资源的节俭

随着世界经济的快速发展，环境问题成为世界性的核心问题。早在1970年，日本富士施乐公司就打出一则电视广告：年轻的嬉皮士们手持印有“BEAUTIFUL”的纸花，在街上徘徊，最后的画面定格为一句标语——“从迅猛到美丽”。意即从“迅猛”经济增长转型到发展“环境美丽”国家转换。正如日本一桥大学名誉教授宫川公男所言，“当时的日本社会对将GNP（注：当时并不提GDP，使用GNP是主流）视为衡量经济社会发展核心指标的做法提出了普遍质疑”。到了20世纪90年代末期，伴随着世界性的环境问题的爆发，日本广告开始大量出现节约能源广告。

2004年松下电器公司在《读卖新闻》等大报上刊登整版广告，介绍节能型冰箱、洗衣机、空调、洗碗机、灯泡等家电新产品。广告分别对各种电器的节能效果为消费者算了一笔笔细账。例如，该公司现在生产的新型458升的节能冰箱使用一年，仅需要4140日元的电费，而10年前该公司生产的460升的冰箱使用一年，需要27370日元的电费。为了促使所有国民参加节能减排运动，日本政府做出了一系列努力。按照日本政府设想，“温暖商务”的实行时间为每年11月到次年3月。与之相对，每年4—10月日本政府还要搞一场“COOLBIZ”（凉爽商务）运动。

为了推动国内的节能减排运动，日本首相身体力行，亲自“献身”拍广告。2007年，日本《朝日新闻》《产经新闻》等六家主流报纸刊登了一则引人注目的整版广告，广告图片中的男主角是日本首相安倍晋三。据日本媒体报道，首相亲自“献身”拍广告登报在日本历史上还是第一次，安倍这么做是为了号召国民在冬季多穿衣服，节约能源。在这次刊登的广告图片中，安倍身穿纯毛西装，手提简易的“布拎包”，满脸微笑。他的这身打扮既随意又常见，就像刚下班买完菜要回家的样子。与照片上其他上班族不同的是，安倍还穿着高领毛衣并裹着厚厚的围巾。而从画面另一侧走来的穿和服的女性也把自己裹得严严实实，看上去不仅很美也很暖和。这是安倍政府为号召人们穿暖和、尽量节省能源而做的宣传广告。该广告的广告词说出了政府希望达到的目标——“2007 年，让我们迈出走向温暖化对策最先进国家的新步伐”。在这句广告词中使用了一个对日本人而言有些生僻的词语“WARMBIZ”。这是政府为推进节能而创造的一个关键词。所谓“WARMBIZ”，是英语中“Warm Business”的缩写，意指“温暖商务”。政府是希望日本国民都能在冬季通过穿得更加保暖来降低空调使用。政府在这场“温暖商务”运动中对国民提出了一系列具体目标和要求，如在冬季空调设定温度最好不高于 20 摄氏度；在开车时不要急踩油门，而要缓缓启动；手机充电器在充电后要及时脱离电源；上超市购物要尽量携带可以反复使用的兜子而不是方便袋；在选择购买电器时也要选择节能产品等。另一则首相广告是松下公司新的荧光灯泡上市的广告，展示了松下公司新的环保技术。《读卖新闻》的最新民意调查表明，71% 的日本人认为节能减排要从我做起，安倍晋三号召人们换成节能灯泡。6 月 5 日世界环境日这一天，日本各主要报纸刊登防止地球温暖化的整版广告。广告中，身穿短袖衬衫的安倍首相正在安装一只荧光节能灯泡。广告下方列出了人们在日常生活中可以轻松做到的节能措施，如夏天穿清凉夏装、空调温度设在 28 摄氏度、选用节能电器、关紧水龙头、自备购物袋、轻踩汽车油门、常拔电源插头等。日本政府强调，如果每个人在日常生活中都能注意这些细节，那么地球温暖化最终将得到有效控制。如此一来，日本全年都在搞节能运动。日本还十分重视废物回收和再利用，从官员到职员所使用的手纸、信纸、信封、名片等，都是由“再生纸”制成的，为了宣传节能和环保，信封或名片的一角都印有很小的字，意思是：“用再生纸制成”。手纸的包装上也印有同样的字样。

“3・11”大地震以后，日本媒体更是此起彼伏地进行关于节能主题的公益广告宣传。告诫呼吁大家关键时期节约能源。日本国民偶像团体以讨论震后问题的形式制作公益广告告诉大家如何节能。每个人提出一个节能主题。大体内容：

> 绝对要节电。全家人集合在一个房间里，拔掉插头，一直都在感谢，大家要变得精神起来。为他人着想，尽量不要用暖气。手机稍微

**图2-5　安倍的节能广告**

少点用，不要放弃，不要把饭剩下。要向前看——现在基本都不用暖气了，尽量不用的插头，现在插着的也要全部拔出来，大家一起做的话，就会变成很大的力量。关于救援物资的购买之类，要呼吁大家拜托大家，直接送到那里——有这样的想法，大家唱歌什么的让大家精神起来，然后大家团结起来的话就太好了！

节能在日本早已蔚然成风。政府提倡，全社会响应，媒体推波助澜引导潮流，全民节能运动轰轰烈烈，声势浩大。特殊时期，国民的节能意识更为强烈。日本家庭节能运动出现不少“能人”，他们经常出现在媒介公益宣传中，起到了公益广告中榜样的力量。东京都稻城市的田中由夫就是其中一位，他家的阳台上有两排外表面涂成黑色、装满水的聚乙烯塑料瓶，这是他自己制作的“太阳能热水器”，晒热的热水用来洗澡，每月可节省煤气费

2000 日元—3000 日元。田中家还有两个储存雨水的蓄水罐，储存的雨水用来种菜、洗车等，每月节约水费 5000 日元以上。田中家的院子里有一个 220 瓦的太阳能灶，30 分钟可以烧开一升水，装在暖瓶里泡茶。此外，田中还用太阳能热水器煮饭等，每月可节约电费 7000 日元左右。通过节能活动，田中还可以充分体验天气变化，退休生活因而更加充实。

**图 2-6　日本国民偶像团大地震公益广告**

## 第三节　融合与冲突：中日广告中“义”“俭”观的比较

在梳理了“义”和“俭”的价值观在中日两国广告中的具体表现之后，我们可以非常清晰地感受到“义”和“俭”这两个重要的经济价值观在两国文化中产生的深远影响。中国文化重“义”，日本文化重“俭”，日本文化在融合了中国的节俭思想的同时，并没有接受中国文化中“义”的内涵。在中国广告中积极倡导的见义勇为，在日本却得不到认可。两国广告表现出很强的既融合又冲突的特性。

### 一　“义”的广告价值取向比较

义在中国传统文化中起着举足轻重的作用。“老吾老以及人之老，幼吾幼以及人之幼”的思想在中国社会中广为流传，成为中国百姓口口相传的行为准则。中华五千年的文明中，扶危救困、舍生取义、见义勇为一直是中国文化所颂扬的优秀品质。因此在广告中，以义为主题的广告屡见不鲜。日本更多地强调恩的观念，日本人说“我受某人之恩”，就等于说“我对某人负有义务”，并且把这位债主、施恩者称作“恩人”。近三十年来随着西方文化及宗教的交融影响，日本人的观念逐渐改变，在社会公益、慈善等方面做了很多努力。因此在广告中开始出现关于慈善、扶助弱者等内容。

对于中日广告中关于义的价值取向，我们可以看到，中日广告在扶助残疾人、关注儿童和老人、慈善捐款，人与人之间的关怀和扶助等方面的广告宣传主题是相似的，这表现在以下方面：

1. 中日广告都十分重视对残疾人的关注

日本设立残疾人周，关注残疾人的生存，甚至在电视广告中也关注残疾人对广告的理解。中国的关注残疾人的广告也很多，在2000—2013年的十余年间，《中国广告作品年鉴》中关注残疾人的广告不下20件，因此残疾人群的关注是中日两国广告的共同内容。

2. 号召慈善捐款及人与人之间的关怀

在灾难面前，中日人们都是齐心协力，面对灾区的危难，广告担负起了组织号召的作用，呼吁人们出钱出力，与灾区人们共渡难关。日本在地震发生后的74小时里，在东京的各电视台有近33小时的商业广告被剪掉，东京以外的各广播电视台一共中断60多小时商业广告的播放。这些商业广告时段大部分被公共广告所取代。在发生地震后的一周内，类似的企业公共广告一天激增到3000多次，占到了原来播放商业广告的八成。而且从3月14日开始到月末的半个多月的时间内，这样的公共广告更是达到了45000次之多。这些企业公共广告的内容大致包括：赈灾措施服务的告知；募集人道主义捐款；停止营业的通知并致歉；告知配合支援重建；灾难发生时应对方法的贴士；面向受灾者的激励和问候；展示面向全民的支援信息。[①] 中国关于灾后救助的公益广告情况与日本是相似的，灾后大量的企业纷纷捐款捐物，媒介适时地进行人与人之间互相关爱的报道和呼吁，大量的公益广告出现在各类媒体上，宣传捐物捐资以及人文关爱。

① 魏玮华、张淀元：《日本大地震后的广播电视公共广告》，《青年记者》2013年。

图 2－7　中国地震救助广告

图 2－8　日本灾后自助广告

由于文化以及民族特色的影响，两国伦理观对义的理解又不尽相同。在中国广告中见义勇为是积极颂扬的仁义精神，中国设有专门的见义勇为协会，表彰见义勇为的行为。公益广告也为推动和宣扬见义勇为的精神做出了积极贡献。但在日本广告中我们见不到任何关于见义勇为的广告。据《菊与刀》中记载，日本人根本不认可见义勇为的行为，认为那是黑社会以及助纣为虐的事。“对日本人来讲，突然受到生疏者恩是最讨厌的事。因为他们知道，在与近邻和旧等级关系打交道中，受恩所带来的麻烦。如果对方只是个熟人或是与自己接近的同辈，他们会对此不高兴。他们宁愿避免卷入恩所带来的麻烦。日本人对大街上发生的事故一般不大理睬，并不只是因为缺乏主动性，而是因为他们认为，除了官方警察以外，任何人随便插手都会使对方背上恩情。明治维新以前，有一条著名的法令：‘遇有争端，无关者不得干预。’在这种情况下，如果不是有明确的职责而出面帮助，会遭人质疑是不是想从中捞点什么好处。既然知道帮助别人会被当事人感恩领情，人们便都不积极乘机插手，反而慎重对待。对于卷入‘恩情’，日本人是十分小心的。哪怕是一支烟，如果与递烟的人过去并无交往，那就会感到不舒服。”① 因此，在日本广告中基本见不到有关见义勇为的情节。这是中日广告中关于对“义”的理解的最大不同。

## 二 “俭”的广告伦理观念的比较

无论是儒家、墨家，还是道家，都主张“崇俭黜奢”的观点。尽管管子的《侈靡》篇赤裸裸地宣传奢侈，在历史上产生过一些影响，但崇俭的消费伦理观始终是中国传统文化的主流。日本是一个崇尚节俭的国家，这在日本企业及社会生活的方方面面都有很明显的体现。但近三十年来，经济的全球化思维使两国人们的思想和生活方式发生了很大变化，广告中出现了一些享乐主义的内容，这在中日广告中都有体现。广告商总是煞费心机地将商品与身份地位享受等词语和感觉结合在一起，从奢侈品手包到汽车、香水、房地产，无不显示出享乐主义的奢华特色。但这毕竟不是主流思想，俭文化作为中日两国的主流文化，一直是广告所倡导的消费导向。

在中国网络电视台监制的讲文明树新风的主题广告中，创作了一系列《俭养德，乐呵呵》《一滴汗，一粒粮》等倡导节俭的广告，其画面采用中国特色的老农种地的画面，文案则通过大家耳熟能详的便于流行和记忆的口头禅的形式“一日不吃饿得慌，一季不收饿断肠，手拍胸膛想一想，节约粮食理应当”。“一滴水，尚思源，一粒米，报涌泉，勤劳人家俭养德，满心欢喜种福田。”让大家产生深刻记忆，以宣传节俭的民族精神。在日本广告中，我们时时可看到节俭的提示。当中国民间提倡食客就餐时实施光盘行动时，日本的节俭之风早已深入人心。在日本的电视广告和网络上，各种以剩菜剩饭为主要材料的作品层出不穷，日本味之素株式会社早在2011年秋季就开始投放电视广告，介绍如何用味之素生产的固体汤

---

① ［美］露丝·本尼迪克特：《菊与刀》，吕万和、熊达云、王智新等译，商务印书馆1990年版，第56页。

料烹饪剩菜，并且在企业官网上贴出剩菜菜谱，公司还发行了宣传册进行推介。这家公司的一位部门负责人表示："我们想到，如果能够帮助消费者烹饪多种多样的菜，他们可能会更多地使用固体汤料。事实确实如此，自从我们张贴那些剩菜菜谱后，固体汤料的销量剧增。"剩菜食谱流行范围的扩大，令家庭主妇们和企业实现了"双赢"。

中日广告在对俭的伦理观的认识上是相似的，但从广告中可以很明显地感觉到，相比中国广告中的节俭意识，日本广告中所反映的社会文化对节俭的要求程度更高、更细。日本整个民族已形成以节约为荣的风气。中国广告中反复强调节俭是美德，但究竟怎样去节俭，节俭到什么程度在广告中从来没有明确的号召，只是含混笼统地号召大家要倡导节约。中国对节约的要求也远没有达到日本的程度。在日本广告中经常会向大家宣扬节俭的具体办法，可这些办法令我们看起来甚至感觉啼笑皆非，小题大做。譬如在广告中宣传人们上下电梯时要看看是否有人能一起乘，这么一个小小的努力每月节电都能节出不少钱。日本朝日电视台借用明星进行节约意识的宣传，举办"看明星如何用1万日元（100日元约合7.5元人民币）过1个月"节目，在日本，餐馆一碗面条也要700日元左右，1万日元要想在日本生活1个月几乎不可能，而这个电视节目却每周请一名有名艺人，向极限节约生活挑战。该节目提倡的节约行为引起日本主妇和年轻人争相效仿，收视率连连走高，被放在每周四晚上7时的黄金时段播出，在日本刮起一股节约的旋风。日本的许多媒体还乐此不疲地举办各种抠门大赛，吸引普通观众参加。被日本媒体称为"吝惜道祖师"的小幡玻矢子就是从这样的比赛中脱颖而出，成为日本的节约明星。她有名的节约之道包括：肥皂寿命延长术（用比肥皂小的肥皂盒，或让肥皂斜立在肥皂盒里，不用肥皂时尽量避免让它淋水，这样能延长肥皂一倍寿命）、不伤玉手的超级洗洁剂（米糠洗洁剂）、自制芳香剂（冲泡过的咖啡渣）等。日本政府也积极进行节约的宣传，政府高层官员亲自做公益广告号召夏季把政府机关空调温度定在28摄氏度，并允许公务员穿短袖衬衫上班。冬季穿厚服装，把暖气温度定为20摄氏度。节约在日本已经成为人们日常的生活态度。在东京展览中心，经常会举办"节约生活"大型展览会，每次展览都是人山人海。展览会形式多样，有很多宣传节能的演出，每一场演出都是一堂生动的节能教育课。各个展台都展示着琳琅满目的节能产品：节能灯泡、节水洗衣机和洗碗机、节能冰箱、太阳能电池、燃料电池等。2012年，日本黛安芬内衣甚至为鼓励国民节电，拯救电力危机，发布内衣新作——超级清凉内衣。总之，在节俭的伦理观中，中日广告中都有节俭内容的广告，但对节俭的要求程度有着很大的差异。日本的节俭意识更为深入人心。

**图 2－9　日本节电海报**

**图 2－10　中国节俭主题广告**

# 第三章

# 中日广告与女性文化

中日两国女性伦理的演变经历了复杂的过程。据有关文献记载，中国古代的女性伦理观早在公元9世纪末就传入了日本，并在日本得到了普及和发展。因此中日两国的传统女性伦理非常相似，男尊女卑、三从四德、女性贞操观构成了两国女性伦理观的主要内容。厚德贤良、坚守贞节成为古代女性人格的最高理想。女性被深植于家庭之内，一生依附他人，毫无自主而言。不仅如此，在对女性的审美上也出现了畸形的标准，懦弱纤细、轻声柔气、胆怯怕羞、温顺驯服成为男性眼中的审美要求。

在传统伦理的禁锢下，女性争取自由独立人格的过程艰辛而漫长。近三十年来，在现代化的进程中，女性的思维方式开始由封闭转向开放，自我意识逐渐凸显。女性开始追求自尊、自立、自信、自强的现代新女性形象。但总体而言，传统伦理观的影响仍然影响着人们的思想，无论在日常生活中还是文学作品中，女性形象往往被塑造成男性附属，或是欲望的对象，仍带有明显的性歧视色彩。

受传统伦理文化影响，中日两国广告中塑造的女性形象是非常相似的，基本以三种类型为主：一是贤妻良母，二是美女形象，三是男性附属品。中日广告中对女性形象塑造的最大区别是中日女性对自我价值的追求不同，与日本广告中的女性形象相比，中国女性的反叛意识要更为强烈，当日本女性要求获得走出家门，获得工作的权利时，中国女性已在追求实现自身价值、争取跟男人获得同等的工作权利和社会地位。

## 第一节　从居家贤妻到社会中坚：中国广告中的女性文化

从20世纪80年代开始，中国的女性形象呈现出多样化的发展趋势，广告中的女性形象也成为学界研究的重点。30 年间，广告中的女性形象发生了巨大变化，从最初守在灶台边的居家贤妻到今天追求实现自我价值，争取获得与男性平等的工作权利和社会地位的多元形象。这是一个女性伦理逐渐解放的过程，笔者重点从传统文化视角分析广告中的女性形象，寻找其产生发展的轨迹。

## 一　中国女性传统观念的研究

女性形象伦理观主要指女性在社会中所处地位、社会责任以及享有权利，它是随着道德标准的历史变迁而变化的。[①] 广告是一种消费文化，广告中的女性伦理必然和传统文化紧密联系。

在两千年的历史发展中，女性伦理观影响着女性的生活和地位，它是解决女性在性别角色中所面临的社会矛盾的道德准则。在《周易》中有“大哉乾元，万物资始，乃统天”，“阳为男为刚，阴为女为柔”，“阴虽有美，含之以成王事，弗敢成也。地道也，妻道也，臣道也，地道无成而代有终也”。从这天尊地卑、男尊女卑的描述中我们可以看到中国传统女性伦理观的基本格局。中国传统女性伦理观主要包含三方面内容：

### （一）“男主外，女主内”的最基本家庭关系

早在周代，就有隔离男女的严格制度。《礼记 · 内则》规定：“礼，始于谨夫妇。为宫室，辨外内。男子居外，女子居内，深闾固门，阍寺守之，男不入，女不出。”形成隔绝男女的闺阁制度，利用居家条件隔绝男女交往。与此同时，是严格的性别回避制度。周礼规定：男女从七岁开始，“不同席，不共食”，“非祭非丧，不相授器”。“外内不共井，不共浴，不通寝席，不通乞假，男女不通衣裳”。“男子入内，不啸不指，夜行以烛，无烛则止。女子出门，必拥蔽其面，夜行以烛，无烛则止。道路，男子由右，女子由左。”[②] 这些制度主要是用来封闭、约束妇女的，不仅如此，还要隔绝内外语言，隔绝男女之间的任何交流。[③] 在儒家的伦理体系中，男性处于由君臣到父子的伦理结构中，女性则是附属于男人的工具，被限制在家的狭小空间中。她们的社会关系被无限制地缩小，眼里

---

① 李丽、雷鸣：《伦理冲突下的广告中的女性形象研究》，《现代广告》2011 年第 8 期。

② 《礼记集解》，中华书局 1995 年版，第 177 页。

③ 易银珍：《中国传统女性伦理观的基本内涵》，《中华女子学院学报》2006 年第 3 期。

只能有自己男人和孩子。“男外女内”的性别隔离制度将妇女的生活空间完全拘禁在家庭内部，繁忙的家务，侍奉公婆成为女人的事业。女人被拘禁在深深庭院里，别无出路。

（二）三从四德的封建礼规

“三从”最先见于《仪礼》：“妇人有三从之义，无专用之道。故未嫁从父，既嫁从夫，夫死从子。”“四德”即妇德、妇言、妇容、妇工。“三从”把女子的一生定义为一个附属品，一个木偶，毫无自我而言；“四德”则为女子的举止言行提供了严格而细致的规定和典型。女性从降生开始，到待字闺中、出嫁、守寡，直至死了安葬，都有明确的规定和要求。《诗经·小雅·斯干》云：“乃生男子，载寝之床，载衣之裳，载弄之璋……乃生女子，载寝之地，载衣之裼，载弄之瓦……”[①] 可见，女性一降生，便有异于男性的礼遇迎接她：她所寝卧的地方、穿的衣服、玩的玩具都是简陋的低级的东西，与男子迥然不同。这种不同的待遇，无疑就是传递一种信息：男尊女卑。由此可见，女性从出生伊始，就是不幸的代名词，她没有任何地位，是男人的附属品，更不用提什么独立性。

（三）封建的贞操观

我国历史上，在先秦早期文献中，已有“贞女”的记载。到了宋代以后，贞节观念完全建立起来。在宋儒道学家眼里，在伦常面前，人的欲望、人的生存权利都是分文不值，也是无须顾及的。曾有人问程颐：“有寡妇贫困无依，可否再嫁？”程颐曰：“只是后世怕寒饿死，故有是说，然饿死事极小，失节事极大。”这句话成为后世约束妇女的“千载名言”。经过宋朝整整一个朝代对于贞节观念的强化，到了元代，便渐渐地成为一种社会风气，这种风气在其后历代统治者手中逐渐加强，直到清代，推崇贞操达到极致。[②] 这种严酷的贞节观逐渐浸入人们的意识深处，扭曲了人们的心灵，造成许多女人的悲惨命运。

在30年的社会巨变中，女性的思维方式开始由封闭转向开放，自我意识逐渐凸显，社会对女性的认识及观念已发生明显改变。知识女性走出家门，不仅跟男人享有同样的社会地位，而且受西方文化思潮的影响，很

---

① 易银珍：《中国传统女性伦理观的基本内涵》，《中华女子学院学报》2006年第3期。

② 王凤华：《中国女性心理与社会文化环境关系的历史考察》，《湖南社会科学》2004年第4期。

多家庭结构甚至出现“男主内，女主外”的现象，女性开始追求自尊、自立、自信、自强的现代新女性形象。但总体而言，传统伦理观的影响仍然侵浸着中国人的思想，无论在日常生活中还是文学作品中，女性形象往往被塑造成男性附属，或是欲望的对象，带有明显的性歧视色彩。大众传媒尤其是广告中更是着意运用突出女性娇美性感的方式来获取商业利益，传统文化中女性的角色意识和作为男人花瓶的女性形象在多种多样的大众传媒中被反复强化。当今的大多数家庭仍处于“男主外，女主内”的格局，女性仍然是受压抑的对象，不得不接受社会对她的种种要求。在新旧观念交替下，女性心理常常处于矛盾挣扎状态。总之，近三十年来，在男女平等的理念下，经过两个多世纪的奋勇抗争和不懈追求，女性获得了很大程度的解放，在很多方面都取得了男女平等的权力，从理论和法律上来讲，女性已经获得了和男性平等参与社会生活的机会。但是，将理论上的男女平等付诸实践还需要一个漫长而曲折的过程。

## 二　中国广告中的女性形象

早在20世纪80年代初期，英国女权主义者塔什曼就提出了“大众传媒对女性的象征性歼灭”的理论，认为大众传媒中的女性形象或者缺席，或者根据基于性别吸引力和家务劳动的表现的成见而被呈现出来①。20多年来，在我国的各类广告中，女性形象被广泛地应用到各种商品中，很多的广告主将“广告 = 商品 + 女人”的模式作为自己产品的成功模式。据有关机构的调查表明，目前在我国的商业广告中，女性形象占到70%的比例。电器、家居、厨房用品、房地产企业大多数都运用女性形象来做广告，甚至连通信类产品，像电脑、手机甚至网站的广告中也频频出现女性的身影。从近三十年来国内的广告作品来看，我国广告中的女性形象主要分为以下几种：

### （一）家庭主妇形象

中国传统女性伦理观对中国人的影响可谓根深蒂固，虽然女性主义运动一直在轰轰烈烈地进行着，但几千年的传统观念很难从人们心底彻底根除。现代女性除了担负职业工作的压力外，家庭中的各种家务基本由妇女

---

① 鲍海波：《传媒对女性象征性的歼灭——“女性与传媒研究”之三》，《新闻知识》2003年第5期。

承担。广告作为目标人群集中明确的传播载体，它所选取的目标人群往往是商品的使用人群。因此，在大多数与家务有关的广告中，例如家电、微波炉、洗衣粉、洗衣机、床上用品、肥皂、牙膏等产品，女性往往是以家庭主妇的形象出现，她们吃苦耐劳，是持家能手，面容和蔼可亲，衣着朴素大方，任劳任怨，对丈夫和孩子尽心尽意，典型的家庭主妇形象。在广告中，我们经常可以看到好太太在灶台前、在洗衣机前、在菜市场上忙碌的场景，女性的生活空间被限定在家庭的狭小空间中。这在各个年代的广告中都有非常清晰的体现。

20 世纪 80 年代的广告中，广告以叫卖式为主，女性形象比较单一，女性勤劳而温顺，洗衣做饭烧蜂窝煤炉的广告画面深深印在大家心目中。90 年代，广告中融入更多情节，广告赋予家庭妇女形象更大的发挥空间：

一个外孙女打扮的小女孩首先从厨房中露出头来，用纯真甜美的声音说："我们家有好多方太。"然后，荧屏中出现了方太女士的形象，她指着头上的吸油烟机说："除油烟，有方太。"又指着身边的灶具说："炒菜，也要有方太。"一个温馨家庭的镜头晃过后，小女孩坐在餐桌上摇晃着双腿俏皮地说："碗筷消毒，还要有方太。"鲜艳的围裙、暖色的橱柜、青绿的菜肴、亲切的笑脸、悦耳的音乐共同组成了一个温馨活泼的厨房环境，营造出浓郁的家庭氛围。①

一位头发花白的老太太一边洗着一大桶衣服一边说："肥皂我一直用雕牌，透明皂我还是用雕牌。雕牌透明皂，洗得干净还不褪色。现在街坊邻居都爱用雕牌。"而老伴儿则戴着老花镜悠闲地在一旁品茶看报，自得自乐。

超市中一群妇女手拿雕牌洗衣粉异口同声地向观众推荐说："只买对的，不选贵的!"

进入 21 世纪以后，广告中女性家庭主妇的地位仍然没有改变，大量的家用产品、消费类产品依然用女性做主角。抽烟机广告中，有大量广告仍然沿袭好太太的思维。爱仕达和美的抽油烟机都提到"没有油烟味，只有女人味"。言外之意，抽油烟机性能好，女人做完饭没有沾染上油烟味，自然地把女人定格在做家务的家庭角色中。在汽车广告中，一家三口同坐在汽车里，自然地安排顺序一定是男主人风姿飒爽地开着车，而女主

① 方太新老广告案例剖析，转引自中国广告人网，《策划实战》2001 年 11 月 5 日。

人在车后座上温柔地抚慰孩子。在空调广告中，女性在舒适的空调环境下相夫教子的画面也是出现频率很高的场景。在调味品广告中，女性家庭妇女的角色定位更为突出。好侍食品的广告中，女性承担家庭做饭的主角，妈妈系着围裙，在厨房研究日式咖喱的做法，第一次试做日式咖喱饭，香味引诱着爸爸和儿子一步步向厨房门靠近。看着爸爸和儿子香甜地吃着美味的咖喱饭，妈妈露出了欣慰的笑容，一个典型的贤妻良母形象诞生了。但总的来说，与20世纪八九十年代的广告相比，一些新的变化开始出现了。

1. 在家电广告中，开始出现与家庭主妇角色相叛逆的广告表现

21世纪，伴随着"80后"人群的逐渐成家立业，传统观念日趋淡化，女性在家庭中的地位较以前发生了明显变化。家务活已不再仅仅是女性的专利。这在美的2006年的广告中有着明显的表现。美的空调以轻松诙谐的方式打破了很久以来女性围着家务团团转的局面，改写男女婚后生活的关系：

男：嫁给我吧！

女：以后衣服脏了！

男：我洗！

女：地板脏了呢？

男：我洗。

女：空气脏了呢？

男：啊——

旁白：美的全健康空调，全面升级，独立净化换气功能，确保空气洁净！

女性地位的改变在广告表现中有了明显体现，广告一改女人以往逆来顺受、无怨无悔、为了老公和孩子包揽一切家务的形象，以完全脱离家务劳动的新女性形象出现。在吸油烟机的广告中，男人干脆被塑造成弱不禁风的小男人形象，被吸油烟机的强大风力吸走，女性则在旁边蔑视着这一切。这则广告显示了女性的权威和震慑力，前卫的主题和观感让广告富有强大吸引力。

2. 很多家电广告开始模糊使用性别

因为越来越多的男性开始承担起在家做饭、打扫卫生、洗衣服等家

务，广告的目标人群集中在女性群体上已不能满足消费者的心理需求。因此，在广告中，模糊性别的广告开始出现。伊克莱斯的洗衣机广告，用含混模糊性别的手法来描述家庭中夫妻的分工："幸福，就是洗干净一堆衣服，还有时间陪你散步。"① 煤气灶的广告也是采用同一种主题："幸福，就是煲了一下午汤，却只费了一点点气。"文中没有提到了老公和老婆，没有提到男性和女性，只是让大家自己主动对号入座。金鱼洗衣机的广告则采用系列广告的形式，在第一则广告中以男性形象出现，在第二则广告中以女性形象出现，给大家家务夫妻一起做的感觉。

3. 家庭主妇开始转型为职业女性

同样是洗衣机，同样是抽油烟机，同样是居家的环境中，较之前广告相比，新时期的广告开始淡化家庭妇女的角色，更多以职业女性的形象出现。进入21世纪以后，方太广告中的主角由家庭妇女逐渐转变为职业女性，她们由套着围裙、举着菜勺的家庭主妇一跃转变为富有智慧的、极具生活品位的职业女性的形象。海尔洗衣机也制造了"阳光丽人"洗衣机，提出"第一台为衣服做SPA的洗衣机"，在诉求上脱离了普通洗衣机洗衣的层面，以清新的城市白领的形象为产品建立高品质的市场定位。

（二）慈母的形象

《汉语大词典》（上海辞书出版社2008年8月第一版）释"慈"："上爱下；父母爱子女。"慈母，爱煦子女之母，与严父相对。慈母，或省称慈，古时人多以此自称其母。慈母形象是千百年来文学作品塑造的典型形象，在中国传统文化中，慈母一直是中国传统文化颂扬的形象，也是中国母亲的真实写照。在产品广告中，慈母形象被反复使用，尤其在汤料烹饪等广告中，往往会塑造一个关心孩子、细致关心家人胃口的好母亲形象。在30年的广告发展中，不管产品和广告内容如何改变，慈母形象一直没有改变。

20世纪80年代，威力洗衣机的"献给妈妈的爱"，在广告中暗示母亲洗衣服的辛劳。为家人洗衣服是母亲的分内事，这种印象深深地留在孩子的心中。娃哈哈口服液的"早一支，晚一支，妈妈做饭我爱吃"，也是借助母亲对孩子不爱吃饭的着急心情来展现慈母形象。90年代，广告中对慈母形象的塑造表现得更为细致。哈六集团的广告《洗脚》，形象地塑

---

① 《中国广告作品年鉴》，中国传媒大学出版社2006年版，第180页。

造了慈母的形象：广告中的妈妈勤劳能干，贤惠温和。给孩子洗脚、讲故事，教育孩子孝敬老人，哄孩子入睡。俨然中国传统文化中的慈母，因迎合了中国千百年来建立的慈母形象而为社会大众和媒介广为颂扬。进入21世纪，广告中的慈母形象更是大量涌现。麦当劳中国公司抓住中国母亲对孩子的关爱和细致关照制作广告“妈妈知道小小儿戏不简单”，通过妈妈亲自体会孩子日常活动所消耗的能量，为孩子选择营养丰富的早餐。由冯小刚导演、蒋雯丽出演妈妈的太太乐鸡精的广告，以一个儿子感激母亲的歌声为主线串起整支广告，以跳跃的倒叙方式讲述孩子在母亲的精心哺养下成长为歌唱家的过程。看似普通的一幕幕场景——妈妈精心给孩子做饭，妈妈骑车送孩子上学，妈妈给孩子送饭——其中却透露出母亲对孩子的良苦用心，也透露出孩子对母亲的感恩。浓郁的亲情和太太乐鸡精的鲜美滋味一样让人回味无穷。广告试图建立一个现代都市中的好妈妈形象，期望引发目标消费群的认同和共鸣，期待大家感触：是啊，在生活中我们对孩子就是这么做的！TCL的电视广告《我的父亲母亲》也以慈母的形象吸引大众的关注。儿子工作繁忙，母亲永远是一个人为儿子在职场上的成功默默奉献着，为儿子准备晚餐，缝补衣被，正如昔日孟郊的诗作：“慈母手中线，游子身上衣。临行密密缝，意恐迟迟归。”腾讯QQ的广告《弹指间，心无间》更是将母亲对孩子的点滴爱意刻画得淋漓尽致。不管时代怎样变迁，母爱作为广告中的恒久主题，一直起着重要作用。

(三) 性感美女

英国著名学者蔼理斯说：“带着雄性动物打扮的意味，什么时候女性才开始打扮呢？是女性失去了地位、需要哀求男人和让男人看自己时。因此，两性中谁去打扮，关键在于两性的社会地位，即谁处在下风。”女性被动的审美地位是通过女性追求美的曲线和轮廓来体现的，传统女性形象的确定和巩固，不仅与男人对女人的控制有关，也与女性对男性的依赖有关。所谓“女为悦己者容”就是女性成为男性的审美对象，而美的观念又以男性所好为标准。18世纪著名美学家贺拉斯曾指出：“曲线比直线美，而曲线中又以蛇形线最美，蛇形线，我们把它叫做最有吸引力的曲线。”女性的形体结构形似蛇形线，女性自身天生具有美的特性。因此，在广告中，美女与婴儿和动物一起被称为创意的黄金法则。“女性形体轮廓的主要特点呈现为许多弧度大小不等的曲线的多样变化与柔和平滑的过渡形成的和谐统一。线条柔和、流畅、圆润、多变，富于弹性和质感，洋溢着和谐的美。”① 许多广告着重刻画女性的性感迷人、青春漂亮、优美曲线等美的特性，对女性楚楚动人的嘴唇、窈窕性感的身材、细嫩白皙的皮肤、纤细柔美的小手、丰满性感的美胸、小巧上翘的屁股等的部位进行刻意强调，凸显抛媚眼、张合嘴唇、扭臀摆腰、触摸肌肤等类似于挑逗性动作或迷醉、诱惑等表情。这些表现主要是借用并凸显女性的性特征部位，通过满足男性心理需求的方式，引起人们尤其是男人的视觉关注，以达到推广产品的目的。这类充分挖掘女性的性别特点，满足男人的视觉需求的广告广泛存在于汽车、手机、内衣、化妆品、家电、房地产等各类广告中，并随着人们思想观念的解放，愈演愈烈。

在20世纪80年代，由于传统文化的禁锢，中国人对性是讳莫如深的，性感美女是人们的思维禁区，美女性感广告出现得很少。但90年代以后，大众的生活习惯发生了很大变化，财富、权力、明星、女性的性魅力成为大众文化的主流趋势，展现女性美的性感广告开始萌芽并发展起来。如：

美的借用明星巩俐回眸一笑百媚生，宣传美的空调，美的享受。减肥产品曲美也借用巩俐的性感丰腴来为其代言。

小护士营养保湿霜的广告：一位年轻美丽的女子在脸上抹了些许小护士营养保湿霜后到公司上班，迎面走来的一位男士的目光紧紧跟随着她，结果一头撞在玻璃门上，女郎自信地回眸一笑，飘然而去。② 广告很明显地暗示大家女人追求美丽的目的是为了吸引男人的关注。

浪莎丝袜的广告：高挑女郎上楼梯，穿着裙子和肉色丝袜，一男人色迷迷地仰视着高挑女郎上楼梯。广告语：有的，不仅仅是诱惑。暗示女性性感的诱惑力。

婷美内衣“做女人挺好”的广告语一语双关，造成了很好的广告效果，使塑形内衣等隆胸产品广受欢迎。

五粮春酒“她系出名门，丽质天成，绝无奢华，名门之秀”。画面的背景是一位妙龄少女在轻歌曼舞，以阴柔美和古典美女形象作为雄性白酒的象征，言外之意，即大家品酒时，眼前浮现或脑中遐想着的是高雅古典柔美的古代美女。

① 陈染：《陈染文集》，江苏文艺出版社1996年版，第255页。

② 吴素萍：《当代中国大众文化中的女性形象透析》，硕士学位论文，浙江师范大学，2004年。

这些广告中女性作为性的诱惑的特性被充分表现，传达出女人成为男人的附庸，依靠外在的美貌和曲线吸引男人的观念。进入21世纪，人们思想观念进一步解放，性感广告更是大量出现，并且越演越烈，开始挑战人们的心理底线。如：

国产手机为了吸引大众的关注，纷纷启用明星广告，波导手机用性感明星李玟的迷人曲线、火红装束吸引大众关注。其后又延续性感路线，波导女人星手机广告采用一位身材性感的妙龄女郎，穿着艳丽的红色露胸紧身衣，自我陶醉地扭动着身躯，用挑逗的媚眼含情脉脉地望着观众，此时一个性感的女性声音在我们耳边响起："诱惑你自己，波导女人星。"

柒牌男装"女人对男人的需要"篇主打广告语："女人对男人的需要就是男人对柒牌西服的需要。"含沙射影地将女人与性扯上关系。宝娜丝袜的广告：李玟穿着红色的性感短裙、透明丝袜，搂着粗绳子跳钢管舞，其后又躺在红色地垫上，妩媚妖娆，不断展示着性感魅力，最后用手抚摸着高高翘起的性感长腿，抛着媚眼妖娆地说："宝娜丝袜，感觉真好。"暗示穿上这个品牌的丝袜，会给女人带来怎样的性魅力和性自信。

在众多的女性性感广告中，有两个广告在国内炒得沸沸扬扬，引起了较大的轰动效应，引起了国内性感广告伦理底线的讨论。一个是2009年小S的猫人内衣广告。著名综艺节目主持人小S身着性感蕾丝内衣，大跳艳情钢管舞，展现着前突后翘的性感身材，妩媚诱人，极尽性感之能事，撩人的舞姿，魅惑的眼神，将性感发挥到了极致。另一个是林志玲的内衣爆乳广告。2012年，影星林志玲为都市丽人内衣拍摄广告，极大尺度地多次脱衣爆乳、挺胸舔冰激凌，再加上呻吟，引起大众的广泛关注，并遭到央视封杀。但这则广告在网上被疯传，甚至创造出网络点击神话。网友纷纷表示：尺度越来越大了。这究竟是新时代女性自身的彻底解放呢，还是作为男人附庸，吸引男人眼光，在男人面前争宠的花瓶思维愈演愈烈呢？

（四）附属品的形象

在一些广告中，我们可以很明显地发现，女人作为男人附属的地位仍然没有改变。在男性话语权组成的世界里，男人被冠上了力量、权威的象征，而女性则是柔弱的代名词。

在汽车广告中，我们很少见到女人开车的场面，尤其是在表现豪华车时，广告中的主角始终都是男性。即使出现女性的形象，也只是作为配角以服务员或是夫人的身份出现。以 2006 年的《中国广告年鉴》为例，在汽车类的十几则电视广告中，没有一则广告的主角是女性，高档品牌全部采用男性为主角。凯迪拉克豪华 SUV 的广告选用成功男士作为主角，以另类的表现方式突出凯迪拉克车的灵巧前卫、纵横自如。沃尔沃轿车同样采用成功男士为主角，加上旁白：谁能匹配您的气度？谁能加速您的成就？至尊新境界，豪华新定义。使豪华等于男性专有的概念越加清晰。东风标致 307 表现的是一个游离于事业和生活中的成功者强大的心理意识——世界为我所用，只要我有愿望，世界都会为之相应。画面上，男性成功者对事业运筹帷幄，女性是男人成功的标志之一。奔驰汽车的广告更是以男性为主角，讲述在外企公司一男子在办公室中，众多男女同事为其庆贺生日，而他却在许愿时发现，想了好久竟想不出愿望来，表达拥有极致完美的车后就再也无所求！上海通用的君越同样是以男人的力量表现车的激情体验，而别克凯越截取了男主角在人生中的几个凝固画面，表现男主角在人生各个阶段全情投入的满足感。凝固画面之一就是男主角跟老婆孩子的自拍画面，在这里，女人再次作为男人的陪衬出现。在海马汽车、伊兰特、北京现代这些以家庭为主题的广告表现中，女人都是和孩子一起坐在后座上，驾驶汽车改变新生活的人都是男性。言外之意，家庭生活的主导者是男人。

在茶酒类广告中，男性更是恒久的主题。无论是品茶还是饮酒，广告中的主角往往都是男人。在传统文化观念中，饮酒是男人的专利，女人只是在男人饮酒时伴以歌舞，供男人娱乐。在古代甚至有“真正的男人可以没有女人但不能没酒”的说法，因此，酒被作为雄性的象征。而茶道则是中国古代上流社会很注重的社交活动。它体现着精深的中国文化，因此在茶酒广告中，仍以男性居多。纵览近十年的中国茶酒广告，十有八九都是男性在广告中处于主角地位，很多广告完全没有女性的影子。大家都熟知的竹叶青，其广告将男性与围棋产生关联，以围棋和茶的共通之处阐释男人的英雄主义。而金种子酒的广告则把酒当作男人最可依赖的朋友，在生活的每一次喜怒哀乐，生命的每一个重要的时刻，男人总会与这位“朋友”共同感受，共同分享。绍兴老酒以男人成功之后该如何自处为主题，以俊朗男士山水间品酒的感悟，缓缓道出人生真谛：人生非凡，贵在心平常。以优雅的成功男士的完美形象，塑造酒的品质。总之在茶酒广告中，往往是塑造成功男人的心路历程，赋予男人成功、智慧、含蓄、富有阅历的形象。

而在完全以女性为主角的化妆品广告中，常用的是青春魅力、亮白美丽、祛斑去皱等词语。与男性广告中将男性形象塑造成有思想、有深度、有智慧、有阅历、经受过沧桑的成功人士恰恰相反的是，化妆品广告仅仅限定在女性的外形美观的漂亮脸蛋上，忽视了女性的内在涵养。当然，由于广告的创意来源于现实生活，创意要素需根据女性消费者的心理需求而定，拥有白皙粉嫩的脸蛋、凝脂般的肌肤是所有女性的心理梦想，也是社会对女性美的判定标准。从男性角度来看，拥有美丽的面庞、窈窕身材的女性更符合他们的审美需求，因此，化妆品广告正是满足了男人对附庸于自己的女人形象的需求，在创意上力求表现女人的亮白、柔嫩肌肤，努力塑造完美的女人形象。譬如：

玉兰油的广告，广告画面男人在向美女献殷勤，女人旁白："以前，我喜欢被瞩目，毛孔变大后，这种瞩目就不自在了，幸好我有全新的玉兰油毛孔细致精华，能紧致肌肤结构，帮助将毛孔统统收细。让细嫩肌肤迎接更多瞩目吧！"① 直接把女性的美定义为是否受男人瞩目，把女人再次放到了男人附属的位置。

普尔羊胎素的广告更是强调女人的美丽，在文案中提到："上帝赋予女人特有的美丽，但随着岁月的流逝，也会慢慢拿走它，放上皱纹和色斑。被宠惯的女人们怎能不因之心痛？"只言片语，将女性的社会认知和地位非常明了地表现出来——女人是被男人宠惯了的宠物。

以"演绎时尚美，经典女人味"为广告语的化妆品牌名门闺秀将珍珠和名门闺秀式的女性结合在一起，旁白：名门闺秀，珍珠美白，让你感受珍珠精华的神奇魅力，每日呵护，肌肤更为嫩白光滑。将拥有珍珠美白的肌肤作为名门闺秀的特征。

小护士植物美白精华的广告则更是直白地把女人拥有白里透红的肌肤对男人的强诱惑力展现出来：一群女孩走在马路上，男生被女生的美丽面容所吸引，频频回头偷窥女孩。

清妃化妆品的文案则把女人当成了性诱惑的工具："待放的唇，含苞的靨，盛开的眸，女人如花般鲜艳，也如花般需要养分，女人是一个个原生的花园。"②

在化妆品广告中，虽然女性成为主角，男人成为配角，但从创意来

① 《IAI 中国广告作品年鉴》，北京广播学院出版社 2005 年版，第 98 页。

② 《中国广告作品年鉴》，中国传媒大学出版社 2006 年版，第 319 页。

看，女人购买化妆品目的非常明确：是为了更好地吸引男人。正如约翰·伯杰在《视觉艺术欣赏》所谈到的："她必须观察她表现的一切所为，因为她给别人的印象特别是给男性的印象，将会成为别人评判她一生成败的标准。她对自己本质和存在的看法，被他人对她的看法所取代。"① 化妆品广告的映射和诱导作用，夸大了女性在社会生活中的审美标准，对女性审美的理想化的表现，掩盖了生活中原本的女性特色。女性成了美的俘虏，而男性恰恰就是这一切的控制者操纵者。在广告中，真正的主角是男人的眼光。广告以男人的视角将女人的身体以碎片化的形式呈现出来，用淡化皱纹、去除雀斑、修长身材、光滑肌肤等词语将女人的美进行等级化的划分，女人被作为审美的个体呈现出来。"作为个体的人，女性已经消失了，只作为被切割的'零件'活在男性文化主宰的社会活动中。"②

（五）自信独立的新女性形象

值得一提的是，近十年来随着女性意识的不断觉醒，职业女性越来越多地参与到社会工作的各个方面，并成为各个行业的成功人士、精尖人才，以社会生活为影像的广告内容也发生了较大变化，在以男权为主的广告影像中跃然出现一种全新的女性形象。她们不满于自己父辈母辈沿袭下来的女主内的格局，什么任劳任怨、夫唱妇随那已是极为久远的事了，女性以一家之主的身份改变了这种传统规范。这在近十年广告中已有了明显表现。在通常以女性为主角的洗洁精广告中开始出现两口子为了谁做家务发生争执的文案："生活糟糕的事情总是接二连三，饭后常看到，两口子可能会为谁刷碗血压升高——"女性不再温顺地理所当然地忙于家务，开始争取自己的独立主权。

在2005年的食用油广告中，开始出现女性对自己家庭主妇身份挑战的广告——女："老公，做饭还是洗碗?"男："哇，这么多好菜，自然由我露一手了！煮好菜肴有好手艺还要有好油！"年轻夫妇的幽默诙谐的广告表现，尤其是"老公，做饭还是洗碗?"的问话是对女主内格局的公开挑战！

---

① ［美］约翰·伯杰：《视觉艺术欣赏》，戴行钺译，北京商务出版社1999年版，第273页。

② 卜卫：《解读〈女友〉杂志的性别论述》，中国文联出版社2000年版，第89页。

美的空调2006年的广告中则更直接地将女性对家务的挑战进行到底。美的空调以轻松诙谐的方式打破了很久以来女性围着家务团团转的局面，重新改写男女婚后生活的关系——男：嫁给我吧！女：以后衣服脏了！男：我洗！女：地板脏了呢？男：我洗。女：空气脏了呢？男：啊——女性地位得到彻底改变！前卫的主题和观感显示出女性的权威和震慑力。

21世纪广告一改女人以往逆来顺受、无怨无悔为了老公和孩子包揽一切家务的形象，以新女性的形象出现。新型的女性形象不再是职场的配角，开始被塑造成职场的"女汉子"。她们兼具美貌与智慧，自我欣赏，自我张扬，闪耀着21世纪中国女人的灿烂光芒。2012年，美菱冰箱的广告以张扬的女性自白的方式，将新女性的形象进行了重新诠释：身为白骨精，只存在于西天取经途中，不应该啊！只是一堆白骨，不应该啊！想吃唐僧肉没得逞，还被孙悟空打死，不应该啊！身为白骨精，就应该是美丽大方的职场佳人，就应该是成熟干练的公司骨干，即应该是叱咤风云的行业精英，白领+骨干+精英，白骨精就该这样！痛快淋漓入木三分地塑造了21世纪白领女精英的形象。不仅如此，广告还给新职业女性定义了新的生活方式："身为白领，就应该劳逸结合，保持身体健康！就应该闲暇时光看场电影，喝点咖啡，扮点儿小资！就应该一年两次国内旅游，两年一次国外旅游。Enjoy Live，白领就应该这样！"2013年，一则广告公司的形象广告进一步强化了女汉子在职场的绝对重要地位。广告以女超人作为主角，第一次大胆地喊出："文案美术少了谁，姐我一样实稿！没有姐的嘴，什么创意都是烟灰，晃点写字的酸书生啊，打字能快点不？姐我也是人，不是神，我去拯救世界了，谁来拯救我！"广告以新女性的宣言形式充分展现女人在职场上已不再是从属地位，她们不断突破，以自己的自主、独立驰骋于职业沙场。

总之，在我国广告中的女性形象仍然没有完全脱离掉中国传统文化对女人形象的界定。贤妻、良母、美女等各种各样的附属形象出现在广告创意中，虽较以往女性形象有了较大突破，新女性形象不断涌现，但总体而言，女人作为男人附庸，花瓶的形象并没有得到彻底改观，甚至有些越演越烈。今天的广告仍然像伯杰所说："女性总是作为一个诱惑物出现在广告中，他们仅仅是作为一个可供观看的、可供品评的、可供玩赏的物品出现在广告中。而女人作为具有独立意识的人这一层内涵，则在一次次的被看中销声匿迹了。”①

## 第二节　从男人附庸到职业女性：日本广告中的女性文化

在日本，女性是家庭消费的主要人群，一些大企业以影响女性消费导向为目的，积极推动女性社会意识的觉醒，广告中的女性形象与传统文化中的女性形象相比，已明显表现出很强的自主意识，但传统文化的影响仍然深植在日本人的骨髓中，日本广告中所表现出的女性自主意识更多地表现在争取走出家门，获得外出工作的权利，她们没有更高的要求。

### 一　日本女性传统观念的研究

据有关文献记载，中国古代的女性伦理观早在公元9世纪末就传入了日本，但当时日本正值平安时代，女性在家庭和社会中居于主导地位，婚姻方式为招婿制，所以强调男尊女卑的中国女性观念没有被接受。直到武家政权兴起以后，妇女被迫退回到家庭并被排挤出社会主导地位。对她们进行道德规诫的女训开始诞生，但此时的女训也只是包含道德修养、化妆服饰等方面，没有任何限制的性质。直到近世即江户时代以后，中国的女性传统伦理观在日本得到广泛的普及和发展。由于中国的儒家伦理观适应了日本江户时代统治的需求，因此以儒家女性观为核心的女性伦理观兴盛起来。日本的女性伦理观主要分为以下几个方面。

#### （一）男尊女卑的社会地位

日本接受了中国女性伦理观中男尊女卑的伦理观念，认为男子生来尊贵而女子天生卑下，并且以此为出发点来教化女性严守妇道。日本最具代表性的女训《女大学》则认为：“女属阴性，阴则暗如黑夜。故较之男子，妇人不明是非；不辨毁誉；不分福祸——妇人愚昧不堪，故万事须谦卑顺服，遵从夫君，男子象征天，女子象征地。故万事以夫为先，谦谨恭顺。”② 在这里，以阴阳之说为女性的卑微地位找到了充分的依据。“不明是非、不辨毁誉、不分福祸、愚昧不堪”等词汇将女人描绘成没有任何自

① ［美］约翰·伯杰：《视觉艺术鉴赏》，商务印书馆1994年版，第72页。

② 王慧荣：《论日本女训中的儒家女性观》，《妇女研究论丛》2005年第11期。

主意识的附属物，将女人的地位彻底地排挤到了社会的最底层。这与中国的女性伦理观相比，有过之而无不及，通过将男女、夫妻关系与天地关系的结合，以自然之道的固有规律让女性完全放弃自我意识，顺应天地之道，认同自身生来就是侍奉夫君的工具。这在1771年版的《女童专要·女今川》中写得更为明确："夫天为阳，刚也；地为阴，柔也。阴从阳者，天地自然之法也。故而以天地喻夫妇之道，则夫为天，敬慎事之。地感天之恩泽而生万物，故敬事夫君乃女子孝行之道也。"[①] 从理论上为女性的阴柔地位找到了合理的依据。故而女性生来就应该忍耐顺从，这是天地自然之法。从思想上对女性进行彻底洗脑。

（二）无条件顺从公婆

中国传统女性伦理观强调对父母公婆的顺从，公婆对儿媳有生杀予夺的大权，如果对儿媳不满，儿子就会休妻。女性回到娘家则彻底抬不起头，因此很多女性只好自杀了断，终此一生。日本女性伦理观继承了中国传统女性伦理观中女性对父母的屈从，《女童专要·女今川》中告诫女子千万不可慢待公婆，招人谤议 。《女诫插图女实语教·女童子教》中也反复强调要恭敬事舅姑，将父母公婆比作天地日月，"父母如天地，舅姑犹日月，朝夕事父母，恭敬事舅姑"[②]，还要"事公随舅心，奉姑顺姑意"，以曲从之道博得公婆的欢心。曲意侍奉公婆是日本女性出嫁前反复强调的内容。较中国女性伦理观中对女性的限制和约束，日本女性伦理观有了进一步的发展，强调对公婆的孝敬要远远重于对自身父母。在《女大学》中这样写道："女子在室专孝父母，适人则侍奉舅姑，敬爱孝顺之意较之事父母尤甚。不可重父母而轻舅姑。"之所以这样是因为"女子所继承者乃舅姑之家而非父母之家，故而敬孝舅姑应甚于父母"。这样，为女性无条件地侍奉公婆提供了充分的理由。实际上，女性根本无权继承公婆的家产，被完全剥夺地位的女性只是婆家繁衍后代的工具。日本的女性伦理进一步歪曲了中国儒家伦理思想，强调对公婆的屈从，而忽视对自己父母的孝敬。

（三）顺从男人

日本传统女性时刻谨记中国儒家中的三从四德的女性道德标准，强调

---

① 王慧荣：《论日本女训中的儒家女性观》，《妇女研究论丛》2005年第11期。

② 同上。

女性对丈夫的顺从。《女大学》中也记载“女子别无主君，以夫为主君，敬慎侍奉，不可轻侮，妇人之道，一切贵在从夫”。男人是女人的主君，女性对丈夫应该是“恭敬”“柔顺”。《女大学》还从细节上对女性的行为进行约束：“应对夫君，殷勤恭顺，词色谦和，不可忤逆争辩，不可骄奢无礼，此女子之第一要务。夫君训诫，不敢违背，疑难之事问诸夫君，依言而行，不敢专擅。夫有所问，正色应对，疏忽轻慢，是为无礼。夫若嗔怒，惶恐顺从。不可争吵，以逆其心。”对丈夫无条件恭顺，不能有任何的自主意识是日本女规中对女性的最基本要求。为了巩固男人的特权地位，让女人死心塌地地听从男人，日本女戒中还有“逆夫而行，将受天罚”的说法，用恫吓的方式彻底地将女性的反抗意识扼杀掉。当然日本的女训也有对丈夫劝诫的记载，如《女大学》中写道：“夫多行不义，和颜悦色，柔声软语，谆谆谏之，若愠怒不从，暂且停止。伺其心情愉悦时复又规谏，不可暴语厉声，忤逆夫君。”[①] 女性对丈夫的不良行为也可以劝诫，但必须是和颜悦色、柔声细语，如果丈夫生气，就停止劝诫。实际上妇女的低贱地位和绝对顺从的关系使这种劝诫没有任何意义，男人丝毫不会在意地位微贱的女人的意见，这种提法也是形同虚设。

（四）女性贞操观

日本女训接受了中国儒家思想及女训的思想，也有关于女性贞节操守的训诫。《女大学》强调女子以夫家为家——一朝出嫁，终生守节。《女诫插图女实语教·女童子教》中也要求“女子妇行存心间，洁白守贞操，专心为一途”。翻译模仿《列女传》的《假名列女传》中更不乏对贞女烈妇的记载。以日本历史上的人物为素材编写而成的《本朝女鉴》中也设有节义、贞行等章节。贞操观在日本也是作为正统文化的重要内容。但在日本的贞操观中并没有完全学习中国宋代以后的女性贞操观，其对于女性再嫁虽不提倡，认为“女子遭夫家弃去，再入富贵之门，乃莫大耻辱”，但并没有完全禁绝。[②] 在日本父权家族制度下，家族的概念并不像中国一样，完全建立在血缘血亲关系之上。它是以经济利益共同体的利益为基础，一切以家业的繁荣为主。家族继承人与家族未必有血缘关系，很多家族的继承人为养子。因此，对女性贞操观的约束并不是十分严格。

① 王慧荣：《论日本女训中的儒家女性观》，《妇女研究论丛》2005 年第 11 期。

② 同上。

总之，日本女性伦理观深受中国传统女性伦理观的影响，无论在社会地位、家庭地位以及贞操观等各方面，女性均处于最底层，没有任何地位而言，女性的自我意识、独立意识彻底丧失。

近三十年来，在西方女权主义思潮的影响下，日本女性的社会地位发生了翻天覆地的变化，女性的自我意识逐渐崛起，“男主外，女主内”的传统家庭结构开始逐渐解体，女性开始步入职场。但由于受到浓厚的传统思维的影响，女性在家庭以及社会上并没有真正地实现跟男人平等的地位。这表现在两个方面。一是日本社会的基本特质仍是“男权社会”。日本内阁府2013年12月15日发布的“男女共同参加社会工作的舆论调查”显示，仍有56.1%的人赞成“丈夫应在外工作，妻子应在内持家”，反对则只有45.1%。对大多数日本人而言，仍然赞成女性持家的传统。二是大多数女性在就业中的参与度呈现M形曲线，当超过30岁和有了孩子后，参与度会下降。当她们重回工作岗位时，可能无法获得晋升，再加上日本缺乏儿童看护机构，阻碍了女性就业，女性在工作岗位中很难得到重任。日本职场便形成了这样的循环：在公司方看来，女性结婚育儿后大多会辞职，因此很难一视同仁地安排成“综合职”正式职员；日本女性也在如此严苛的现状面前，变得泰然处之或无奈接受，职业追求的欲望很弱。

虽然总体而言，日本女性仍处于弱势地位，但从20世纪90年代以后，受西方女权运动的影响以及高学历人员的增加，经济上获得独立的日本女性在观念上发生了较大变化：她们不再把婚姻作为自己的唯一归宿，越来越多的日本女性选择晚婚、不婚或者婚后选择“丁克家庭”。女权意识的觉醒使女性不再单纯地为家庭忍辱负重，她们开始追求物质生活品质和精神世界的享受。重点表现为：（1）许多受过高等教育的女性持有晚婚和独身的婚恋观。随着时代的发展，很多日本女性认为，婚姻并不是女性的终身目标，更多的女性追求个人宽松、优越的生活质量。结婚后相夫教子、养家糊口的责任与负担也会使她们不愿意涉足婚姻。（2）很多家庭妇女走出家门，成为“职业妇女”，从而选择事业与家庭的兼顾。生活方式的转变以及家庭的经济负担使现代女性走上了工作岗位。1986年日本通过了《男女雇佣机会均等法》，具体规定了在招工、录用、安排工作、晋升、培训及福利待遇上不得对女性进行区别对待，还为职业女性在妊娠和生产前后提供了很多保护性措施，日本女性就业率上升。同时，经历经济的泡沫和萧条，许多家庭主妇不得不再就业以贴补家用，女性逐渐获得和男性平分家务的地位。（3）当夫妻感情出现问题，主动提出离婚的女性增多。女性一改以往由男人决定命运的局面，面对婚姻中的问题，站在了主动处理的位置上。

总之，尽管女性的家庭和社会地位有了很大变化，但在传统文化的熏陶下，日本社会仍然是由男性主导意识形态。虽然法规制定了相关条文，但无法改变人们心底的文化积淀，女性在就业等诸方面仍然面对很多难题，日本女性并没有完全独立起来。她们中大多数人不断更换工作，不愿结婚生子，过着休闲、自在的生活。她们的消费能力和消费欲望有了明显提升，成为广告关注的目标。

## 二 日本广告中的女性形象

日本的广告研究走在世界前列，但在目前发现的研究成果中，对日本女性性别形象的研究相对较少，有专家对日本杂志的研究发现，在日本的杂志广告中存在着性别角色的定性现象。比如，女性比男性更加年轻，更注重外表，女性往往与低价格的产品相关联，女性很少出现专家权威的形象，等等。Akie N. Arima 的《日本电视广告中的性别角色定型》（Gender-stereotypes in Japanese television advertisements）一文中采用聚类分析的方法对某一时段电视广告实录的形式对日本电视台 1996 年某一天自上午六点至晚上十一点半播出的所有广告进行研究分析，选取了 401 个样本，按照性别、年龄、服饰、角色等十多组变量进行分析，得出结论：在日本的广告样本中女性作为主角出现的次数高于男性。女性的角色主要是家庭主妇和青春性感美女，男性的角色则是劳碌的上班族和享受生活品质的中年人。在涉及名人代言主题时，大众更喜欢女明星。[①] 受日本传统女性伦理观的影响，在广告中性别角色定型也十分明显。具体来说，日本广告中的女性形象重点表现为以下特征。

### （一）贤妻良母的形象

明治启蒙时期，日本女子教育思想发生了历史性转变。日本的启蒙思想家翻译介绍了大量欧美女子教育论方面的文章，不少文章论述女性不但应该是女儿的教育者，还应是儿子的教育者。日本第一代文部大臣森有礼

① 叶耀荣：《广告性别角色定型系列研究》，硕士学位论文，浙江大学，2006 年。

认为妇女对孩子来讲是“天生的教员”，女子教育的目的是使其成为“贤妻”和“良母”，把家管理好。贤妻良母的思想观念深深地植入日本社会以及日本人的思想观念中。美国著名社会学家戈夫曼的研究表明，在两性关系上，广告表现的虽然不是社会现实的全部，但也没有虚构现实，它只是根据广告商的目的突出反映了社会上业已存在的那部分事实。因此人们意识中的贤妻良母观念在广告中有最为直观的表现。

1. 家庭主妇是日本广告中经常出现的女性形象

据日本的相关研究发现，女性主要是在服装美容、家庭用品、视频饮料类广告中担任主角，常见的生活模式是：女性作为家庭主妇在家忙家务，照顾孩子。一些日用家居用品如牙膏、洗发水、香皂、化妆品、床上用品等与家庭生活相关、由家庭主妇决断的产品由女性代言的比率达到70%以上，男主外女主内的社会分工在日本已成为一种社会习惯，虽然目前这种状况已发生很大变化，越来越多的女性开始接受高学历教育，成为职业女性，但男主外女主内的观念仍然深植在大众心中，一时难以改变。在广告中，贤妻良母仍是广告表现的主流。她们把家庭和孩子视为自己最大的事业，担负着照顾老公、教育孩子、处理家务的职责。她们吃苦耐劳，是持家能手，对丈夫和孩子尽心尽意，是典型的家庭主妇形象。在广告中，我们经常可以看到好太太在灶台前、在洗衣机前、在菜市场忙碌的场景。在日本大多数日用家居等生活类产品相关的广告中，只要出现家庭生活场景的广告，带着围裙在忙碌的一定是女性形象。在花王除异味喷雾广告中，虽然有抽烟的丈夫、爱吃烤肉的孩子和活蹦乱跳的宠物，女主人还是让房间里没有丝毫异味，这让她的朋友们羡慕不已，也满足了自己小小的虚荣。在大鹏制药广告中，为了给丈夫送去落下的文件，广告甚至把围着围裙的主妇刻画成披着斗篷的超人，看到丈夫拿到文件后的笑脸是自己最大的欣慰。[①] 日本大地震后表现家庭温馨场景的公益广告也是塑造在灶台前为老公和孩子准备早餐的妈妈形象，老公和孩子走出家门与在家主内的太太告别的温馨场景让人们感到这是多么熟悉多么自然的生活，但是大地震到来这一场景将成为回忆。在广告中，女性传统贤妻良母的角色非常自然地得以展现，我们感受不到家庭主妇的怨言和劳累，感受更多的是对丈夫和孩子浓浓的爱意。

---

① 张弦：《2006年日本电视广告女性形象研究》，硕士学位论文，上海外国语大学，2008年。

但近年来，随着女性意识的觉醒，日本广告中的贤妻形象也发生了一些变化，这些变化虽然不是广告中女性形象的主流，但作为女性意识觉醒的潮流，这已是一股不可遏止的力量。早在20世纪80年代初，夫妻关系已经发生了巨大的改变。长期以来，在传统的夫妻关系中，男性始终在家庭中占据着绝对的主导地位，妻子处于从属地位，对丈夫逆来顺受。丸井的广告《信用销售》彻底打破了传统夫妻关系中夫唱妇随的格局。广告表现了各自都不完美的两个人相互取长补短、相互扶助的平等、朋友式的夫妻关系，引起了人们的共鸣。90年代，广告更加清晰地折射出夫妻在家庭生活中的改变。金鸟的衣柜除虫剂广告则以女性的视角挖苦忙于工作无暇回家的丈夫。21世纪以后，在描写夫妻与家庭生活的广告中，开始出现男性主动干家务、男惧内主题的广告。在National电子灶广告中，丈夫的料理做得非常美味。在镇痛药广告中，妻子生病了，丈夫接到电话后马上就抛下忙碌的工作去为妻子买药送回家伺候妻子服下。大和房产的广告则以幽默诙谐的形式一改以往广告中女性低眉顺眼、温顺贤良、围着围裙的形象，创造了一个远离家务，说一不二领导男人的女性形象。广告通过多个场景描述妻子在家中的绝对领导权：

片段一：妻子打电话问丈夫：要不要一起吃关东煮啊？丈夫：我现在超想吃天罗妇，女：我要吃关东煮。丈夫一面下楼去见妻子一面想：一定要吃天罗妇。就算妥协，也一定不是关东煮。到了餐馆与妻子见面后，丈夫马上隐藏自己的想法殷勤地说：还是吃关东煮比较明智。

片段二：丈夫给妻子打电话自称自己在家里是在野党，有发言权但政权还是执政党掌握，妻子则一面玩着健身球一面接电话说：不要说得那么逆耳。男：我们去海边吧！妻子则在电脑边翻书边说我想去爬山，他听从了妻子的话一起去爬山，丈夫讨好妻子说：登山的感觉真好啊！丈夫：看吧，最后还是听你的。妻子：买沙发那个事儿我还是觉得白色好，丈夫：还是黑色的好看。不过我说了不算，只是有时候这样小小反对一下。丈夫和妻子走在路上，丈夫小心翼翼地问妻子：你偶尔让我决定一下可以吧？丈夫拉着妻子的手幸福地甩来甩去：从此以后我们一起走时要这样！

这是一则彻底打破了日本传统女性伦理的广告，女性不仅远离了家务而且在家取得了绝对的主导权。随着时代的变迁，越来越多的日本女性掌握了家庭的财政大权，听话丈夫的塑造反映了日本女性自主意识的觉醒，改变了日本家庭生活广告中没有男人出现的局面。据有关研究资料表明，由于日本男性的工作极其忙碌，男性与妻子在一起的时间非常有限，一起做家务甚至度假是一种奢侈，丈夫与妻子的沟通时间很少，因此广告中的新男人形象被当成家庭主妇的理想男人，或许可以理解为广告暗示女性拥有了某种产品，将会拥有理想的丈夫，让女性在广告所创造的形态中获得精神的满足。

2. 良母形象也是日本广告中出现频率很高的广告形象

传统男权观念对女性价值的期待与控制，使贤妻良母形象成为日本社会女性完美形象的唯一特性，并沿袭成一种社会风潮和常规文化心理，日本的企业广告正是按照这种文化心理和习俗来设置广告作品中的女性形象。在日本广告中，女性母亲形象的定位往往是围着围裙端着美食守在孩子跟前，倾力照顾孩子日常食居的慈母形象，让我们深深感受到母亲对孩子的浓浓母爱。

森永牛奶太妃糖上市 100 周年纪念动画 TVC《一颗之中包含不变的爱》，通过母亲在照顾襁褓中的孩子的点滴细节，展现起自己在成长过程中有关森永糖与母爱的回忆，传达出该产品自 100 年前上市以来，由母亲传给子女，代代相传，产品的传承也是母爱的传承。百年纪念的广告将母爱主题以“养儿方知父母恩”的视角和贴近亲子的动画形式温情脉脉地表现出来。

**图 3－1　森永牛奶太妃糖广告**

日本寿司专卖店“银实”的广告，则以得了老年痴呆的母亲，仍然念念不忘儿子喜欢吃银鱼寿司，要为儿子留着寿司的故事情节，从母亲嘴中断断续续描述出一个个生活片段：从小虽然家庭贫困母亲总是千方百计让儿子吃上寿司；孩子小时候身体很差，母亲一次次艰难地背着儿子上医院；花白头发的痴呆妈妈从胸前口袋里拿出儿子小时候画的和妈妈手牵手的漫画。浓浓的母爱将产品融入亲情之中，令人不禁泪下。

东京瓦斯的广告，以母亲的心理感受为主线“与儿子对话不足，想好好地做便当来补足，就像强迫性的电子邮件一样，从今天开始要一直坚持下去”。即便没有儿子的回应，还是一直持续着，因为便当总是空空地带回来。一转眼三年过了，每一个便当都装满了小小的回忆。然后，在最后一天带便当的日子，儿子在便当盒中留有便条：“对不起，一直不敢对您说声谢谢。总是在联系家人感情的料理身边。”对母亲而言，每一份便当就像是对孩子的一条短信，在孩子迟到、生日、谈恋爱等不同时候妈妈的便当都是不同的。三年间，母亲的便当从来没有收到回复，但在最后一次，妈妈终于收到了回复。在广告中不断出现母亲带着围裙围着灶台为儿子做饭的场景。

日本暖心女性主题广告《大丈夫》，讲述了一个职业女性面对孩子生病需要护理和繁忙工作离不开身时心情犹豫矛盾为难的复杂心理活动。即使百般为难，最后还是以护理孩子为重。良母形象是日本广告中出现频率很高、长盛不衰的主题。

**图 3－2　日本暖心广告《大丈夫》**

（二）美女形象

女性和躯体崇拜原本是人类古老的生命文化的一种精神积淀，女性躯体凝结着人类优美、和平、新生的情感力量和精神归宿，是对母体本能的欣赏与赞美。[①] 但在现代商业文化中，女性和女性躯体被作为商家展示产品的工具。美国文化学者丹尼尔·贝尔在《资本主义文化矛盾》中曾说："当代文化正在变成一种视觉文化。"[②] 视觉文化作为一种以"看"（gaze）为主的文化，让人看的主要是"形象"，在被男人操纵为男人服务的大众文化产品中，"被看"（to-be—looked）的当然多为女性。[③] 法国女权主义理论家伊丽加莱（Luce Irigaray）把女性的权利分为七个方面，其中制止对女性身体和形象的商业用途被认为是女性的首要权利。然而具有讽刺意味的是，女性恰恰失去了这种最首要的权利，女性的身体和形象成为一种商品被到处展示。[④] 广告中女性的躯体和容颜成为男性视觉的焦点和展示的对象。在日本广告中，女性形象也是作为大众追逐利益的有效工具呈现。

Arima（2003）对日本电视广告进行内容分析显示：在日本，女性的嘴唇、头发、身体和胸部出现在画面中的次数高于男性，并出现了更多的俯拍镜头。迷人、性感等词语经常出现在日本广告中，比如化妆品广告、内衣广告，其目标人群很显然是女性。广告的传播使性感迷人成为女性塑造自身的标准形象。日本广告中美女形象主要有以下两种：

1. 大家意识中的花瓶形象

这类女性形象脱离了社会现实，成为象征消费品的符号，在广告中往往只强调外表的诱人魅力。在日本广告中，女性通过展现自己的嘴唇、肌肤、眼睛、头发和美胸、躯体来展示产品特性的广告也是俯拾即是。在化妆品广告中，商家为展示产品的特质往往会突出显示女性的某一部位的特性强化产品功能。譬如，在日本资生堂的广告中，美女诱人的眼神、靓丽的妆容、美丽的口红、丝般的肌肤以及瀑布般的头发往往成为广告的表现核心，再配上文案"你的眼睛放出一万伏光电"，使美女的诱人花瓶特性淋漓尽致地表现出来。在日本广告中，也存在着以男性视角为基准，将男性赞美赞许的目光作为女性美的衡量标准。资生堂的眼影广告为表现眼影

---

① 吴素萍：《当女性主义遭遇大众文化》，中国文学网。

② ［美］丹尼尔·贝尔：《资本主义文化矛盾》，赵一凡等译，生活·读书·新知三联书店1989年版，第155页。

③ 吴素萍：《当女性主义遭遇大众文化》，中国文学网。

④ 同上。

的吸引力，运用两个男人到处寻找躲匿的棕女郎的故事情节，展现男人对女性美的痴迷。在内衣广告中，青春女孩窈窕靓丽的身材，丰满的胸部特写以及优美的舞姿往往成为广告表现的主题。在日常家居用品广告中，美女加产品的程式布局也将女性置于装饰品的境地。在日本的广告文化中，有一个典型的特征是多采用明星广告的方式宣传产品，广告大多是通过明星来塑造女性形象的。靓丽的女性明星形象强化了迷人、性感、漂亮等词汇作为女性美的审美标志，使女性消费者过多地追求和模仿电视中的明星形象，歪曲了女性美的审美价值观。随着时代的发展，广告中女性形象也从原来的“花瓶”美女逐渐转变为具有亲和力的邻家女孩形象。

2. 可爱乖巧的邻家女孩形象

“在日语中，kawaii 一词的本义主要用来形容娇嫩、柔弱、小巧的对象，例如天真活泼的小孩、憨态可掬的小动物和玲珑可爱的小玩意儿等。”① 但近年来，kawaii 一词在日语中的使用有泛化的倾向，没有年龄限制，也没有性别限制，原本中性的词义也更趋于褒义。“成年人像个小孩一样长不大，本来并不是一件值得骄傲的事情，但在日本年轻人中间，尤其对女孩子来说，kawaii 却是受欢迎、有人缘、讨人喜爱的象征。久而久之，kawaii 既是审美，也是潮流，成了当今日本成人流行文化的核心。从发达的动漫、游戏产业，到年轻人的服饰，各色产品的外观包装，甚至到高科技的电器和汽车设计，都充斥着可爱得近乎幼稚的元素。这折射出当代日本成年人不愿意长大、拒绝成熟的心态，因为 kawaii 就意味着拥有了原本孩子才有的特权，可以撒娇，可以被原谅，可以无忧无虑，甚至可以推卸责任。”② 伴随着流行文化的盛行，邻家清纯可爱的小女孩的形象成为广告中的主角。早在 80 年代，在资生堂的广告中就有过清纯可爱的女生对自己小女孩时代化妆的回忆，那时候逢年过节，妈妈给小女孩脸上涂上厚厚润肤霜，小女孩模仿妈妈给手中小娃娃化妆的场景将小女孩的可爱天真表现得淋漓尽致。

美能达的照相机广告也采用清纯的大学生作为广告主角，其清纯活泼的气质给广告带来前所未有的清新感觉。以真实的女性形象拉近了与受众

---

① 张韶岩：《かわいい的泛用与日本年轻人的审美取向》，《日语知识》2004 年第 10 期。

② 张弦：《2006 年日本电视广告女性形象研究》，硕士学位论文，上海外国语大学，2008 年。

的现实距离。

东京燃气家族故事系列《最后的比赛》篇运用清纯可爱的邻家女孩的内心独白："三年里，最后的比赛。绝对不能输，也绝对不想输。不甘心却哭不出来。"如此灰暗的心境被东京燃气 Misty 将身心温暖起来。广告中的邻家女孩形象赫然涌现在大众眼前，给人留下了深刻印象。

**图 3－3　东京燃气广告**

流海齐眉的娃娃头，忽闪的大眼睛，清纯脆亮的声音，甜美的笑脸成了日本广告以及日本动漫、游戏中日本女性的典型形象。清纯可爱的邻家女孩形象出现在诸多产品的广告表现中。照相机、家电、饮料、食品等行业广告中开始大量出现清纯女孩的形象，她们或唱或跳，以甜美的笑脸和清纯的气质获得日本受众的广泛喜爱。

（三）男性附属品的形象

由于在日本社会中女性的职业生涯往往呈现出 M 形的特点，大多数女性在离岗生完孩子重返岗位后很难获得职位的晋升，因此女性一般从事职业的职位往往较低，这在广告中也有明显的展现。在日本涉及职业的广告中，女性往往以男性附属的形象出现。广告中的上司、医生和领导往往由男性来担任。女性扮演的角色更多的是护士、秘书、空姐等辅助男性工作的职位。她们干着端茶、倒水、复印、清理卫生、照顾孩子等工作，多数处于较低的工作岗位上。联合国 2014 年公布的一份研究报告称，日本在女性获得权利方面位居所有发达国家之末。在日本，公司以及政界高层中只有 10.7% 为女性，而美国的这一数字则为 42%。据日本劳动法教授克梭分析："在日本，很多年来，公司管理人员在很大程度上将办公室女职员视为他们的手下，甚至视为男职员未来的配偶。很显然，很多男性仍不愿意放弃这种观念。"日本小泉内阁曾说："日本看起来和平，却长期潜伏着男女间的不平等。”女性的附属形象不仅表现在职业的分配中，更多表现在社会生活的方方面面。在广告中日本女性待人接物亲切温柔，说话细声细气，端庄文雅，委婉含蓄，谦恭柔和，这几乎成为日本女性的群体形象，却从另一面反映出日本女性的从属地位。无论是对上还是对下，对老还是对幼，都被期待着恭敬、谦逊的言行。在现代的日本广告中，尤其是化妆品等广告中，常可以看到运用“女人味”来展现产品特性的广告表现，广告常用穿着日本和服，盘着高高发髻，涂着红红嘴唇，低眉垂眼，迈着小碎步的女性形象来展现女性的女人味，并将具有传统女人味的女人作为日本女性的标杆。这反映了日本社会对女性的传统观念认知和态度并没有从根本上改变。

（四）独立个性的女性形象

伴随着日本女权运动的发展，日本现代女性的自主意识越来越强，许多年轻女性接受高等教育，不再甘愿在家做家庭主妇。她们经济独立，热心事业，性格独立，具有很强的独立意识，注重自己的内心感受。她们大都是职业女性，充满自信，强调女性的自主权力。女性的这种独立自主的意识在广告中也有充分的体现。在 80 年代的广告中，已十分清晰地展现女性对自主意识的追求。JR 东海的“圣诞特快篇”电视广告，描述了身处异地的两个情侣，女主角渴望在平安夜能见到自己日思夜想的恋人，怀着复杂的心情在车站等待恋人的情景。新干线将两个日思夜想的人连接在一起。广告中的女性不再是以往被动的被追求的状态，而成为具有自主意识、积极主动追求自己幸福的新女性形象。[①] 2000 年，WOWOW 的“飞跑的女人”广告使女性的自主形象有了进一步的发展。广告中女主角看到男朋友送的礼物——手表后突然站起来，飞跑着穿越城市，她一会儿与马拉松运动员并肩奔跑，一会儿又忽然穿过人群，拼命奔跑，大家都以为女主角狂奔是去寻找男朋友，可男朋友来了，她仍然无视，冲破男朋友的阻拦，继续奔跑，终于赶到自家的电视机前。原来比男朋友还有吸引力的是卫星电视 WOWOW。[②] 从这个广告可以看出日本女性的独立性格，男人并不是她们生活的全部，她们有自己的主张和内在追求，在她们心中提高自

---

① 丸茂巧等：《日本广告的表现特征（续）——从广告的不同发展阶段看广告表现的差异》，《中国广告》2003 年第 8 期。

② 同上。

身内在修养比谈恋爱找男朋友重要得多。在 KDDI “my line 服务” 的离别篇中，广告描述了女主人要到海外去进修，男友要她常打电话，女主角却说要男友给她打电话。广告在情节设计上打破了以往男性出远门的模式，以女性出远门而男性守家为背景，通过两个人都不想给对方主动打电话来展现国际长途电话费用昂贵，借机诉求“my line”是一种多打多便宜的国际长途电话。广告中的两个恋人，虽然相爱，但在经济上是各自独立的，而且女性性格很强，处于主导地位，决不让步。

总之，日本广告中的女性形象受日本传统伦理文化的影响，更多地表现为贤妻良母的形象，在职场上出现的女性也是以男人依附的形象出现，家庭主妇在日本算是一个职业，广告中的女性形象基本上还是定位于传统的社会角色。但近些年，日本女性意识觉醒，强调自我的独立和个性，这在日本广告中也有较为明显的显现。

## 第三节　自主意识与自我价值：中日广告中的女性形象的比较

由于受中国儒家文化的影响，日本的传统女性伦理观与中国的女性伦理观有很多的相似之处，但由于文化、宗教、习惯以及社会现状等各种因素的不同，两国的女性伦理观又表现出一定的差异。与日本广告中的女性形象相比，中国女性的反叛意识要更为强烈，当日本女性要求走出家门，获得工作的权利时，中国女性已在争取实现自身价值，获得与男人同等的工作权利和社会地位。广告是社会文化的再现，两国女性伦理观在广告中表现的异同主要体现在以下几方面。

### 一　贤妻良母形象

受两国女性伦理观的影响，中日两国在广告中展现的女性形象都是以贤妻良母为主。相夫教子是广告中女性的主要工作。她们肩负着照顾一家人的生活起居，教育孩子的任务。广告放大了女性作为妻子和母亲的无私、奉献、宽容等品格，将女性塑造成贤惠温柔、逆来顺受的家庭主妇形象。这一点在两国广告表现中是极为相像的。这表明无论在中国还是日本，建立在男尊女卑思想下的女性伦理观仍然根深蒂固地影响着人们的思想和观念。

但同样是贤妻良母主题，两国的表现风格不尽相同。这主要体现在以下几方面：

1. 场景塑造。中国广告重点表现欢乐融合的场景；日本广告则是男主人缺失。在我国的广告中，往往是塑造其乐融融的一家人的生活场景，或是一家人在吃饭，或是在读报看书，或是在外游玩，总之夫妻和谐家庭欢乐的概念较为突出。而在日本描述家庭生活的广告中，家庭主妇基本是广告的独立主角或是跟孩子一起出现。广告中较少出现丈夫的形象，即便出现丈夫的角色，也是西装革履、行色匆匆去上班，或是下班回家非常疲惫的样子，或者出现在女主角的语言描述中，丈夫形象在广告中严重缺失。我们看到在金鸟除虫剂的广告中，对于以工作为借口经常不在家的丈夫，妻子们毫不掩饰地反唇相讥："在衣柜里放上除虫菊，只要老公身体健康，不回家最好。""只要把钱交到家里，人不在家才好呢!"广告从妻子的嘴中表现出丈夫工作繁忙不能经常回家。表面上看似妻子已经想开了，但其后隐含着妻子的无奈和感伤。这在日本是一种很普遍的现象，因此极具代表性。广告非常真实地把家庭生活的常态展现在人们面前，使家庭主妇们产生共鸣。

2. 母子关系。中国广告中的母子关系总是以表现母亲为子女无偿的奉献为主题，在广告中常常是母亲为子女忙碌做饭，孩子在学习或玩电脑，母亲关切地端上水或宵夜，以及母亲担心晚归的孩子等场景，总之，一直以来，母亲是全心全意为孩子付出，不求任何回报的。在日本的广告中，当然也有大量的广告体现母子深情，母亲深夜背着生病的孩子去医院，母亲照顾孩子不求回报等场景在日本广告中时有出现。但近几年在日本广告中开始出现新的母子关系，母亲不再以孩子为轴心，围着孩子转，她们开始追求自我的满足。在味之素的高汤广告中，母亲与孩子以共同生活者的关系呈现，活灵活现地表现当今亲子之间保持一定距离的关系。在另一则关于贷款的金融广告中，则更离奇的表现孩子要买礼物母亲不给买，最终母亲因为自己喜欢买了下来。这些广告清晰展现母亲为了孩子完全不顾自我的时代已经结束了，母亲在关注孩子的同时更注重自身的精神追求。这是中国广告中没有涉及的主题。

## 二　美女形象

在性感美女的塑造上，中日两国的差别不大。据中日两国广告中女性形象的分析数据显示，两国女性中的花瓶形象都占有较大比率。这表现在化妆品、内衣、洗发水等多个品类上。在两国的广告中，女性的头发、嘴唇、眉眼以及肌肤都是广告表现的核心内容。但近几年来，随着女权主义的发展，女性在表现自身身体时更为大胆和开放。无论中国还是日本的广告中都出现了大尺度的广告表现，以强烈的性诱惑力吸引众人的眼球。文化女性主义的观点有过一个演化的过程，其女性优越论的形成也有一个渐进的过程。这个演化过程可以被概括为三个阶段："在第一阶段，她们主张消除和减少男女两性的生理差异，以便消除性别歧视；在第二阶段，她们谴责男性的生理特征，主张排斥和脱离男性；在第三阶段，她们转而赞美女性的生理特征，主张女性的生理优越和道德优越。"① 因此，在这一时期的电视广告中，我们看到诸多尽情展现女性生理美的作品。夸张的睫毛、艳丽的嘴唇、奇特的美甲造型、丰满性感的美胸都成了广告中的创意元素，大胆地展现着女性的各种生理特征。在我国的广告中，以小S的猫人内衣和林志玲的都市丽人内衣为代表，新女性对广告中生理美的张扬持赞许态度。女性的生理特征不再是以往羞羞答答、遮遮掩掩、不敢涉猎的话题，女性生理美作为美的本体，以奔放、大胆、火辣的形式被充分展现出来，并为新女性所接受。日本的性感美女广告也非常多，在明星广告盛行的日本，许多女明星凭借自己的性感开放成为广告女王。在中国网上有这样一条新闻《日本九头身美女长发遮裸体，性感拍广告》中描写道：

> 近日，日本某产品2010年全新代言人15岁的九头身美少女模特吉川雏乃全裸惊艳出镜。
>
> 台湾"今日新闻"消息，在最新广告中，吉川雏乃全裸演出，白嫩的肌肤和她一头水亮的秀发都很抢镜。
>
> 吉川雏乃化身成如女神维纳斯般的长发造型，一头焦糖色及地的长发闪耀着水润的光泽，如丝绸般的滑顺，仿佛就要融化在那甜蜜的奢华梦境里。

性感大尺度是日本洗发水广告宣传的噱头，以博取大众的眼球和关注。在性感美女的广告表现上，中日广告差别不大。但日本在美女形象广告中形成一种特殊的风格——邻家女孩形象，这在中国的美女广告中并不

① 李银河：《女性主义》，山东人民出版社2005年版，第135页。

**图 3-4　吉川雏乃洗发水广告**

明显。从20世纪70年代起，像山口百惠、浅田美代子这些接近平民且略带童真相貌的女影星，受到大众的普遍喜爱。其后，日本广告中的审美尺度进一步年轻化，可爱快乐的女孩成为日本广告中的审美取向。由于经济长年不景气给人们造成的压抑感影响了日本男人的审美取向，一份资料显示，现代日本人将可爱快乐活泼、生活乐观作为美女的评审标准。在日本代言三菱电机、朝日新闻社、化妆品等三十多个品牌的“快乐女孩”加藤爱的盛行也可隐约看出日本男人追求轻松愉悦的心态。

## 三　男性附属品的形象

中日女性伦理观的相近性，使两国女性的社会地位也几近相同。女性地位的低下不仅表现在家庭中，在职场中女性也往往处于男性的附属地位，多数都是以女下属的形象出现。一些服务性的行业像护士、秘书、办公室女职员等一般都由女性形象来担当。这在中日广告中是极为相似的。在日本家喻户晓的威士忌酒——三得利的广告中所描述的也是女下属对男上司的景仰和暗恋。以汽车类广告为例，广告中的男性往往是成功、身份地位的代言，宝马、奔驰车的主人一定是威风凛凛的男性主角。拥有女人是男人成功的标志，而女性不是坐在副驾驶上陪同男人就是坐在汽车后座上看护孩子，附属地位显而易见。尽管近几年来随着女性自主意识的觉醒，在两国的汽车广告中也出现一些女性独自驾驶汽车的广告，但这些汽车往往是小巧实用、档次较低的经济适用车，这说明社会已认可女性在社会中已占有一定的地位，但相比于男性，女性的地位仍是低下的。只要是在代表身份和地位象征的高档车的广告中，男性形象一定处于主导地位，我们很难看到女性形象的影子。在体育休闲类广告中，男性的主导地位更为明显。在日本，职业棒球、马拉松、足球领域的人气选手经常出现在广告中，获得了广泛的共鸣与支持。代表着运动、力量和激情的广告主角都是由男性运动选手来代言，即使出现女人的形象，也是痴迷于观看体育运动的家庭主妇的形象。2000 年日营广播电视联盟的悉尼奥运会电视广告“我也要参加奥运会”，描述一个家庭主妇手持晾衣竿，仿佛自己成了撑竿跳选手，冲上大街来宣传奥运会的转播节目。言外之意，连处于社会底层的家庭妇女都如此动容，更何况其他人呢？在中国的体育赛事广告中，男性冠军选手广告也是广告中的主角，他们频频出现在广告中，以人气带动产品和品牌的销售。在体育运动类产品的广告中，男性形象占绝对优势的事实说明在人们的潜在意识中，总是把成功、力量与男性相关联。女性往往是男性成功的陪衬品。总之，在中日广告中，女性的附属形象虽然有了一些改善，但要得到彻底改善仍需要很长的一段时间。

## 四 女性的自我意识

在女性自主意识的塑造上，中日两国广告有很多相似之处，这主要表现在：

1. 女性在家庭中的位置发生了变化。逐渐改变以往围着灶台转的形象，向职业女性的角色迈进。在家务劳动以及财政大权的决断方面，开始出现夫妻共同商量决定的场面。

2. 女性经济独立，有自己的收入，她们思想独立，喜欢接受新生事物，追求休闲享受。一些运动品牌像阿迪达斯、耐克开始将目标转向女性群体，以强调女性的休闲运动和自信为主题，表现女性对生活品质的追求。

3. 女性的精心装扮不再是为了取悦男性，而是为了展现自身的自信。结合世界女权运动的开展，多芬的真美运动在全世界展开，针对女性对自己美丽的不自信，多芬在全球的广告都是以强调自信的女人最美丽为主题。中日广告中，化妆品、内衣广告中女性魅力的表达不再仅仅是对男人眼球的吸引，更多的是对女性自信心的打造。

4. 在广告中充分展现女性通过自身工作来实现自我价值和自我追求。江淮汽车的广告以一个职业女性对自身职业规划的视角展现自己未来的事业会越来越精彩！在日本广告中也同样出现女性享受工作的乐趣和幸福，获得工作是一种自我价值的实现。

在女性自身价值实现视角，对比中日两国广告，我们会发现一些不同之处。主要表现在中国广告中女性的自主意识更为强烈。在中国广告中，女性已经不满足于找到一份工作，她们要争取领导权。在近几年的广告中，我们能够看到女性无论是在家庭还是在职场都大胆地追求自己的领导位置，女汉子形象应运而生。在广告中，我们经常可以看到男人在做家务，男人在做饭，男人在哄孩子的场景。在抽油烟机、厨卫产品的广告中，男性开始登场并占据主要角色，女性逐渐退出厨房。而在职场广告中，女强人的形象频频出现。职场广告中的女汉子以“白骨精”自称，声称自己的实力超越男人，表现出对男人不屑一顾的态度。在日本广告中，我们看到的职业女性大多数是争取作为一名普通员工的工作乐趣。她们没有更高的要求，只是渴望能拥有一份工作。像日本西铁公交公司的形象广告，描述一位年轻的女司机从是否被录取的忐忑到能够应用自如地掌握驾驶技术的惬意。与中国广告相比，日本广告中的现代女性只是追求得到工作的权利，而中国的广告中的女性则要取得管理和控制的位置，女性对自主意识的要求更为强烈！她们要求获得跟男人同样的竞争的权利！

近三十年来，广告中女性形象的内涵发生了从缺位到凸显，从单一到丰富，从符号化到多元化的变化，女性的主体地位和自我意识不断增强。曾任全美女性组织领袖的弗里丹将当初女性走出家庭的主张定位于“第一阶段”，提出了新女性主义的“第二阶段”学说。她指出女性在第一阶段外出工作（她称为找回黑夜）；在第二阶段，女性需与男人一起找回白昼：坚决要求重新获得对曾被称为女性领域的家庭、孩子的人性支配；在工作、工会、公司、职业中加入男人的行列，获得对工作的新的人性的支配。① 从中日两国广告中女性研究的相关文献来看，日本女性主义运动还

① 肖爱平：《贝蒂·弗里丹的性别正义观析论》，《中南大学学报》（社会科学版）2012年第10期。

处于第一阶段，女性能够获取工作的机会已经是很大的幸福。我国的女性主义运动已进入第二个阶段。女性不仅取得了家庭事务的支配权而且还成为男人事业中的竞争者。美国学者朱迪斯·威廉姆斯（Judith Williamson）在她的著作《广告解码》指出，“广告的功能不仅是销售产品，更重要的是它的建构意义”。广告正以人们意识形态再造的形式影响和左右着人们的生活，它往往通过建构理想的典型人物或生活场景，不断对人们进行意识渗透，使人们在接受商品信息时，在潜意识中也逐渐接受了广告符号建构的文化观念和生活方式。具体地说，在女性意识充分觉醒的时代，广告除了对商品本身进行识读之外，还在积极进行女性新形象的筑建和新家庭生活方式的注解。美国著名社会学家戈夫曼的研究表明，在两性关系上，广告表现的虽然不是社会现实的全部，但也没有虚构现实，它只是根据广告商的目的突出反映了社会上业已存在的那部分事实。因此，广告折射出大众文化下的女性形象是符合大众意愿的，广告中女性形象的凸显并不单单是广告自身所创造的，而是在社会中各种文化和权力关系共同构建的。

# 第四章

# 中日广告与民族文化心理

李泽厚说："所谓'文化心理结构'，归根究底，就是指在文化传统长期塑造下的人们心理中情理结构的特定状态，它主要表现为自然情欲和社会理性的不同比例、配置和关系的组合。"① 这反映了民族文化心理的两大特征：一是民族文化在其成员心理上的投射，形成了人们日常的行为模式、思维方法和情感态度，从而具有强大的生命力，一旦形成很难改变，它左右和支配着人们的思想和行为，并具有很强的延续性。二是它跟传统文化联系紧密。传统文化是一个民族由其历史延续积累下来的具有一定特色的文化观念、思维方式、伦理道德、情感方式和心理特征等的总和。而民族文化心理就是在历史的发展过程中伴随着传统文化变化发展而逐渐形成、改变和发展的。这种相生相息的关系注定了民族文化和历史文化是互为骨肉、无法分割的。

广告作为国家文化的产物，是一个国家民族文化的集合体。不同国家由于宗教信仰、风俗习惯、民族情感、地域文化等不同，对广告的认知和接受也不尽相同。即便是同一则广告，在不同的国家，由于文化心理结构的不同，甚至会引起截然不同的反应。中日两国虽然同属于东亚文化圈，地理位置接近，人种相似，历史文化和国民特性也有很多接近的地方，但由于在发展进程中两国文化的发展轨迹不同，所以逐渐形成各自非常明显的民族文化心理特征。

中日两国的文化心理结构不同，广告表现也就有着非常大的差异。这种差异主要表现在：第一，中国广告重"对称饱满"而日本广告重"依斜残缺"。第二，中国广告体现整体综合思维，而日本广告体现直觉感性思维。第三，中国广告多以夸张煽情手法为主，而日本广告多以严谨客观

---

① 李泽厚：《中日文化心理比较　试说略稿》，《世纪新梦》，安徽文艺出版社 1998 年版。

手法为主。第四，广告交流中的民族情感问题。在中日广告的交流和传播中，任何对民族情感触及的广告都会影响两国人民的友好和情感。在两国广告的沟通和交流过程中，因为触及民族文化心理而激发民族文化情感，引起群情激愤的事情时有发生，通过对中日广告民族文化心理的分析和比较，有助于解决两国广告沟通和交流中触及民族文化心理的部分，从而促进两国广告文化交流的健康发展。

## 第一节　血缘基础上的民族化：中国广告中的文化心理

中国传统文化是几千年中华文明演化而汇集成的一种反映民族特质和民族风貌的民族文化，是民族历史上伦理道德、各种文化思想、精神观念形态的集结，为世世代代的中国人所传承，并影响和制约着国人的心理和行为。营销大师科特勒说，“商业人士要想聪明地做广告，就必须了解其顾客的各种欲求和心理，知道如何有效地影响他们，总而言之，他必须懂得将心理学运用于广告”。[①] 在如此博大精深的中国传统文化的背景下，广告要想获得消费者的认可，就必须从了解国人的传统文化心理开始。

### 一　中国人的民族文化心理

中国的传统文化是建立在血缘关系基础上的，儒释道是中国文化中的三大传统思想，也是中国文化心理学的三大精髓。即：三教同归于心。追求儒释道互补，天人合一的文化。这种文化体系呈现出很强的传承性、守成性等特点，形成独特的中华民族性特质，深入中国人的骨髓。

儒家非常重视人性和人的心理规律，强调伦理道德，以道德论人性和人生修养，乃至治理社会和国家。作为中国传统道德基础的“仁”，其本质是对人性的关注。所谓“仁者，人也”（《礼记·中庸》），“仁者爱人”（《孟子·离娄下》），都表达了儒家重视人性和人的心理规律的观点。[②] 儒家倡导的是“修身、养性、齐家、治国、平天下”，强调的是道德规范的自觉能力，从而形成中国人内省、克己的性格和心理特征。

---

① ［美］菲利普·科特勒：《营销大王——菲利普·科特勒经营谋略》，周荣编译，西北大学出版社2002年版。

② 綦秦：《浅析中国传统文化对心理学发展的影响》，中华人文文化网，2011年8月11日。

道教注重生命本原，追求人与自然的平等，人与自然的和谐，所谓天人合一。在道家思想中，“道”是根本，对于能包容天地、无形无迹的道，唯有“心”才能够把握。因此，道家提倡修心，以心为本，修心正形。道家尊重每个人的权利，强调在彼此尊重、彼此接受的基础上，寻求人与人之间，人与自然之间的和谐共处。

佛学虽然最早源于古印度，但它生长在中国儒家和道家的沃土中，经过几千年的演变，早已成为中国文化不可分割的一部分。在佛教思想中，有“三界唯心”及“万法唯心造”的说法。佛教主要针对众生的心病，即无明烦恼的根治。佛教从“根”（生理)、“尘”（社会环境)、“识”（心理）三缘和合的整体角度来审视人的存在。佛教本着慈爱众生、无私奉献的人生观，强调相由心生，世界就在自己心中，主张在为他人献爱心、为社会做贡献的过程中实现个人价值最大化。

在儒释道三大文化体系的影响下，逐渐形成了中国人特有的民族文化心理。内向、含蓄、持中、保守、克制成为中国传统民族性格的共同印象。中国人深受中国传统民族文化心理的影响，在年轻时，往往接受儒家文化的思想积极入世，去实现自己的人生理想。而在事业失败、疾病缠身、穷困潦倒、精神饱受打击之时，更倾向于以道家和佛学的处世哲学，以超脱的态度对待生活。在中华文化的熏陶下，中国人的民族文化心理主要体现在以下几个方面：

1. 面子心理

儒家文化要求人们在思想上和心理上“泛爱众而亲仁”，“平均平等”。在这种传统思想的影响下，无论什么时候总是要给对方留一点面子。因此在人们的行为中就存在着“顾面子”“讲情面”“不看僧面看佛面”“无脸面见人”“打肿脸充胖子”等说法。面子观念虽不是中国文化的特有产物，但中国人对于面子的维护在中国的社会生活中尤其是人际交往中起着举足轻重的作用。林语堂在《吾国吾民》一文中指出：“‘面子、命运和恩典’是统治中国的三女神。面子比命运和恩典更具有势力。”由此可见，面子在中国人的社会心理中具有举足轻重的地位和价值。中国的传统文化虽然是儒释道三家文化的融合，但儒家文化一直居于主导地位，儒家文化中所追求的“君子”“贤人”“圣人”等都是在行为处事上极为完美的人，他们讲道义、重气节、品德出众，是大众模仿敬仰的典范。因此在以博得好名声作为自己心理满足的文化背景下，中国人宁可身败也不愿名裂。面子是中国人一种典型的社会心理现象。在国人心中，是声望、地位、炫耀的象征。“它既是加强道德标准的社会戒律，又是维持个人道德完整的保证，是一种内部戒律。”[①] 对于中国人而言，面子心理有着很强的文化根基。

2. 中庸之道

中庸之道是儒家的核心理念，是孔子哲学的基础和最高的道德准则，“过犹不及”是中庸之道的基本准则。对于孔子的中庸之道，人们曾一度认为是折中主义，这是一种误解。中庸实际上是强调“凡事有度，过犹不及”的理念，就是说，超过和不足都不可取，所谓：“不偏之为中，不易之为庸。”中庸之道强调适度与均衡，注重人与自然，人与自己的天性相和谐。这种人性与天性的和谐相生，对君子提出了内在修为与外在践行相互合一的高要求，成为历代君子追求至诚至仁的目标。

3. 人性化关怀

中国哲学是伦理型的，伦理道德是中华传统文化的核心和优长。斯宾格勒把道德灵魂当作中国文化的基本象征符号。黑格尔说“中国纯粹建筑在这一种道德的结合上，国家的特性便是客观的家庭孝敬”。[②] 重视人伦情感，是中华文化对人类文明最突出的贡献之一。著名文化学家柳诒徵说过：“西方立国在宗教，东方立国在人伦。”[③] 在儒家文化中，“仁爱”是儒家思想的核心，儒家文化讲究“爱人”，其意是指把人类的爱心和德行由本义属于家庭的亲子之爱，推广到对所有的人的更为广泛普遍的爱，把人伦的观念贯彻到天地万物之中。从爱亲走向爱众，从家庭走向社会、走向自然。它教会人们要重视人的情感追求，理解、同情、关心他人，要把理解人的情感，理解他人的需要作为“爱人”的重要内容。因此“仁爱”是维系整个人类社会生生不息的情感根基，是整个人类社会最浅显，也是最深沉的“爱”。

## 二　中国广告中的文化心理

从20世纪80年代以来，随着我国广告创意的日趋发展成熟以及西方

---

① ［美］迈克·彭等：《中国人的心理》，邹海燕等译，新华出版社1990年版，第221页。

② ［德］黑格尔：《历史哲学》，上海人民出版社1990年版，第232页。

③ 转引自王元化《九十年代反思录》，上海古籍出版社2000年版，第6页。

先进广告理论的引入，心理学在广告中扮演着越来越重要的角色。一些心理学常用的研究方法，像观察法、实验法、访谈法、问卷法、投射法等被广泛运用到广告运作中，帮助了解消费者的动机、态度、个性、消费观念等。对消费者心理的准确把握成为广告运作的重要战略。及至21世纪，伴随着网络新媒体的迅速发展，对消费者心理的把握和运用更是成为广告的核心命脉。掺杂着实验心理学的广告引起了人们的广泛关注和传播，因此对民族文化心理的研究成为广告文化研究的重心。

1. 炫耀性消费广告

美国经济学家维布伦1899年在《有闲阶级论》中提出“夸示性消费”的概念，意指19世纪末20世纪初“有闲阶级”为自己博取名望的一种生活方式。这些成员相信：“要提高消费者的美誉，就必须进行非必需品的消费。要追求名望，就必须浪费。除非与衣食无着的赤贫者相比，否则，徒有生活必需品的消费，是带不来声誉的。”维布伦的“夸张性消费”的目的是为了追求名望，也即是获得身份和地位的认同。姚建平在《消费认同》一书中，描述了消费和身份认同的三种关系“（1）身份可以通过消费方式表现出来，即消费方式反映身份意识。（2）消费方式与身份之间是一种互相制约、互相建构的关系。消费方式是进行神人构建和维持的重要手段，或者说消费方式是身份认同的重要手段。同时，身份对消费方式具有约束功能，个人总是选择与其身份相符合的消费方式。（3）消费方式及其身份认同功能本身是一个不断演变的过程”。[①] 大众对每个人身份的认同往往通过其消费行为实现。广告通过塑造出典型的环境，或者创造出某种身份地位的人所处的消费场景和生活形态，营造出大众对某种身份和地位的人所应拥有的产品档次的认同。并借助于对白、故事情节、场景等将产品与消费者进行紧密关联，完全营造出产品与消费者身份和地位对等的关系，引导消费者主动去寻找自我身份的象征，吸引目标消费群体去购买。

（1）男人权贵身份的塑造

人们常常购买豪华高档的奢侈品来展现自我身份的不同，因此很多的产品广告就极力打造高档奢侈的主题，用“至尊”“豪宅”“奢侈”“顶

① 姚建平：《消费认同》，社会科学文献出版社2006年版。

级享受"① 等广告词显示出购买者的身份和地位的提升。广告中"奢华""荣耀""权势""尊严""首席"等核心词汇遍地皆是，其目的无非是营造出大众心理上的羡慕炫耀感觉，暗示拥有这些产品就意味着尊贵、独具一格和独特的地位和象征。在国内广告中这样的主题表现比比皆是。例如上海炒得沸沸扬扬的汤臣一品的广告：

汤臣一品，只献给巅峰世界的杰出人物。
非董事谢绝参观。
有的人只能一辈子仰望，有的人却唾手可得。
主人和保姆的电梯分开，彰显主人高贵身份。
尊崇豪宅，只给少数人享受。
每平方米仅售 18000 元。
一套别墅仅需 350 万元。
每套 320 万元，钻石地段、平民价格。
让有身份的人悠然起来。

在广告文案中明确提出："只献给巅峰世界的杰出人物"，"非董事谢绝参观"，"让有身份的人悠然起来"，将汤臣一品购买者的身份和地位进行了明确的界定。广告宣扬能够购买和住进汤臣一品的人一定是杰出人物、公司董事等有身份地位的人。通过广告的营造和宣传，消费者购买了汤臣一品，就有了炫耀自己身份地位的资本。购买汤臣一品成为巅峰世界的杰出人物的象征。

广州百信广场的平面广告"不是巨头不聚头""财富是一场数字游戏"将百信广场与财富、巨头产生关联，吸引具有实力的商家入驻。文案：

全球 20% 的人创造着全球 80% 的财富，他们正以 N 次方效率改写着世界经济的格局，广百、肯德基、家乐福正是这一类人的代表，在他们的身边，应该有您的座位。在百信广场，不是巨头不聚头。

对其他人，金钱是劳斯莱斯，是劳力士，是摩洛哥的海景别墅，对索罗斯、格林斯潘、李嘉诚等掌握世界经济命脉的人来说，金钱不

① 常燕民：《透析炫富地产广告》，《当代传播》2008 年第 2 期。

再物化，财富不过是一场古老的数字游戏而已。

广告将百信广场营造成商界巨头的聚集地的形象，成为商业巨头和财富的象征，意图吸引更多的商业大咖以及有成功梦想的人入驻。

对身份地位认同的广告创意在男性服饰的广告中也多有表现，广告往往通过塑造成功男士的形象作为男士服饰的象征，通过心理暗示的作用告诉大众穿上这款衣服的人都是事业有成的人，穿上这款衣服可以彰显自身的身份和地位。上海培蒙服饰的广告讲述一个事业成功的男人梦想四十年代旧上海邂逅的一位年轻美丽的女人，全篇连接的红玫瑰、酒和美女，塑造出对成功男人的生活方式的认同。超世男装则是以一群成功男人的形象赫然喊出：让我们勇往直前，让我们成就非凡，让我们甘于孤独，让我们成就非凡！将男人成功非凡的角色定位与服装产生关联。

青岛一诺西服用智慧和财富的关系完美地展现了男性的优雅和儒智。全篇在充满欧洲风情的场景和色调中，充分展现了产品的高雅和尊贵。旁白：男人的财富不是金钱，而是思想。让思想插上翅膀，思想创财富，一诺重千金。

金利来服饰的广告文案“尊贵的世界里，独自翘首，挑衅每个靠近的企图，咄咄逼人”，金利来，将自己也定位为成功男士的尊贵定位。作为尊贵的象征，吸引人们趋之若鹜，穿上金利来服饰，感觉会有尊贵的心理满足感。

许多产品的命名像大富豪啤酒、皇室咖啡也采用身份地位定位的方式，将大富豪、皇家与产品产生关系，希望通过名称的定位让消费者心理上产生身份和地位的关联。这一类广告通过将地产、服装、啤酒等产品与事业成功获得美女青睐、下属钦佩、别人羡慕等感觉产生关联，营造拥有这款产品所带来的心理上的成就感。通过各种形式多角度的传播，使这一观念成为社会大众普遍认可的观念，从而为产品附上身份的光环。

（2）女性的优雅华贵身份的塑造

广告中对女性雍容华贵身份的塑造主要是通过服装、化妆品、首饰等产品体现。对于女性身份的塑造，由于受到民族文化心理的长期影响，女人的尊贵更多以对男人的强吸引力和婚姻家庭的品位来体现。在广告中常常以男人的夸赞和爱慕眼光，成功富贵婚姻的追求等表现。

以“钻石恒久远，一颗永流传”闻名的 DEBEERS 广告讲述钻石的神奇魅力，让女人不由自主沉浸其中，甚至做出一些某种程度的越界行为。广告中男人看呆了的眼神，女性的艳羡嫉妒的目光交织出现。戴在美女脖颈上的透着华贵典雅气质的钻石项链，展现出女人对钻石人生的孜孜追求。

名门闺秀化妆品在广告中把珍珠跟名门闺秀式的女人结合起来，体现品牌高雅隽永的贵族气质是广告的核心。高贵而不失灵气的女模特，典雅而不失时尚的布景，单纯而不失神秘的配乐，再加上珍珠般的影调，营造出浑然一体的高档品牌氛围。旁白：名门闺秀，珍珠美白，让你感受珍珠精华的神奇魅力。每日呵护，肌肤更为嫩白光滑。名门闺秀，珍珠美白。天然品质，值得信赖。标版：演绎时尚美，经典女人味。

情侣鸟服饰的广告从优雅气质、经典品位入手，极力渲染女性的优雅经典以及对男人的吸引力。旁白：一种优雅气质，一份经典品位，一片浪漫情怀。字幕：一见倾心。整篇广告向人们极力传达具有优雅气质、经典品位的女人才会使男人一见倾心。

蓬巴杜洗发露的影视广告自始至终围绕着一个美丽的女人——蓬巴杜，作为一种象征，将女性的优雅、浪漫、高贵等特点表现出来。整个广告以欧式的华贵、高雅的建筑、贵妇油画为背景，从画面、音乐、色彩上都充满着浪漫、迷人的女性气息。旁白字幕：如花，如痴，如影飘动；如诗，如歌，如风吹动。蓬巴杜，蓬巴杜，让人心动，让人有梦；蓬巴杜，蓬巴杜，美丽的梦，骄傲舞动；蓬巴杜，蓬巴杜，让人心动，让人有梦。广告展现出女性的高贵典雅气质。

对女性优雅华贵的身份的塑造和认同往往通过化妆品、服饰、珠宝等产品展现，体现出女性养尊处优，出入高档社交场所，具有浪漫的高贵气质，优雅迷人的性格特征，获得男人的青睐和欣赏。

2. 名人广告

名人广告则是以更直接的形象认同的方式给大家提供心理暗示：明星在用这款产品，消费者购买了这款产品，就会感受到明星的品位。名人企业或产品借助于名人的光环在短时间内迅速提升自己的影响力的一种创意方法。名人广告的心理根基仍然离不了中国传统文化中的面子心理，许多人由于对明星的迷恋和喜欢，会疯狂地追买明星代言的产品，希望与明星多一些共同之处，以便向周围或圈内朋友炫耀。运用明星或名人做广告的产品近几年来比比皆是。

柒牌男装的广告运用李连杰为形象代言，李连杰站在故宫红墙前傲骨嶙嶙："二十多年前，我与美国前总统尼克松会面，他叫我好好受训，然后当他的私人保镖。我对他说，我不当他一人的保镖，我要当中国十几亿人们的保镖。""生活就像一场战争，谁都可能暂时失去勇气，要改变命运，先改变自己，男人就应该对自己狠一点。"广告借用李连杰的形象与柒牌男装产生关联，穿上柒牌男装会让人感觉自己是李连杰般铮铮铁骨的男人！

鳄莱特休闲运动鞋运用王力宏为其代言休闲运动系列产品，广告画面是王力宏在海上驾驶着游艇。王力宏脚上的鞋子如同跳跃的海豚，令人联想到鳄莱特的品牌标识，形成整条广告的核心，"爱，无处不在"将产品的青春神韵演绎得淋漓尽致。

采诗美白润肤露用陶红为代言，采用最真实的情感打动人，引起人们的情感共鸣，为产品营造一种浓浓的情感氛围，加深受众对产品的认知和了解。陶红的旁白："经历了这么多年的波折，到今天，我才真正领悟到这种平凡的幸福。就像采诗美白润肤露，虽然平凡，却是一份长久的滋润，滋润我们全家每一天。我喜欢这种平凡的幸福，你呢？采诗美白润肤露，平凡的幸福，真实的美丽。"将产品与影星家庭的温馨紧密联系起来，从而获得追求幸福的女人的认同。

傲哥服饰起用台湾著名歌星庾澄庆为形象代言，以一个男人对成功的理解，来凸显穿傲哥服饰的男人的品位，以及对生活的执着。字幕：台湾著名歌星，庾澄庆。傲哥服饰。旁白：成功的喜悦，只有付出努力，才能亲身感受，岁月见证骄傲，傲然本色，傲哥服饰。企业很自然地将产品与歌星的成功联系在一起，从而获得成功的身份认同。

服装品牌七匹狼选用自己目标对象耳熟能详的《狼》的演唱者齐秦作为自己的形象代言人，讲述一个在都市中奋斗的白领的心路历程：成功与失败，喜与忧，起和落，以此唤起目标对象的认同。齐秦的一首歌曲《狼》曾经风靡大江南北，齐秦的奋斗经历和七匹狼倡导的"奋斗无止境"的品牌概念相契合。七匹狼服饰选取齐秦代言，帮助强化人们对男人奋斗主题的认同。

名人广告借助公众对名人的喜欢与产品产生关联，使大众产生情感迁移，出于对明星身份的认同进而对产品形象产生认同。

3. 广告中的整体思维

中庸是中国文化中特有的传统理念和思维方式，它已经深深渗透到了与中国文化有关的每一个元素和成分之中，成为构成普遍的文化心理和社会心理的核心要素之一。中庸文化一直推动着国人思维中的整体统一、经验判断和中庸调和发展。整体思维是中国文化中的主流思维，所谓整体思维，是指把天地、人、社会看作密切贯通的整体，认为天地人我，人身人心都处在一个整体系统之中，各系统要素之间存在相互依存的关系。受中庸思想的影响，我国的文化艺术着重强调事物的整体和统一。在对立中求统一，在变化中求不变。在中国成语中有以静制动，以不变应万变，万变不离其宗的说法，可见中国传统文化中的整体思维的影响根深蒂固。在中庸思想的影响下，中国美学主张“以理节情”“音亦有适”，提倡“中声”，而反对“侈乐”“靡音”，因此中国的民族作品总是呈现出愤而不激，忧而不伤，慷慨却不狂放，情浓却不使人志荡。

中国广告在创作时更倾向于“宏观写意”，“宏观写意是以宏观事物为喻体进行隐喻，以主观情感表现为出发点，重视对自然的体味，追求意与境的和谐，产品特征的传达过程是从视觉到心灵感悟再到升华联想的过程。使受众心神向往，获得美的感受”。[①] 天人合一是东方整体思维的集中表现，强调人和自然的融合统一，也即“山情即我情”，“山性即我性”，“登山则情满于山，观海则意溢于海”的情怀，在表现方式上较为抽象、含蓄，着重在于创造某种意境和感觉。这在房地产广告中较为常见。房地产广告常常将自然景物与情感进行紧密结合。借助自然景观、天人合一的融合和统一来展现房地产的独特意境和感觉。

深圳招商地产的半山海景别墅强调居住与环境的自然天成。整个创意在自然之道的意境上下足了功夫，落脚在“大道于天，顺其自然”，即是天道，又是人道。画面表达也是非常抽象，一男人伸出双手，闭目仰望天空，体味天人合一的感觉，字幕：大音希声。男人趴在草地上，感觉与地气的交融，字幕：大音希声。男人在别墅前的躺椅上沉醉，字幕：大象无形。男人在海边坐在石崖上点着油灯读书，字幕：大道于天，顺其自然。

浙江华庭的花园别墅广告通过自然景物山和云来展现地产的境界。广告通过一个个云、天、山和人交融的画面，引发居住者的无限遐想。字幕：云，是一道风景，云卷，云舒，幻化自然天成；山是一种境界，高致低远。山里的房子，云上的日子。

---

① 林升栋、吕娇艳：《整体/分析思维对广告中比喻说服效果的影响》，豆丁网。

厦门泛华集团的广告《发现之旅》，以发现作为精神上的升华，用一双慧眼去发现生命的回归，去重新体验“人”原本只是一种生命的形式。广告通过一双善于发现美的眼睛，引领人们发现一种追求物质满足、期待精神享受的超然的生活态度。旁白：换一种生活方式，换一换心情。在这里能听懂树的语言，能理解鸟的心情，能感受水的神韵，是精神生活的回归！

方圆集团的荷塘月色项目，自然景观与主题浑然一体，一男人带着孩子在满是荷叶的荷塘中驾着小船钓鱼，与自然融为一体。女子在绿树垂青的河边拱桥上撑着洋伞体悟大自然的玄妙。文案：在回家的路上，总是有最多的感慨，尽管不是那么的时髦，但我愿意做一个恋家的人。如果我们都能够遵循自然的规律，生活可以变得更简单，更真实。荷塘月色，用曲径通幽的江南水景园林，用自然天成的白云山风光，用大自然呼唤自然心态的回归，这样从容豁达的生活态度，我们称之为荷塘月色——自然生活哲学。文案充满着诗情画意的意境：“快乐，就像身边的风景，最容易看见，也最容易被忽略……”“在雨天，走进荷塘月色，做一个丁香般的女人……”

在企业形象广告中，将自然景物与企业理念结合，运用天人合一观念营造企业的胸怀和气魄是企业形象广告常用的手法。这类广告往往因为对天人合一观念的抽象表达而塑造一种潜在的意境。

广西电视台推出形象广告《水》篇、《海》篇和《山》篇，以蒲公英、梯田、耕地的农民为意象，运用老子《道德经》中的“大音希声，大象无形”暗喻伟大的声音不常听见，宏大的形象无处不在。音，象，正是电视的特色。该广告片借空灵、虔诚、远古的“大音”，龙脊梯田的“大象”来揭示广西电视台作为传媒的博大宽广。字幕：生生不息，情眷沃土，志存九天。

东软集团的形象广告以大自然的神奇力量为意境，强调再为宏大，莫过于大自然的威力！而人的出现，为这一切赋予了灵魂。广告通过对自然的感悟，将软件的意识升华为一种态度，这种态度遵循着自然的发展规律，采用类比的手法，烘托出东软软件同样具有大自然的伟大、高尚和无与伦比的生命力。字幕：恒久，来自执着的态度；进取，来自积极的态度；博大，来自融合的态度；兴盛，来自共享的态度。软件是一种态度。

东风千里马的广告《山海风》，借助大自然中的大海、疾风、远山来对比千里马的视野，强调速度、内涵和驾驶者不断超越的精神，揭示出“心有多野，未来就有多远”的人生态度。旁白字幕：海，有我的视野，没有我的速度；风，有我的速度，没有我的内涵，没有我的梦想。心有多野，未来就有多远。

红塔集团的形象广告《冥想》以天地水人合一的画面给人深刻的印象，画面选取了五个象征意象。一是一成熟中年男性在山水天结合的地平线上盘地打坐，二是密集的竹林，三是清水下游走的金鱼，四是池塘中盛开的莲花，五是飞流直下的瀑布。全片围绕广告语“上善若水”及其所蕴含的博大精深的哲学内涵展开，利用荡漾涟漪的水纹，饱经风雨、沧桑而含苞欲放的莲花，气节高扬的翠竹等画面表达了智者、大成者所具有的不拘处下，因势通变，不争而胜等如水般至善的高尚品格。通过赋予目标消费者一种大成者所具有的处世哲学和人生写照，增强消费者对玉溪品牌的认同。旁白字幕：大成者，以水为德；竹乃有节，不拘处下；迂回曲折，因势通变；莲自高洁，不争而胜；上善若水，玉溪。

首信集团的平面广告《种子力量》，以“籽，木参天”，“笋，竹凌云”，“石，浪千重”为主题，画面以参天大树，直入云霄的竹林，还有大海巨浪为背景，文案：当初的平凡，并不影响今天的伟大。生长的力量不会随时间而减弱。日常的点滴，却常常蕴藏奇迹。以象征的手法，将自然景物与企业理念结合，含蓄地表现企业的发展与成就。

总之，影响中国上千年的面子心理，中庸之道以及宏观写意的整体思维已融入国人的血脉，在广告作品中都有不同程度的体现。也正因为广告作品中包含着这样一些文化心理观念，广告作品才很容易被大众接受。

## 第二节　融合基础上的多元化：日本广告中的文化心理

日本民族文化心理的形成有多种因素的影响，岛国的狭窄地域文化形成日本人相互依赖、群体性的行为特点，神、佛、儒等文化的多元包容性形成了日本人融合的文化心理。尽管如此，日本民族文化心理仍然呈现出非常鲜明的民族特色，这在日本广告中有着非常明显的表现。

### 一　日本的文化心理

长期依赖于外来文化的滋养使日本民族产生了心理上的依附情结。

“依赖不仅是理解日本人的精神结构也是理解日本社会结构的一个至关重要的概念。”① 依赖心理深深融入日本社会文化生活的方方面面。甚至可以说日本社会的人际关系和交往完全建立在依赖心理基础之上，母亲与孩子，老师与学生，上级和下级，内和外等各种关系组成了相互依赖的社会关系。日本社会的依赖心理表现在社会生活的各个方面。社会心理学教授滨口惠俊在分析日本人的依赖心理时给予了高度评价：“此种依赖性倾向容易被视为不成熟的人格，但这并非对他者的单方面依赖，而是相互依赖。而且由于相互依赖，人的恣意性要求被有意识地抑制，社会系统方面也不断要求这种自我抑制。此种相互间的自我抑制，实际上是一种高度成熟的成年人的行为方式，而那种没有任何遮拦地提出‘自我’主张的行为在社会生活中毋宁说被视为小孩子行为。”② 这种依赖心理重点表现为个人与集团，他人与客套，等级与服从。

1. 个人与集团

集团观念强是日本典型的国民性的特点。在处理个人和集体关系时，日本人始终以集体利益为重。在日本传统上始终是集团观念处于首位的，这是整个民族精神的核心，他们注重协调和谐的人际关系。“强调个人是集体中的一员，离开集体个人无法生存。集团中的个人因此具有很强的集团意识。因此每个个体在处理集团、大至国家之间的关系时，个人应当多以集团的整体利益为出发点，避免因为个人的喜好而伤害到整体的利益，要做到相互协调、灭私奉公。因此，在这样一种集团利益高于个人利益的价值观引导下，个人与集体之间虽然也强调以和为贵，但是如果个人的言行与集体定下的规范不符，就可能成为被众人指责和孤立的对象。任何与违规者相关的亲朋好友、乃至于其所属的集团，也将会因此而承受巨大的社会压力。”③

2. 他人与客套

“在日语中，他人是指与自己关系较远的人。客套是日本人衡量人际关系的尺度。对于他人，随着亲密程度的变化，关系越淡越远则越客气。日语的他人的意思较难把握，照字面讲是指别人，翻开辞典，他人有两个

① ［日］土居健郎：《日本人的心理结构》，阎小妹译，商务印书馆2006年版，第27页。

② 《日本人的心理特征》，百度文库。

③ 《日本文化与社会心理剖析》，医学教育网，2006年9月9日。

意思，一是指与自己无血缘关系的人；二是指与自己没什么关系的人！也就是说他人的本义首先是没有血缘关系，故亲子当不属于他人，因为只有亲子这种血缘关系无法断离，永远不会变成他人！日本人把这种亲子关系视为人际关系中最崇高的理想模式，社会上所有人际关系都以此为衡量标准。”[①] 日本除了亲子关系，其他人际关系都是在这个基础上向外延伸，逐渐疏远，逐渐客套，距离越远，关系越客气。

3. 等级与服从

日本是一个等级森严的社会，无论是在社会交往还是家庭生活中，每个人都必须依照年龄、辈分、性别、阶层决定着自己适当的行为。一旦有人逾越严格的等级体系，无论是上层贵族还是下层平民，都会受到严厉的惩罚。只有“各得其所、各安其分”地生活在等级关系中，日本人才会由衷地感到安全和踏实。在由日本人组成的所有组织中都极其讲究秩序，几乎所有的人际关系都被简单地还原成“上级”与“下级”这种单一的军阶式的关系——上级对下级拥有绝对的权力、下级对上级只有义务。日本人从小便懂得：生活中的大多数事情皆由上级决定，必须小心谨慎地按上级的旨意行事，必须始终权衡自己的行为是否在纪律的允许之内。[②] 由于自出生便处于这种等级制社会中，因此绝大多数日本人面对不能改变的命运安排，都会由衷地产生一种悲壮感，这种内心深处的绝望感和表面的坚强之间的反差造就了日本人性格的强烈反差，促成了日本人集受虐者与施虐者为一身的心理倾向，也催生了兼具“以刀为图腾的残忍、以菊花为图腾的柔和”的暴力美学。

4. 忍耐与克制

在日本民族的传统文化中，忍耐是一个具有典型民族特色的词。“忍所不能忍，是为真忍”是日本的一句著名名言。日本战国史上最伟大的英雄人物德川家康的传世信条就是忍耐。这种忍耐精神成为“二战”后全体日本人自强自立的精神支柱，对日本民族的心理和精神气质产生了深远的影响。在日本人看来，一个人的忍耐程度越高，说明这个人越值得尊敬。日本人忍耐的性格从小就开始培养，为了培养青少年的忍耐精神，日本政府采取了很多办法。正是这种忍耐教育，养成了日本人无与伦比的忍

---

① ［日］土居健郎：《日本人的心理结构》，阎小妹译，商务印书馆2006年版，第45页。

② 凯迪：《日本的文化与社会心理剖析》，道客巴巴，2006年2月22日。

耐性和超出寻常的冷静。日本人的超强忍耐使其取得了辉煌的成就，但也常常导致他们无法承受内心的压抑而走向另一个极端。

## 二 日本广告中的文化心理

广告作为社会的一面镜子，是对社会文化的反映。同时，为了能够深入了解消费者的真正需求，对消费者心理学的研究也成为广告研究的主要内容。日本的消费者研究深受欧美影响，率先提出了消费者洞察的概念。认为"只有对人具有深刻的洞察，才能为客户提供最优端的服务"。深入的消费者洞察，自然会涉及社会文化心理对消费者的影响和制约，因此在日本广告中我们可以看到民族文化心理的深刻运用。

1. 广告中对商品的炫耀

日本是一个崇尚奢侈品的国家，日本人有一种集团心理，这种集团心理在市场中构成的行为是推动巨额消费的无形力量，世界上可能没有任何一个民族像日本民族这样具有让人吃惊的集团心理。在爱知世博会上，为了能够看一眼俄罗斯冻土地带出土的史前古象化石，日本人能排队排到1公里以上，需要等待的时间可能在8小时以上，以至于日本首相在电视中向国民发出呼吁，希望大家的观赏兴趣不要只集中在古象化石上。日本人崇尚奢侈品，应该追溯到战后的吉田茂首相，他是日本人都知道的酷爱"一流品"的绅士，所谓"一流品"即质量最好的品牌。著名作家三岛由纪夫出身低微，所以在和著名日本画家的女儿结婚之后进入上流社会，他的衬衫袖口的扣子都是专门从希腊古董店购得，当然还有日本皇族对奢侈品的嗜好，都不同程度地影响了战后的日本。① 在日本的人际关系中，崇尚个人服从团体的利益，当个人行为和观念偏离了团体的行为就会产生耻辱感，因此，购买奢侈品成为一种风尚。

长期以来的等级和服从使人们对社会集团的责任和忠诚达到极致，身份、地位、权威和服从的清晰划分使大多数人处于心理失衡状态，而仅需要消费就可获得的奢侈品可以以"身份的崇拜"的形式使人们获取心理上的尊严和满足，获取社会地位和自身形象的认可。奢侈品是人们身份地位的象征，因此日本人对于奢侈品的追求正是形成炫耀消费的表现特征。

在日本AC广告50年中，精工手表的广告以极具幽默色彩的表现形式

① 方振：《透观世界奢侈品王国的日本》，日本新华侨报网，2005年8月28日。

展现两个西装革履、穿着严谨的绅士本没有什么不同，但其中一人不断地在看自己手腕上的表，炫耀自己的新手表，令旁边的男子嫉妒不已，更令人嫉妒的是，精工表吸引了美女的关注，美女也跟着带精工表的男人走了。广告以炫耀的方式告诉人们拥有精工表是多么荣耀的一件事啊！

日本奢侈品牌 FRAY I. D 2012 秋冬女装系列广告以充满知性的女性形象来炫耀自己的高贵和奢华。广告以富有文化韵味的书架、图书为背景，摒弃了以往品牌广告中女性性感的诉求，塑造出富有文化气息的全新女性形象。文案：对于漂亮衣服的喜爱，带领她走进了时尚圈；被许多女人视为“性感”的，却会让她浑身不自在；青出于蓝，她明白自己不可能永远是瞩目的焦点，所以想趁自己还有一些精力时发挥她的所长，多做一些有益的事。这就是 Alexa Chung 的自然、知性、不造作。广告更注重在强调超凡脱俗的富贵气息——书卷气质，品牌通过自然知性的塑造使穿这一品牌的人获取心理上的尊严和满足。

2. 明星广告

日本明星广告盛行，各种明星广告名目繁多，其目的也是借助大牌明星的影响力，向人们炫耀产品和品牌所带来的身份崇拜。日本的明星广告在广告中占有相当大的比例。

日本奢侈品牌 tasaki 2014 年秋冬系列珠宝广告大片启用瑞典模特弗丽达·古斯塔夫松为代言人，摄影师 Steven Pan 执镜，以大牌代言人和摄影师的噱头，炫耀产品的奢华气质。

三得利伊右卫门茶饮料由宫泽理惠和本木雅弘主演，久石让操刀主题曲。时代背景、和服、京都等要素中透出浓浓的日本风情，以明星代言等手法使消费者产生身份崇拜，并给人以上乘饮品的印象。

值得一提的是 NES 牌咖啡的广告，广告人准确地把握日本市场和日本消费者的特性，一扫产品的西方个性和特色，将产品设计成地地道道的日本风格。他们选取了日本画家后藤纯男向日本消费者推荐产品，后藤纯男在日本画家中以日本民族风格画著称，这一形象代言人的选择，使人备感亲切，实现了消费者民族文化心理的转换。

借用明星的身份和地位来塑造产品或品牌的高档奢侈感受是中日广告中共用的手法。正是因为消费者内心潜在的对身份崇拜的渴望，有着对社会地位和自身形象被认可的强烈需求，所以，用明星塑造档次感的广告一直是十分盛行的广告形式。

3. 日本广告注重多元化思维

日本思维方式的多样化是指日本在发展过程中受到多国文化的洗礼和冲击。日本人善于吸收外来文化，但不太注重跟本土文化的融合，因此在日本文化中呈现出多样性思维的特点。简单地说，日本的思想和文化深受中国儒家思想的影响，再加上日本自身国教神道教以及对欧美国家思潮的学习，日本人的思维方式呈现出形象化思维和理性思维兼容的特点。而且这种兼容并没有交融在一起，而是相互存在，因此呈现出多元性。在具体广告实践中，其广告表现自然就呈现出矛盾性和多样性。

《Raphare 唇膏》的广告画面触目惊心地展现鲜艳的唇膏被锋利的钢刀切断，在暗灰色的背景基调上刀尖锋利的寒光和唇膏鲜艳欲滴的红润形成强烈的反差，给人强大的视觉冲击力。野性与娇艳，强悍与柔顺——刺目的不和谐，却深深地打动人心。在这另类甚至矛盾的情绪组合中，广告将口红的内涵和神韵表现得淋漓尽致。象征女性柔媚的口红在象征暴力的刺刀映衬下不失为一种野性的美。简约的画面传递的是一种日本传统的刚强与娇柔并举的矛盾而又不失协和的文化；受到日本受众的青睐。[①] 对柔美的迷恋是日本民族审美的典型特点，而在日本武士道文化中又有刚强和忍耐的文化特点，各种文化特征的融合使日本广告表现出特有的审美特征。

《滴血的太阳》是日本的一幅广告招贴，画面上是一个呈椭圆形的太阳，血淋淋不断往下滴着血，说明日本应付出更多来抵制艾滋病。鲜明而强烈的视觉冲击使人产生强烈的心理不适感，血淋淋的惨境与阳光绚丽的太阳并存，文化多元性的呈现使广告敢于超越突破，产生了很好的效果。

面类食品マルちゃん正麺的夫妻吵架篇 TVC。夫妻吵架时吃碗简单的面，一般会把口角拖成冷战。该产品为什么就能帮助打破僵局？后来夫妇一个后悔“不小心跟她搭了话”，一个后悔“不小心回了他的话”，足见这面不禁让你说出“好吃”的力量有多强大。美式的幽默和日本文化的并存在广告中充分体现。

三得利碳酸饮料 Orangina 源自法国的饮料，Orangina 引入日本之际，推出日法色彩相结合的广告片。由李察吉尔主演，融入法国式浪漫情调，又融入了日本喜剧《寅次郎的故事》的元素，使法国元素跟日本喜剧并

① 肖建春：《中日广告受众的心理差异研究》，《新闻界》2008 年第 4 期。

存，展现出文化的多元化特点。

**图 4－1　マルちゃん正麺的夫妻吵架篇**

4. 日本广告体现含蓄感性的特点

一方面由于历史、自然等多种原因，日本人的传统思维更偏重于含蓄、感性的表达。正如日本学者中村元所指出的那样："日语的表现形式更适于表达感情的、情绪的细微差别，而不那么适于表达逻辑的正确性。"在日语中大多数词都是非常具体的、直观的，表达情感的词语非常丰富。而相比较而言，表达逻辑、思维等语言较少。另一方面，由于日本集团化的文化心理背景，日本人在交往和接触时注重集团内部的和谐，说话往往从对方立场考虑，含混模糊暧昧让对方去揣摩。直截了当会伤害双方的和气，有违日本人的文化习惯。日本人语言中的含蓄暧昧既可以委婉地表达自己的想法，又以温和的形式便于对方接受。森本哲郎指出，语言的表达越暧昧、越含蓄，越能显示出自己的品行高雅、深奥玄妙、余韵悠长，令人回味无穷。[①]

日本 MIU 饮品的广告画面主体是一个双手抱膝的女性，仿佛置身于海底，神情非常安逸。画面的右下角是该广告的"主角"——"MIU"系列饮品，所占的空间非常有限，并且画面中没有过多的广告词，只写了一句："海洋深眉水，惠净、海力，MIU（深层海水的恩惠，MIU，来自大海）。"该广告并没有直接说明所要介绍的产品，而是采取一种描写的手法，从侧面对产品进行宣传。广告通过深海中裸体女性的形象来表现饮料

① 张海川：《浅谈日本人的语言行为及其审美意识》，《贵州民族学院学报》（哲学社会科学版）2006 年第 2 期。

的“天然纯净”，给人以非常纯洁、温和的感觉。[①] 广告画面的含蓄感性，虽然没有直接表达产品，却通过海底抱膝女人的安逸神情含蓄委婉地表达出来。

2011 年戛纳广告节金奖作品，由日本电通广告公司制作的东芝 10 年寿命 LED 灯泡广告，通过日历展现一男子在使用 LED 灯泡的 10 年 3653 日间逐渐组建起自己家庭的幸福生活。十年，足可以让恋人由两个人过渡

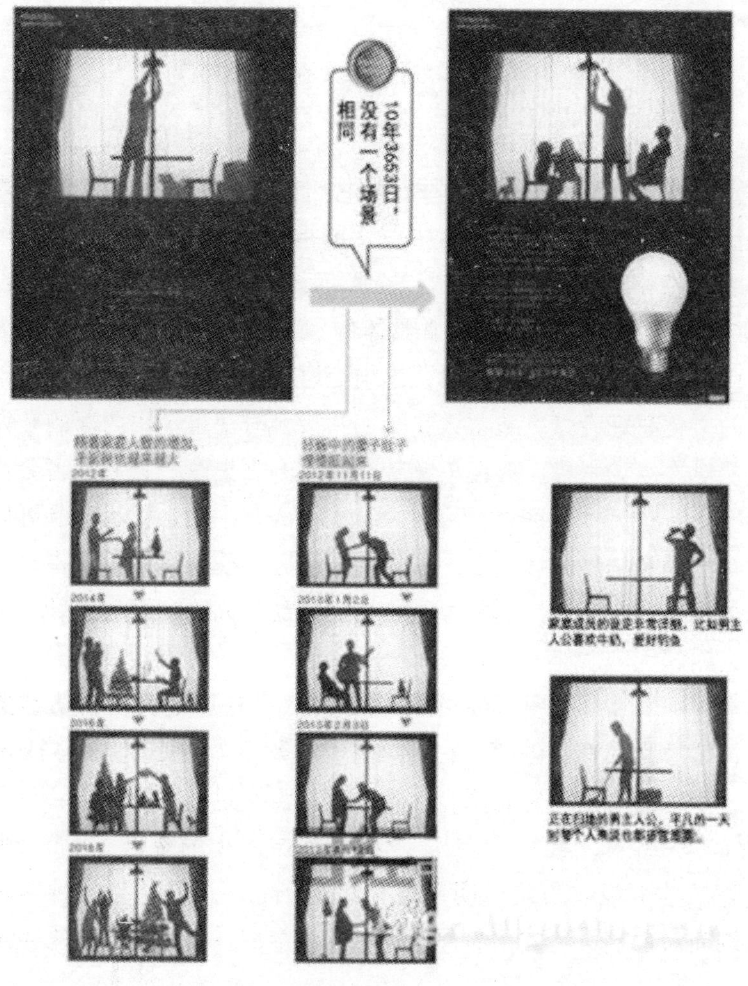


**图 4－2　LED 灯泡广告**

① 许峰：《中日广告的文化差异》，硕士学位论文，对外经济贸易大学，2007 年。

到一个家庭，开花结果，变成彼此最亲近的人。3653个日日夜夜，能持续相守的，除了爱情，更有逐渐演化成亲情的维系。而每日停留的港湾里面的任何一个物品，都是十年来相守的见证。比如，每晚照亮你房间的那盏灯，就像她对你的支持一样，永远悄无声息，却照进你的心房。灯泡的寿命以夫妻之爱的形式含蓄而感性地表达出来。

花王的Asience洗发水广告从日本古谚“头发是女人的生命”的切入点入手，广告情节很简单，美丽公主与出身下层的武士相恋，无奈等级森严，遭受百般阻挠，相恋无果。公主快意断发，丝丝滴血，心属一人，不负前盟。情节虽然简单，但广告的表现方式非常独特。这支广告由日本动画名监督中泽一登创作，曾获伦敦国际广告奖金奖。与其说是广告，这支广告更像是一则艺术动画短片，以日式风情的表现手法讲述了一个凄美婉转的爱情故事。广告用凄美婉转的爱情故事含蓄地将洗发水的特性表达出来。

**图4-3　Asience洗发水广告**

村上春树和是枝裕和导演参与的札幌啤酒特别广告《当我跑步时我谈些什么》，旁白由仲间由纪惠担当。“我们无法避免痛苦。但痛苦的定义取决于我们自己。所有感受到的痛苦，都是在说明我们在成长。”广告内容婉转含蓄、深奥玄妙、余韵悠长，令人回味无穷。

总之，广告作为日本文化的重要组成部分，充分体现了日本传统文化与审美的典型特点。日本的集团意识、忍耐意识，对柔弱之美的追求以及多元思维在广告中都有多种角度的呈现。广告甚至可以称为是日本社会心理的缩影。

[第1話]
痛みは避けられない。
でも、苦しみは自分次第だ。
あるときそんな言葉を覚えた。
そして、長距離レースを走るたび、頭の中でその文句を繰り返すようになった。
きついのは当たり前。
でも、それをどんな風に苦しむかは、自分で選び取れる。
"Suffering is optional"
へこたれるもへこたれないもこちら次第。
苦しいというのはつまり、僕らがオプションを手にしているということなんだ。

我们无法避免痛苦。
但痛苦的定义取决于我们自己。
曾几何时，我记住一句话。
每当长跑的时候，脑海中总会浮现这句话。
痛苦是理所当然的。
但痛苦的程度自己是可以掌控的。
继续加油还是灰心丧气，也同样由自己来抉择。
所有感受到的痛苦，都是在说明我们在成长。

[第2話]
僕やあなたのような普通のランナーにとって、
レースで勝ったか負けたか、そんなのはたいした問題じゃない。
自分のかかげた基準をクリアできたかどうか。それがなによりも重要になる。
判断はあなた自身に委ねられている。
自分の中でしか納得できないものごとのために。
他人にはうまく説明できないものごとのために。
永い時間性をとってしかあらわせないものごとのために。
僕らはひたすら走り、また、こうして小説を書く。

对于像你我这样的普通长跑者来说，
在练习比赛中无论输赢都不是什么大不了的事情。
能够锻炼自己的意志，才是最重要的。
如何看待这些，也只有你自己才能判断。
为了那些自己坚定的认为正确的事情。
为了那些自己无法向他人解释的事情。
为了那些付出心血依然得不到的东西。
我们不停奔跑，又或者像这样写小说。

图 4-4 札幌啤酒特别广告

## 第三节 民族化与多元化：中日广告文化心理的比较

在血缘关系基础上建立起来的传统文化对中国人的心理结构产生着深远的影响，以儒家为主体，儒释道互补的传统文化决定了中国人务实、理性、中庸的心理特征。日本文化深受中国儒家文化影响，但毕竟儒家文化到达日本后受到日本原有神道的影响，加上日本文化的强兼容性，日本人形成非常独特的多元化心理结构。比较广告中的中日心理结构，我们可以进一步分析中日文化的异同。

## 一　广告中的炫耀心理比较

虽然中日文化心理并不尽相同，但炫耀心理在中日广告中是共同存在的。两国均有大量广告表现炫耀性消费和产品。明星广告是两国很盛行的广告形式。广告中的炫耀心理多是为了体现身份的崇拜。但两国的文化心理结构有所区别。中国文化中的面子心理导致了炫耀心理盛行。而日本文化中的集团主义和依赖心理是炫耀心理的根基。

在中国，面子是一种潜在的心理基因，体现在人际交往、社会生活、家族关系等方方面面。面子对中国人是如此重要，因此在广告中大量出现炫耀消费的主题是不足为怪的。“面子是业已形成的行为在他人心目中的序列地位，而且作为由关系产生的心理地位资源——面子，包含家世、身份、地位、名气、职务、权力、金钱、世故、关系网等内容。中国社会从价值层面直至现实层面都是一个重视和讲究关系的社会。中国人的做人重点已不落在自己的人格与品性上，而是放在以他人为重或表面应酬上，即处处考虑情面，人情是中国人际关系的核心。中国人在交往中重情而不重理，对中国人来说，一个观点在逻辑上正确还不够，它同时必须合乎人情。即要顾全当事人的面子，任何有损于面子的行为，都是不符合人情的，也得不到别人的认同。”① 对品牌和奢侈品的追求正是爱面子的典型表现。品牌所代表的不仅仅是身份地位和形象，更是气质品位和魅力。因此在中国广告中我们常常可以看到子女学成归来，衣锦还乡，周围朋友邻居羡慕不已，父母脸上挣足了面子的场景，看到帅哥美女开着一辆崭新的轿车引来同事朋友羡慕的眼光等广告画面。作为社会文化心理的炫耀心理潜藏在人们的血液中，时时涌现在各个生活及广告场景中。

日本是世界第一奢侈品消费大国，奢侈品的消费包含着很多因素，但很大程度上是为了显示身价、地位、名气、职务、金钱等。有了权力和身份，需要什么来显示？自然是奢侈品和广告中塑造的身份地位的象征品。

① 王赟星：《中日消费行为中的文化差异》，中国知网硕博论文库，2008 年。

在日本文化中，非常注重集团主义，为了将自己界定为这一集团中的一员，取得跟集团中的成员的一致性，因此会采取集团性的消费行为。当集团中的大多数人都购买了象征某种身份的象征品后，其他成员害怕受到排斥，为了获取身份的认同，获得其他成员的认可，也纷纷去购买消费。"日本的奢侈品市场占全球销售额的40%，据说超过七成的男性和近九成的女性拥有国外高级品牌的用品。现在连高中、初中、小学生也一味地追求名牌，在名牌消费阶层里出现了低年龄化的倾向。有关亚洲奢侈品消费的调查发现，路易·威登是日本人最喜爱的一个品牌，日本消费者对路易·威登的热衷几乎达到了疯狂的地步，路易·威登在日本的销售额占据了世界的1/3。据2003年调查，20岁女性中两个人中就有一个人拥有路易·威登的皮包。在日本不景气的10年中，路易·威登的销售额竟然增长了2.5倍，日销售额已经达到4亿1000万日元。"① 田畑和彦认为日本人喜欢名牌的根本原因在于日本人的他人依存性。为此，田畑和彦对日本静冈三洋大学大二、大三的168名学生进行了问卷调查。"想跟大家一样""大家都有""如果没有的话，会被觉得不合群"等理由很明显受他人影响；"虚荣""优越感"等回答也表明日本人很在乎他人的看法。因此，日本广告抓住了大众消费文化的心理特征，纷纷塑造身份、地位的象征产品，以期引起群体性消费。

## 二 广告中的思维方式比较

中日两国一衣带水，中国儒家文化对日本哲学和文化产生了深远影响，因此在思维方式上，两国文化有一些相似之处。但由于日本受自身的神道文化以及欧美文化的影响，中日两国的思维又表现出很大的差异性。

1. 两国广告中都强调对自然的关注和崇尚。

中国文化中强调"天人合一"的观念，天人合一是中国人最基本的思维方式，具体表现在人与天的关系上。在儒家来看，天是道德观念和原则的本原，人心中天赋地具有道德原则，这种天人合一乃是一种自然的，但不自觉的合一。但由于人类后天受到各种名利、欲望的蒙蔽，不能发现自己心中的道德原则。人类修行的目的，便是去除外界欲望的蒙蔽，达到一种自觉地履行道德原则的境界，这就是孔子所说的"七十从心所欲而不

① 王赟星：《中日消费行为中的文化差异》，中国知网硕博论文库，2008年。

逾矩”。在道家来看，天是自然，人是自然的一部分。因此庄子说：“有人，天也；有天，亦天也。”天人本是合一的。但由于人制定了各种道德规范，使人丧失了原来的自然本性，变得与自然不协调。人类行为的目的，便是打碎这些加于人身的藩篱，将人性解放出来，重新复归于自然，达到一种“万物与我为一”的精神境界。[①] 中国有一则宣传环境保护的公益广告，广告语为“天荒，地荒，人亡”。广告画面中，汉字“荒”被分为“廿”“亡”“川”三部分，“廿”代表被暴风雨席卷的天空；“川”代表干涸的江川；中间的“亡”被涂成浓黑，强调环境恶化，人类灭亡。显然，整个广告表现的是一种“人类生存依靠自然，天人一体，天人合一”的哲学思想[②]。

日本人的自然观来源于日本独特的自然环境和他们自身的国家宗教神道信仰。在神道信仰中，日本列岛及自然万物都是神所创造的，其运动变化是神的自我展现，在自然中蕴藏着一种内在而不可见的、神秘的力量。古代日本人遇到或发现怪异的树木、峻峭的山岩、清澈的流水而感动，即将其视为神体，然后清洁四周，沐浴身体，对其进行顶礼膜拜。因此自然本身是神圣的，自然是敬畏和尊崇的对象，不能对其亵渎。另外，由于人与自然万物都是神灵的创造物，“山川草木皆有灵性”，人与自然有着亲缘关系，因此人与自然不是隔绝的，而是可以沟通的，可以通过沟通达到和谐。这是日本人崇尚自然、亲近自然的深层心理。[③] 在日本崇尚自然亲近自然的自然观在社会生活的方方面面都有体现。日本 45R 山海系列广告，主题就是自然合一。设计的主要元素来源于大自然的山和海，山系列灵感来源于山区居民服饰，采用天然材料制作，更加亲近大自然。海系列则以航海人士的衣着为蓝本，带有点点海风味的服装，轻易地衬托出英姿飒爽的感觉。丰田汽车以给企业写信的形式表达企业的环境保护理念。广告文案是今后我们将不断带给你保护环境的好消息。祝您永远健康，为了您和我们的未来，我们将竭尽全力。

对于与自然的和谐相处，中日两国虽然提法不同，但在具体广告表现中都展现了人与自然的协调统一，这是两国自然观在广告中的具体体现，

---

① 李建新：《谈“天人合一”思想的现代意义》，《商》2013 年第 7 期。

② 赵岚、靳卫卫：《中日广告的语言与文化》，《日语知识》2012 年第 12 期。

③ 《日本人的国民性格》，百度文库。

也表现出两国一致的自然观。

2. 中国广告中的“对称饱满”和日本广告中的“依斜残缺”

中日两国同处于东亚文化体系中，两国的文化心理有许多共同之处，但两国的广告美学思维有着较大的区别。

在中国，不论建筑、服装、居室设计还是房屋结构都讲究对称原则。我国的建筑，从古代宫殿到传统的四合院，大多讲究对称格局。对称作为中华民族的审美原则，给人心理上的和谐之感。广告中创意原则也是以“对称饱满”为审美原则，中国儒家文化的传统根基使中国人长期形成追求完美和谐，尚全勿缺的审美要求，反映在广告中就是对圆满和对称、完整的追求。这在各种广告形式中都有体现。譬如，美菱冰箱的广告语“中国人的生活，中国人的美菱”，月饼的广告“月是故乡明，饼表思亲情”，宜兴紫砂陶的广告“故乡的云，故乡的泥”，公益广告“湿地——地球之肾，森林——地球之肺”，长虹电器的广告“太阳最红，长虹最亲”等大部分广告语以对称的表现形式满足中国人心理上的对称完整性。在广告表现上，中国广告的创作风格也是极力追求对称，完整。像可口可乐 2008 年奥运会的平面广告，在画面上非常注重整体画面对称的结构。可乐瓶位于广告画的中下方，而肆意喷溅的可乐虽然组成各种创意图形，但无论怎样的喷溅图形，总是对称地分布于可乐瓶的周围。民族品牌王老吉的平面广告也是以左右对称的两个易拉罐的形式呈现视觉上的对称性和稳定性，给国人带来心理上的稳定感。

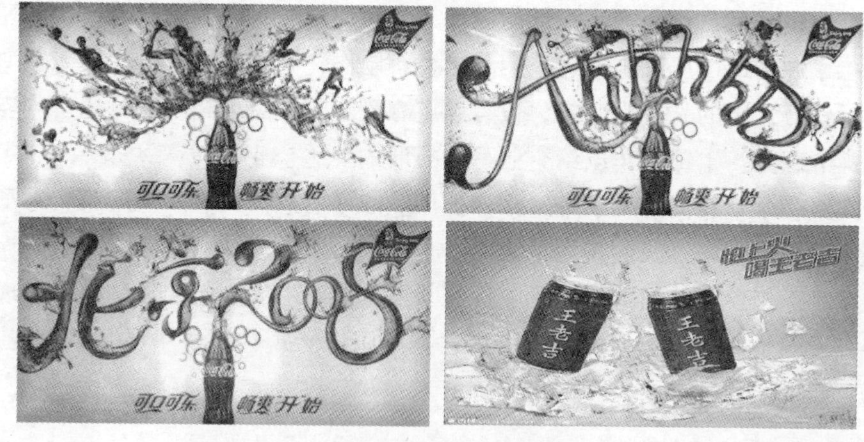


图 4-5 可口可乐与王老吉广告

日本人的日常生活中，非对称的审美格局是大众的艺术追求。南北朝时期的日本歌人吉田兼好指出："不完整的事物更有意义"，"无论任何事物，圆满、完美都是不好的，保留着残缺的状态反而更有情趣"。日本的茶室设计为了避免对称，甚至刻意设计成弯曲的形状，就连日本的料理，也回避对称的格局，采用自由非对称的布置。日本的这种非对称的审美观来源于日本复杂的地理环境，频频发生的自然灾害使日本人感到无所适从，他们只好求助于自然神灵的力量。日本人对自然中的万事万物充满着敬畏。日本著名学者梅原猛曾经指出："日本最初的神灵信仰是一种自然信仰，一座山、一棵树、一块石头都可以被认为是神或者神栖息的地方。"① 这些最初的自然信仰一直影响着日本人的审美观。在日本人的生活中，也是时时处处仿照大自然，避免对称饱满的布局结构。这种非对称残缺存在于日本的各种艺术中，同样也存在于广告表现中。日本的广告语也很少出现对称结构，往往采用不匀称、不规则的句式结构。譬如儿童凉鞋的广告"和妈妈一起出行，还是光脚最舒服。实现理想状态的魔法鞋"。广告语完全没有对称的概念，三句没有任何合辙押韵的不规则的句子。儿童书本架的广告语"开发孩子的创造潜质，小人书的家。激发孩子的好奇心，了不起的小书架。安心的日本制造，彻底的安全设计，考究的素材和形状"。七句不规则的句子构成的广告语体现了产品的功能和特性。在广告视觉表现上更是如此，在日本的大多数广告画面上我们看不到任何对称的影子。这是一家具有日本特色的年轻人咖啡餐厅的广告，画面将人、字、饮料融合在一起，在结构设计特征上，以非对称的结构特点，体现了青年人时尚独特的感觉。意大利品牌 FILA 在日本的广告也是完全以非对称为主题表现，倾斜的身体，一条腿的造型以及围绕腿脚的诸多元素，呈现出完全的非对称的组合。

3. 中国广告中注重整体综合和理性的表达，但在日本广告中更重视直觉体悟和感性

中日两国不同的文化背景和环境导致两国的思维方式有明显区别。在历史文化形成过程中，儒家文化在中国传统文化中一直起着主导作用，其注重综合整体、抽象理性的思维方式成为中国人的主导思维。而日本文化受其本国神道等文化影响，更注重直觉体悟和感性，这一点在广告中有非

① ［日］梅原猛：《论日本〈古事记〉》，卞立强译，经济日报出版社 1999 年版，第 139 页。

图 4-6 日本咖啡餐厅广告

常明显的体现。

中国广告注重宏观写意，是指在经验综合的基础上进行抽象把握。建立在抽象综合基础上的中国文化表现出重口号、重主张、重抽象的特点。从近三十年的广告语中，我们可以看到口号式的主张仍旧是广告语的主流。譬如："精心创造，精致服务"，"有健康，才有将来"。"东方航空，飞向世界"，"让我们做得更好"，"当太阳升起的时候，我们的爱天长地久"等广告语，以口号化的文字向人们宣扬企业的观念、态度和主张。广告中的整体综合性不仅仅表现在广告语中，在广告创意中也体现了宏观整体性的思维，运用抽象的符号或象征来替代某种概念和精神。像 2008 年奥运的平面广告，运用极具中国文化特色的毛笔与火把隐现在一起，用代表中华民族的长江、黄河以及其沿线的枝枝条条的象征图形来表现中国办奥运的一脉相承，全民运动的奥运精神。中原地产的平面广告更是运用笊篱和鞋底非常抽象地象征企业为民着想的精神。文案是"为您我做到"，

**图 4－7　FILA 在日本的广告**

画面抽象深刻，令人琢磨思索。

**图 4－8　2008 年奥运广告**

日本的广告更注重直觉和感性。日本学者福田敏彦先生在《中日广告文化差异——由近来的广告摩擦所想到的》一文中写道：“日本广告通常在一则广告中柔软地融进很多要素。但是在论述这些要素间有何关联时却显得没有逻辑，很暧昧。”日本广告语常常仔细地描写与商品无关的信

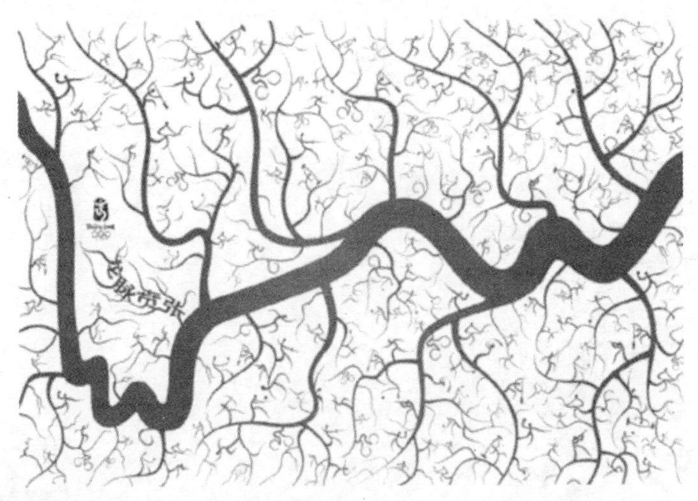

图 4－9　2008 年奥运广告

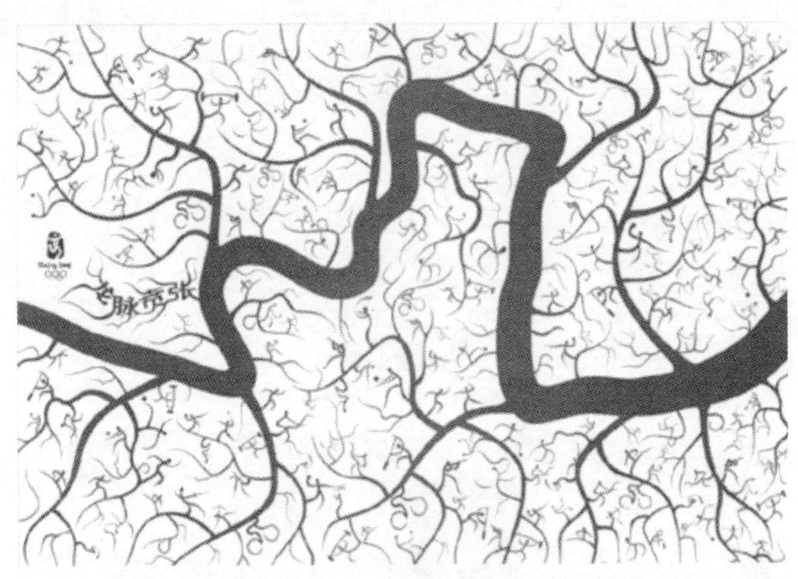

图 4－10　2008 年奥运广告

息，却不直接描述商品的优点。与此相反，中国的广告语明确且论理，几乎没有与商品无关的描写。日本的广告暧昧含蓄，注重细节的描写，如果不看产品，我们很难猜到是什么广告。像丰田汽车的广告“独自一人聆听大海，过于寂寞”，三和不动产的广告“关怀，是什么颜色?”新潮杂志的“知性，总是容易沉睡——韶华易逝”，这些广告语非常具体地描写一

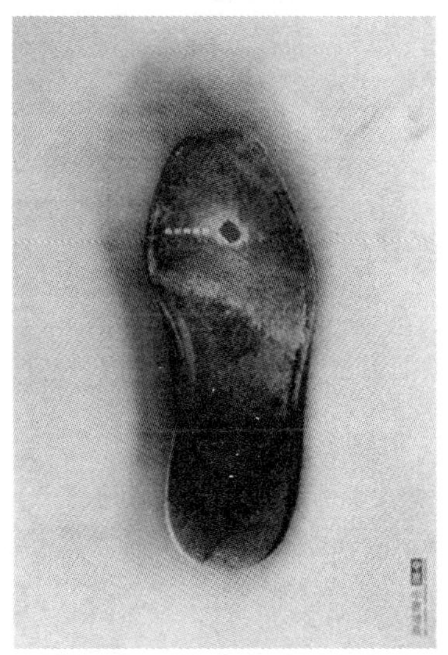

图 4－11　中原地产的广告

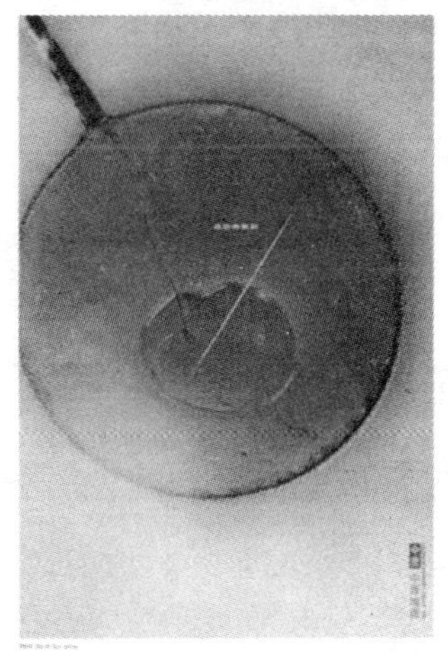

图 4－12　中原地产的广告

种生活的感觉，情感自然流露。仅看文字，我们很难想到汽车、房产与杂志，在日本广告中这种抒情的描写是一种较为普遍的现象。在广告表现中也是如此，以下是日本料理的广告，暗指每天 11 点准时开门。非常具体地用日式筷子和盘子描写十一点开门的主题。日本跆拳道馆的广告则是以孩子睡梦中的拳脚功力形象地描写跆拳道馆的教学实力。看老爸痛苦惊愕的神情就能知道孩子的功力。

**图 4－13　日本料理广告**

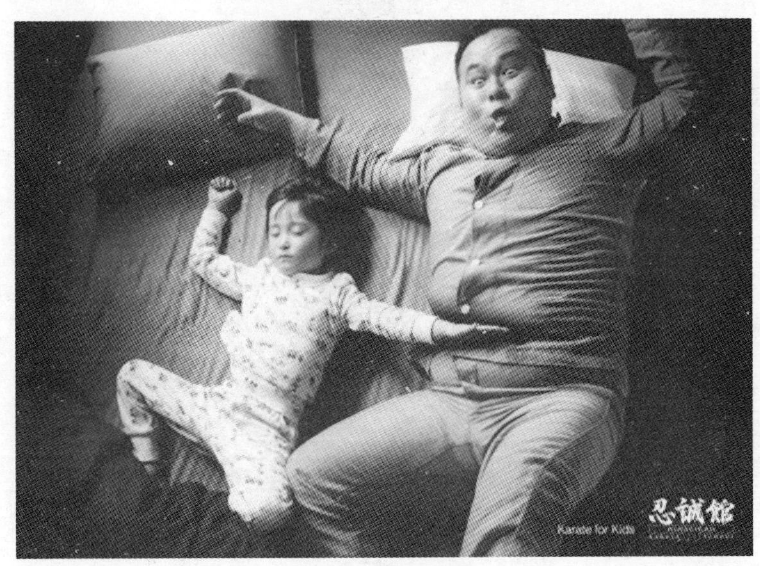


**图 4－14　日本跆拳道馆的广告**

### 4. 在广告表现上，中国广告善于使用夸张和煽情的方法，日本广告注重符合事实的客观严谨

日本广告更注重以事实为基础，表现严谨客观。由于两国传统文化以及文化接受心理并不相同，两国广告在表现上也体现出较大的差异性。中国广告更多地采用夸张煽情手法，而日本广告注重符合事实的客观严谨。

夸张和煽情是中国的传统文化哲学，夸张虚构与煽情在中国古典文学乃至现代文学中是非常常见的。辜正坤先生的《中西文化比较导论》中提到："中国人处理问题有个特点，就是不喜欢什么东西都截然分开，总是合一的倾向多一些。"这阐释了中国人看待事物和问题不是仅仅局限于客观事物本身，而是加上自己的感觉与感受。像大家熟知的李白的“飞流直下三千尺，疑是银河落九天”，《窦娥冤》中的“六月飞雪”，《三国演义》中的张飞“喝断桥头水倒流”等，都是以夸张的形式来表现。这一哲学让人们生活充满着诗意，使人们的情感在文学作品中完全释放出来。从语言的表达来看，中国的广告语言带有明显的夸张和煽动的成分，像“刷牙的时候，顺便关上水龙头，一年能省多少水？满满 109 个浴缸”，“如果把白炽灯都换成节能灯，就可以减少上千万吨的温室气体排放，你的举手之劳，却能防止地球变暖”，“把用过的纸翻过来再用一面，一百个人在一年内，就能挽救整整一条街的树…… 我们再来计算下，生产一吨纸约需 4 立方木材”，“如果每个人都能及时拔掉充电器，那么每年将可关闭两百座百万千瓦火力的发电站”等文案，采用夸张的数字及煽情的内容危言耸听地将事实真相扩大化，将事实结果夸大，给人带来强烈的震撼力。在具体广告表现上，夸张的手法也经常用到。奥迪汽车的广告“写意激情”，污泥溅到车上的泥点被夸张地写意成美丽的中国山水画，让生活充满激情地表达。OSIM 的广告“睡得好，世上无难事”以非常夸张的睡眠形式展现产品的神奇功效。舞着狮子的人、顶碗玩杂技的人竟然睡着了，可见产品的睡眠效果非同一般。

**图 4－15　奥迪汽车广告**

日本一贯以严谨负责细致闻名于世，这与日本的地理环境有密切关系。日本地处岛屿，土地贫瘠，仅有 15% 的可耕土地，自然资源稀少，因此日本人不得不崇尚严谨细致的精细化作业。同时，日本地震频发，海

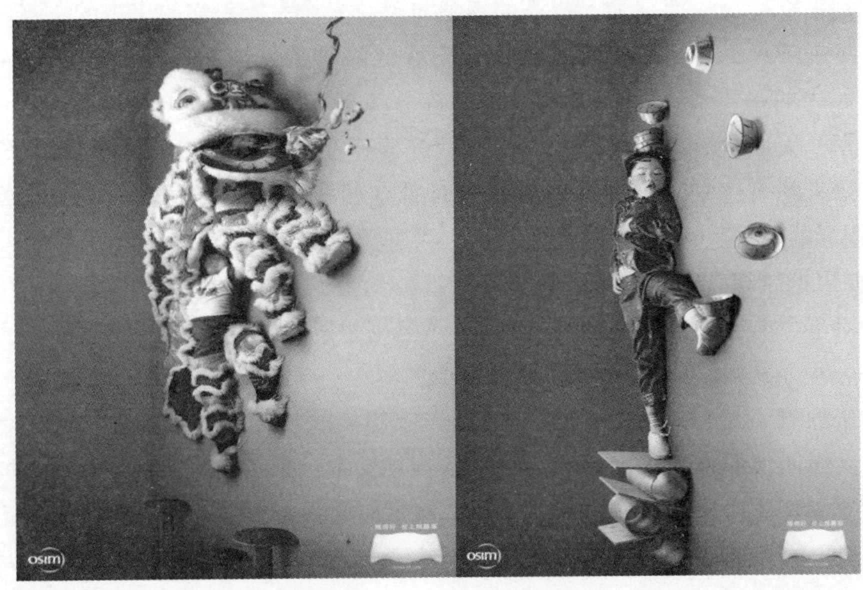

**图 4－16 OSIM 的广告**

啸台风频繁，恶劣的环境造就了日本人小心谨慎的特点，形成了严谨缜密的思维方式。因此，日本人喜欢提供信息和详细说明的广告。譬如《日本广告大百科》中介绍自行车的广告，“左边是自行车的真图，旁边是车辆的六种款式的颜色、价格等信息。右边主要介绍产品的主要功能。其一是链盒中的大小齿轮及链条的机械功能介绍，其二是驱动齿轮的机械功能解说，其三是坐垫的分解图及功能，其四是笼头、车轮、支架和锁的功能及优点。这些解说具体详尽，比如：金属材料质量好能防锈，链盒密封给油不会污染手和衣服，坐垫表皮一体成型雨水无法浸透等”①。日本健康安全靴的广告采用了实证研究报告的形式告诉大家这种鞋的优势。广告的主要内容是：其一，工场环境变化较大，需要“健康而舒适”的“健康安全靴”，以 1000 名以上的试验者对这种鞋的评价没有疲劳，是特别好的安全靴为依据。其二，用两张脚部结构图做对比，指出这种鞋能够防止舟状骨低下，减轻足部疲劳。其三，以鞋的实物照片、断面图、构造图为例，一一介绍这种鞋“健康，舒适的 10 个原因”：型号多样、弓形结构、鞋底轻便、防臭、

① 肖建春：《中日广告受众的心理差异研究》，《新闻界》2008 年第 5 期。

防菌、耐久性、防滑性等①。严谨的思维方式影响着日本人的生活，也决定着日本的广告内容和创意表达。日本倡导义务献血的广告语是："生命从志愿者献出的仅仅10cc的鲜血开始，骨髓库相信珍视生命的人们的爱心，将你的健康与时间献出一点点可以吗？现在，在这个瞬间还有很多寻求新的生机的白血病患者，加入者达到30万就有90%的患者能找到合适的捐献者。捐献者只需要从手腕采血10cc，这是为生命的奉献。"可见，日本的广告在语言表达上，严谨客观，注重事实，真实可信，给人提供积极的科学指导和建议。日本电信公司NTT Docomo制作的广告"走路玩手机到底有多危险？"根据日本成年男女的平均身高、体重设计了1500个木偶般的人物模型，并以此来演示，如果1500个人同时边玩手机边横穿马路将会发生什么。最后的数据显示：在1500人中，只有547人能够安全过街。剩下的953人中，发生了446起碰撞，103起摔跤，21人手机掉落。这份数据出自爱知工科大学传媒系教授小塚一宏的一份研究报告。广告信息的严谨、客观、真实是日本广告的一个典型特点。

**图4-17　日本自行车广告**

## 三　广告中的民族情感问题

民族文化心理是一个民族在一定历史发展阶段受社会结构制约的宗教、伦理、哲学、艺术、道德、思想、习俗等集体心理特征的总体表现，

---

① 肖建春：《中日广告受众的心理差异研究》，《新闻界》2008年第5期。

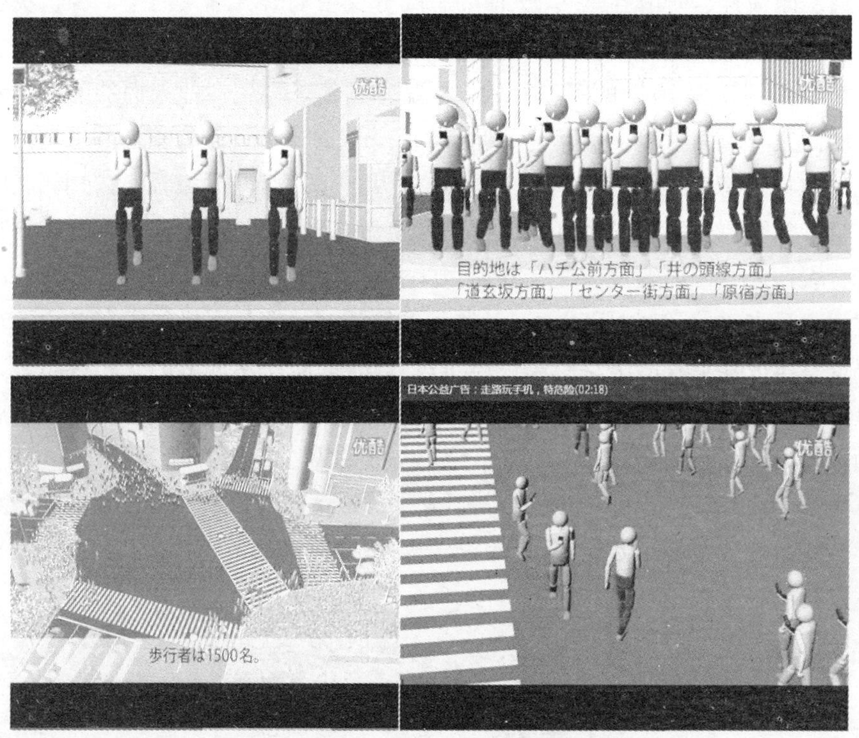


**图 4-18　日本电信公司 NTT Docomo 视频广告**

它制约着人们的行为方式，影响着人们对事物的感知、认识和评价。在广告传播中，对民族文化心理的触及会对广告和产品产生非常大的影响。在中日广告的交流和传播中，任何对民族情感触及的广告都会影响两国人们的友好和情感。2003 年，《汽车之友》杂志刊登了日本丰田越野车的广告：

其一："丰田霸道"。一辆霸道汽车停在两只石狮子之前，一只石狮子抬起右爪做敬礼状，另一只石狮子向下俯首，配图广告语为"霸道，你不得不尊敬"。

其二："丰田陆地巡洋舰"。该汽车在雪山高原上以钢索拖拉一辆绿色国产大卡车，旁边的拍摄地址在可可西里。

看到这两则广告后，大多数中国人表示了质疑和愤慨。认为石狮是中华民族的象征，代表权力和尊严，丰田广告用石狮向霸道车敬礼、作揖，极不严肃。很多人将石狮联想到卢沟桥的狮子，并认为，"霸道，你不得不尊敬"的广告语太过霸气，有商业征服之嫌，损伤了中华民族的感情。

而对于“陆地巡洋舰”的广告，也有国人认为，用丰田车拉着看似“东风”的大卡车跑，有贬低中国落后之嫌。还有人认为图上的东风大卡车像极了中国的军车。

大众把抨击的矛头指向了丰田公司、广告制作公司和刊登广告的杂志，要求他们赔礼道歉。一位网友甚至还模仿“霸道”广告制作了一幅图画，画面上狮子把霸道车按在了爪子之下。媒体也迅速跟进报道此事，国内最具影响力的媒体——新华社对“问题广告”进行了报道。随后，国内的许多媒体都不同程度地对此事进行了追踪。而在日本颇有影响的报纸——《朝日新闻》也用“有两盒香烟大小的版面”报道了此事，并带动了其他日本媒体的关注。工商局也对这两则广告表示关注，并要求投放刊登广告的杂志社提交了书面材料。各方的强烈反应，使整个事件从“问题广告”向“日资企业在华经营风波”方向转化的趋势。丰田公司、广告制作公司和刊登广告的杂志也认识到了严重性，用各种途径开始道歉。①

图 4－19　丰田霸道广告

2004 年 9 月的《国际广告》杂志发表了一篇题为《7＋的创意，持续的激情》的文章，介绍世界顶级广告公司——李奥贝纳全球广告评审会的评选标准、操作规程及创意管理。在第 48 页，该文配发了一则由上海李

① 《回顾：“丰田霸道广告事件”的前前后后》，东方网，2003 年 12 月 10 日。

**图 4－20　丰田陆地巡洋舰广告**

奥贝纳广告有限公司广州分公司创作的立邦漆作品《龙》。画面上有一个中国古典式的亭子，亭子的两根立柱上各盘着一条龙，左立柱色彩黯淡，但龙紧紧攀附在柱子上；右立柱色彩光鲜，龙却跌落到地上。画面右侧的作品说明中写道：右立柱因为涂抹了立邦漆，龙就滑了下来。这则广告刊出后，受到公众关注并遭到质疑。新华网转载了这幅广告，并提请读者评论：看到立邦漆的这个广告创意有何感想？立邦漆是日本产品，有人觉得用“龙”做素材还有其他意图，你怎么看？有的国人评论说：龙在中国是有特殊意义的，类似其他民族的“图腾”，中国人自誉为龙的传人。其后，《国际广告》杂志社，李奥贝纳中国总公司以及立邦漆企业向中国人民致歉。

在中日广告交流中，两国的民族文化心理直接关系着广告和产品是否被社会大众所接受，是否会引起人们的喜好和反感，甚至影响两国的关系和友谊，因此在广告创作时，对民族文化心理的研究应放在重要的位置。

立邦漆《龙篇》
等级：8.3分
代理：中国广州
作品介绍：龙是中国传统的图腾，在中国的园林、宫殿、城门等地方，龙是最好的装饰符号。广告正是利用这些户外环境和龙的符号进行创意，攀附在柱子上的龙，因为涂了立邦漆，龙就滑了下来。立邦漆的特点非常戏剧化地表现出来。
GPC评价：这是一个非常棒的创意，非常戏剧化地表现出了产品的特点，这种表现方式在同类产品的广告创作中是一个突破，结合周围的环境进行贴切的广告创意，在这一点上这幅作品是非常完美的例子。

**图 4－21　立邦漆广告**

# 第五章

# 中日广告创意历程比较

“通过广告，可以发现一个国家的理想。”[①] 广告承载着一个国家经济发展、时代变迁所带来的快乐和迷茫，见证着经济社会发展的丰富内涵。不同国家不同时期的广告创意折射着完全不同的时代绘画。“创意点亮世界”是第23届世界广告大会的主题。不管在什么时代，不管是任何国家，创意始终是国家发展的灵魂，绽放着异彩纷呈的奇特光芒。

广告是经济和社会文化的寒暑表，广告创意直接与经济发展和社会文化紧密相关，无论是经济的蓬勃发展还是金融海啸的影响，广告创意始终以它特有的视角和方式记载着这个时代不同时期人们的思想、行为和愿望。

对于广告创意的概念，我们通常从三个视角来理解，一是从市场营销的视角，即广告创意是市场营销的一个环节，市场营销理念的发展阶段对广告创意的内容和水平起着决定性作用，它决定和指导着广告创意的策略。二是从创作的视角，不管是詹姆斯·韦伯洋“创意完全是各种要素的重新组合”，还是李奥贝纳“商品戏剧化地成为广告里的英雄”，抑或雷斯“创意的成功与否，实效是判断的标准”，都着重体现商品特点等要素，强调广告是一种创造性的思维活动。三是从社会文化的视角，任何一件成功的广告作品，它必须充分掌握产品、消费者、竞争者、社会伦理、宗教俚俗乃至社会政治和文化生活等信息，并且体现每一个国家和时代的文化特色。笔者综合了这三个研究视角，将近三十年的广告创意以年代为界分为三个阶段，针对不同阶段的创作策略和思维对中日两国广告创意的发展变迁进行了梳理和分析比较。

---

① ［美］威廉·阿伦斯：《当代广告学》，丁俊杰等译，华夏出版社2001年版，前言。

# 第一节 中国广告创意三十年变迁

近三十年来中国广告创意的发展变迁，可以折射出中国整个社会的发展变迁。从最初叫卖式的“门前三包，质量至上”，以及说明书式的广告形式到今天中国广告创意走上戛纳奖台，中国广告创意走过了艰难曲折的30年风雨历程。关于如何划分这30年，中国传媒大学丁俊杰教授曾按照社会文化视角将广告观念分为四个阶段：（1）1979—1986年，广告是我国改革开放的排头兵，经济发展的先遣队，是由简单载体传播的单一信息，寄托着中国人民的生活理想和共同愿景。（2）1986—1992年，广告是我国商品经济向市场经济发展的助推器，是小商品、生产资料市场的起搏器，“舶来”广告理论开始涌入，是一种影响消费的娱乐方式，充满新鲜。（3）1992—2000年，广告在我国经济体制改革中发挥了重要作用，是促进中国市场经济的重要手段，广告就是点子，就是策划，开创了品牌消费时代，促进着中西文化的交融。（4）2000年至今，广告是中国国际竞争力的重要表现，已经成为中国经济全面崛起的一面旗帜，是先进技术和理论的集中体现，创造了一个全新的消费社会。笔者汲取了这种划分方法的特性，按照广告创意观念的年代变迁流程大体将广告创意历程分为三大阶段。

## 一 广告创意的早期阶段：单一的告白说教

在20世纪80年代早期，计划经济的痕迹在人们的生活中依然明显，很多商品处于短缺状态，抢购现象还时有发生，企业根本不担心自己产品销不出去，市场处于供不应求的局面。企业的产品是“皇帝女儿不愁嫁”，很多商品还要托关系走后门才可以买到，所以大多数企业根本不用去投资广告，就可以坐享其成。当时电视还没有普及到寻常人家，报纸等纸媒个人订阅量很少，媒体要刊播广告，甚至要冒政治风险，更谈不上什么广告创意。这一时期的广告创意与表现，多是对于商品的说明与告知，就文案来说，则只是商品的名称、产地性质，加上企业的电话、地址、邮编等，准确地说，就是一张产品说明书。这种广告很原始，但在当时由于广告稀少，人们对广告充满着好奇，所以很有效。

到了20世纪80年代中后期，随着市场的逐渐活跃，一些企业开始面临生存的压力，逐渐产生竞争意识。这一阶段广告传播的目的就是告知产品信息。当时广告模式主要以直白的信息传递为主。它仅仅发挥着唤起消费者记忆的作用。随着竞争的逐渐激烈，纯“告白式”的广告作用渐渐失效，广告创意转向说教式劝说，一时间“驰名中外”“誉满全球”“省优”“部优”“国优”等说法层出不穷。在广告中频繁出现“质量三包”以及“权威机构”“科学认证”等词汇。由于广告主的观念比较落后，缺乏广告创意和市场方面的专业知识，广告的内容大多是新闻报道式，有的甚至只能称为一个商品的消息，内容十分单调。画面多是企业的厂门、厂房以及各种奖牌、奖状。构思平庸，且画质低劣。下面是一则当时的房地产广告：

> 我公司受长沙市政府、市建委委托，开发望月湖和红旗两个住宅区，已为省、市重点工程和省、市、区一批单位提供建设用地，并为芙蓉路建设提供拆迁安置用房。近来，不少单位和个人来我司要求购买住宅。我公司根据中央关于“积极推行城镇住宅商品化”的方针，除保证原计划提供给芙蓉路建设的拆迁安置用房外，为满足社会各方面的需要，确定出售少量住宅，凡需购买者，欢迎前来我司计划科洽谈。

这是一则典型的商品房广告。当时还处于福利分房时代，商品房供不应求，购买对象也多为单位团体购买，因此广告内容只诉求有“少量商品住宅出售”，至于商品房设计、质量、户型、环境这些当今购房置业者所极为关心的要素，广告中无一涉及。这也反映出当时住房短缺、紧张，人们无法挑剔、讲究。①

这一时期受长期的计划经济体制的影响，消费者的思想较为保守，没有成熟的广告观念，对一些新的广告创意完全不能接受。这其中发生了两件有轰动效应的事件：

一是反对外商广告运动。“雷达表”广告由于解说是全英文，在广告播出后，上海电视台相关人员甚至被冠上了“丧权辱国”的骂名。而随着中央电视台播出了可口可乐和牛仔裤广告，对“外商广告”的质疑和

① 胡志高：《寻找地产的三个第一》，《长沙晚报》2001 年第 8 期。

批判开始激烈起来，人们认为这些广告是在传播资产阶级腐朽的生活方式，是一种变相的卖国主义行径。1984—1985 年，各地出现反对“外商广告”的学生活动，1985 年中国出台限制性规定的 140 号文件，整顿外商广告。①

二是对明星广告的限制。20 世纪 80 年代对电视商业广告的批判并非全部出于意识形态的因素，其中对于名人广告的批判更多表现出中国百姓的广告观念还不够成熟。利用名人打广告在西方早已不是什么新鲜事。80 年代中期，一些外商广告就已经逐步将名人广告策略引入中国，但当时主要是一些欧美或港台的明星，所以那时候的大陆民众还只是以一种旁观者的心态来看待这一问题。② 1989 年，电影明星李默然为“三九胃泰”做广告，“干我们这一行，经常……（不按时吃饭的意思）……有了胃病……三九胃泰!”这样一位德高望重的名人竟然出现在广告中，中国民众在观念上根本无法接受。见钱忘义的批判声响成一片。

尽管在 80 年代大众的广告观念尚未成熟，广告的表现方式单一，创意性差，但这一时期，由于广告稀少，单纯传递产品名称的吆喝式广告很容易在消费者心中留下深刻印象。例如：

——“飞跃”目标——世界先进水平

——“飞跃”精神——一切为用户着想（80 年代初期中国电视行业先驱者）

——“燕舞，燕舞，一曲歌来一片情……”（燕舞收录机）

——“我们是害虫，我们是害虫，正义的来夫零，正义的来夫零，杀死，杀死!”（灭虫剂）

——小男孩在海这边喊：“美菱……”小女孩那边答：“阿里斯顿……”（美菱—阿里斯顿电冰箱）

——“长城电扇，电扇长城……”（长城电扇）

到 80 年代后期，随着市场竞争的日趋激烈，企业的广告意识增强，

① 陈培爱：《改革开放三十年我国电视商业广告回顾》，新闻与传播研究网，2011 年 1 月 12 日。

② 同上。

广告创意的内容和种类日渐丰富起来，到80年代末期，广告中开始频繁出现名人广告和功能诉求广告，有的广告定位极为准确，广告的表现手法甚至出现情感诉求。这标志着广告创意开始成熟。当时盛极一时，引起大家争论的广告有：

——质量至上有夏普。（夏普标榜自己的历史是“日本首次”、“世界首次”的历史）

——每当我看到天边的绿洲，就会想起东方——齐洛瓦……（东方齐洛瓦冰箱）

——大宝，天天见。（大宝）

——今年20，明年18——白丽香皂！

——去污强！1∶4！用量省！1∶4！时间短！1∶4！1∶4，“活力28”，沙市日化。（活力二八洗衣粉）

——两片！（史克的肠虫清）

——李默然：“干我们这一行，经常……（不按时吃饭的意思）……有了胃病……三九胃泰！”（三九胃泰）

——威力洗衣机，献给母亲的爱。（威力洗衣机）

——影星潘虹：“为什么魅力永存青春常驻？我用的是霞飞金牌特白蜜。”（霞飞金牌特白蜜）

总之，20世纪80年代的广告创意是我国广告创意发展的初始阶段，社会大众的广告意识逐渐被培养起来，广告创意的概念已被大众普遍接受。

## 二　广告创意的快速发展时期：品牌营销意识崛起

80年代开始，是我国广告创意的兴起年代。进入90年代后，伴随着广告业不断地调整，我国广告创意进入了一个新的发展时期：广告营业额大幅度增加，广告创意水平、服务水平有明显提高，广告制作开始向采用国际先进的技术装备转移；广告表现技巧日益丰富，广告创意学习西方先进创意理论走向专业化。从这个阶段开始，“省优、部优”这样的字眼逐渐从中国的电视、广播、报纸中消失，中国的广告创意呈现出异彩纷呈的局面。

1. 差异化产品诉求的广告创意成为这一阶段的创意主流

美国广告大师大卫·奥格威说，“要吸引消费者的注意力，同时让他们来买你的产品，非要有很好的点子不可。除非你的广告有很好的点子，不然它就像被黑暗吞噬的船只”。① 在激烈的产品竞争面前，中国的广告创意走上了寻找好点子的方向。20 世纪 90 年代，营销学之父舒尔茨在其全球第一部《整合行销传播》（IMC）专著中就指出：在同质化的市场中，唯有传播能创造出差异化的品牌竞争优势。而有效的传播需要一个以消费者欲求为出发点的“轴心”概念。进入 90 年代，尤其是改革开放以后，随着众多国际品牌进入中国市场，再加上先进的营销理念的传播，越来越多的产品开始强调自己独特的功能特点，广告操作模式臻于成熟。以白加黑为代表的差异化产品诉求带动了国内的广告创意方向。

1994 年，新型感冒药“白加黑”的独特品牌诉求——“白天服白片，不瞌睡；晚上服黑片，睡得香，消除感冒，黑白分明”，深入人心。“白加黑”的广告确定了简单干脆的广告口号“治疗感冒，黑白分明”，朗朗上口，容易记忆，这则广告口号激发了消费者的兴趣，受到大众的普遍关注。广告的核心价值就是“白天服白片，不瞌睡；晚上服黑片，睡得香”，清晰地传达了“白加黑”感冒药黑白分明的市场定位。白加黑概念的提出打破了大家沿袭多年的感冒药的常规吃法，从消费者的视角提出了与众不同的全新概念。仅一年时间，“白加黑”已经位居感冒药市场第二名。这一时期功能诉求广告极为盛行，其中朗朗上口的有：

——正宗椰树牌椰汁，白白嫩嫩（椰树牌椰汁）

——牙好胃口就好，身体倍儿棒，吃嘛儿嘛儿香（两面针牙膏）

——要想皮肤好，早晚用大宝。大宝，明天见！大宝，天天见（大宝）

—— 27 层净化（乐百氏纯净水）

——扭一扭，舔一舔，泡一泡（奥利奥）

——爸爸胃痛，快去找斯达舒（斯达舒）

——双汇王中王，哇塞，这么多瘦肉耶（双汇）

——农夫山泉有点甜（农夫山泉）

① 张峰：《浅谈商业广告的公益创意》，《应用写作》2007 年第 12 期。

——小浣熊干脆面广告：小浣熊又出了新口味。BBQ就是烤肉味，烤肉味就是BBQ（小浣熊）

——恒—源—祥——羊羊羊（恒源祥）

这些广告以其独特的差异化给大家留下了深刻的印象，其中最有代表性的是乐百氏纯净水的27层净化，以其创意的独特意境和深入人心的诉求引起人们的广泛关注。宁静幽蓝的基调，万籁俱寂。一滴晶莹的水珠缓缓坠落，每到一层，都有紫光一闪，给人“又被净化一次”的联想，经过一层层的净化，乐百氏纯净水才“千呼万唤始出来”，一个强有力的利益承诺也随之推出：乐百氏纯净水，27层净化！[①] 它的成功来源于对乐百氏的成功定位——27层净化，数字化的表现形式给消费者一种“很纯净可以信赖”的印象，为乐百氏纯净水的纯净提供了一个有力的支持点。这条广告也很快家喻户晓。

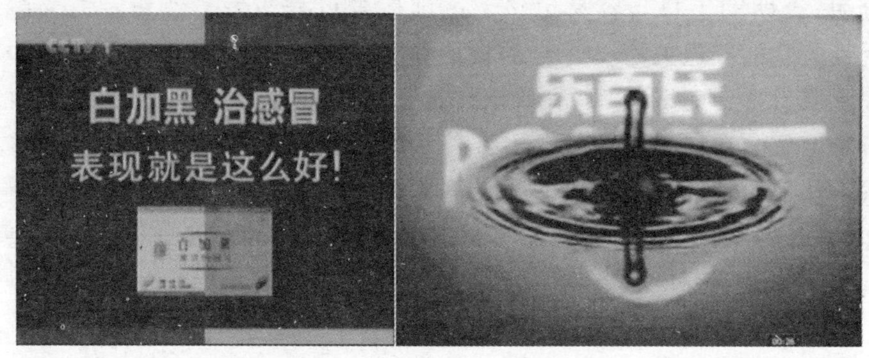


**图5-1 白加黑与乐百氏广告**

2. 情感诉求被广泛运用到企业广告中

有三条广告给大家留下了深刻的印象。甚至可以说是改变了当时的整个广告界。一个是南方黑芝麻糊的影视广告，一个是广州鸿运电扇的平面广告，一个是百年润发的广告。尤其值得一提的是南方黑芝麻糊的广告，这个在中国电视广告史上首次主打温情牌的广告给人们留下了深刻的回忆，成为人们反复颂扬的经典案例。广告处处渲染和营造着一种温馨怀旧的环境和氛围。在记忆中那个悠远的南方小镇，一个可爱的小男孩，吃得

① 王俊井：《乐百氏的差异化营销》，《中国经营网》2014年6月4日。

满嘴黑乎乎的，还在舔着碗边，馋馋地伸出碗向那位大婶讨吃的样子，令人不禁想起自己童年时的场景。小男孩直勾勾的眼神，馋馋的动作，使黑芝麻糊的香味沁人心脾。再加上卖芝麻糊大婶的和蔼笑容，温馨柔和唯美的画面瞬间感动了无数人。最后主题广告语“一股浓香，一缕温暖”，将更柔美的亲情融入大众心中。广告语“小时候，每当听见黑芝麻糊的叫卖声，我就再也坐不住了”很快风靡大江南北。“再也坐不住了”成为当年的流行用语。广州鸿运电扇是一则平面广告。母亲坐在床边，拿着小扇子为熟睡的孩子扇风。只有一句广告语：“柔柔的风、甜甜的梦——鸿运电扇”，令人惊奇的是，广告画面竟然连电扇的样子都没出现。在今天的观点看来，一则没有产品图片的产品广告也是非常大胆的，但这则广告以母亲对孩子的深情打动了所有人。这两则广告不仅得到了业界的认可，同时也得到了群众的好评。这直接反映在这两家公司的销售成绩上——时至今日，“南方”几乎依旧等同于黑芝麻糊食品。而“鸿运电扇”已成了“微风电扇”的通用名称。[①] 百年润发的广告，周润发怀着思乡真情回到故乡，找寻曾经的相聚，“如果说人生的离合像一场戏，那么，百年的缘分更是早有安排”，道尽了人们对美好事物的向往！这则广告将意境与情感、商业与文化、品牌与明星完美的融合，堪称经典！百年润发把奥妮1997年的销售收入推到了8.6亿元，市场占有率提升至12.5%。由此可见，一则优秀的广告所带动的市场持续力有多么深远。

**图5－2　南方黑芝麻糊的广告**

① 《30年成就“不做总统就做广告人”》，中国广告协会网，2008年12月22日。

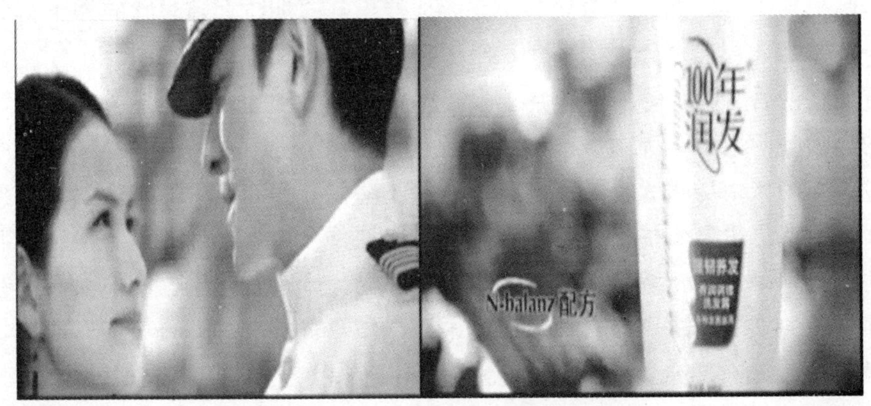


图5－3　百年润发的广告

3. 广告打造品牌的模式盛行是20世纪90年代广告界的新现象

具有轰动效应的品牌层出不穷，广告创意出现多态性发展趋势是这一时期的典型特色。跨国公司与国际广告公司进入中国，其广告与整合营销传播实践和理论，大大促进了中国广告的品牌传播意识。一些肩负民族品牌使命感的企业家，开始了艰难的品牌创业之路。铺天盖地的“三株”口服液广告，“太阳神”口服液“健力宝”，巨人集团的“巨人”等广告给大家留下了深刻印象。太阳神公司前期默默无闻，到后期出现较高的经济效益和知名度，广告起了非常重要的作用。从最初求生存期的广告口号“保健至上，健康之选”到产品竞争激烈时期的“汲取生物精华，焕发生命潜能”的口号，再到公司飞速上升时期“光明与生机——太阳神的奉献”等口号，再到兴盛时期的“当太阳升起的时候，我们的爱天长地久”，广告创意从最初单纯的利益诉求逐渐发展到关注社会人文精神。依靠广告的神奇力量太阳神成为响彻大江南北的品牌。创造销售奇迹的三株口服液在广告策略上更是充满着创意。三株从来不吝惜广告的投入，与此相反的是，除了常规的产品广告外，它把主要精力都投放在形象广告上。在中央电视台和地方电视台购买了大量非黄金时段的广告段位，用以播发并不精美但充满语言诱惑的三株形象广告。其中最突出的主题是三株争当中国第一纳税人和振兴民族企业。三株还在一些充满着政治色彩的主流报刊，刊登整版的宣传文章，传播三株的民族工业理念。之后他们又把这些文章以及显赫的报道放进它的各种宣传小册子中，仿佛一夜之间三株成了最受欢迎的企业。三株还热衷于赞助各种学术科研活动，这些活动为三株带来了良好的舆论曝光度，也帮助三株赢得了各种奖章、证书和头衔，这些全部出现在三株的宣传广告中。在广告宣传上，三株富有创造性地走出了一条让专家说话，让患者见证的独特的宣传方式。将国内外专家融入三株的宣传中，并首推专家义诊的行销模式，最终导致自己的信誉危机。[①] 大范围多角度长时间的广告宣传是这一时期很多民族企业采用的广告方法。1996 年山东秦池集团参与中央电视台黄金段位的竞标，花 3.2 亿元人民币换取一个“标王”的位置，短时间迅速走红市场。虽然这些品牌都曾经红极一时，但由于缺乏品牌长期维护的能力，又很快从市场消失了。

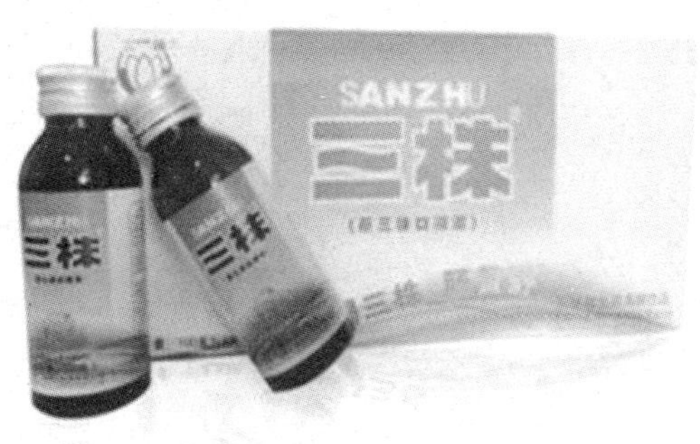

**图 5－4　三株口服液广告**

4. 名人广告迅速成为处于稳定发展期的中国电视商业广告中的一道独特风景

20 世纪 80 年代的电视名人广告的创意思路，通常就是让某名人在电视上为某产品做直白推介。而在 90 年代后，名人广告融入故事与情节，更为生动起来。尤其是这一时期随着许多新技术的应用，使得电视广告的视觉表现更加精致与细腻。这些都无疑使名人广告的创意有更大的发挥空间。大量名人广告开始涌现，像出产于孔孟之乡的“孔府家酒”，启用影星王姬演绎出了一个打动人心的家的故事。90 年代初期，一部以漂泊海外的中国人悲欢离合的故事为主题的电视剧《北京人在纽约》牵动了亿万中国人的心，该片的故事情节为演绎漂泊与回家的家园情结提供了最好

① 《三株“帝国”为何如此脆弱》，《江苏商报》2016 年 3 月 11 日。

的契机。“孔府家酒”非常及时地抓住了这个契机，利用这部电视剧营造的感人氛围，演绎了更为深情的家的故事。当“孔府家酒”广告片中饱含深情的歌声“千万里，千万里，我一定要回到我的家。我的家啊，永生永世不能忘”结束的时候，《北京人在纽约》的女主角王姬深情地说出了“孔府家酒，叫人想家”的广告词。这则充满文化情感的广告播出后不知引起了多少观众心灵的回响，在1995年全国第四届广告作品展上，孔府家酒《回家》获得了电视类广告的金奖。

**图5－5　孔府家酒的广告**

20世纪90年代前后，随着众多国际品牌进入中国，我国的广告创意整体上处于上升阶段，正从无序走向规范，从初级迈向成熟，从国内视野转向国际平台，从一般化运作逐渐形成专业化运作，由单一走向多元化的发展体系中。

## 三　广告创意的繁荣阶段：多媒体广告大融合

进入21世纪以后，伴随着网络、手机等新媒体的涌现和蓬勃发展以及“营销”“媒介”“整合”等概念不断演变，广告创意表现出异彩纷呈的景象。这主要表现在四个方面：一是随着市场的逐渐成熟，广告创意开始更多地关注消费者。二是随着新媒介的崛起和迅速发展，创意与媒介的关系越来越紧密。传播即创意的概念被提出。三是广告创意越来越多地关注公益主题。四是文化因素开始融进广告创意中。

1. 广告创意转向社会营销导向

广告大师奥格威认为“广告唯一正当的功能就是销售（To sell）——

不是娱乐大众，也不是运用你的原创力或美学天赋使人们留下深刻的印象”。[①] 21 世纪，在新的营销观念的影响下，广告主逐渐接受了先进的营销理念，导入管理营销，过去那种不惜投入追求品牌形象的广告减少，在广告表现上，与商品毫无关系的形象广告逐渐消失，与社会信息有关的广告创意增多。

典型的案例是南孚电池的广告，在中国面临申奥成功，举办 APEC 会议，进入 WTO，以及冲击足球世界杯等一连串机遇之时，作为国内第一品牌的南孚电池，适时地结合它一贯的广告主题——坚持就是胜利，结合国家重大热点，做出了“坚持就是 2008 北京奥运会”，“坚持，就是中国人心中永远的世界杯”，“坚持就是与世界经济接轨，就是世界经济的原动力”，“坚持就是胜利”的广告创意，因为与社会热点的紧密结合，提高了广大消费群的认同度。

海尔集团的“真诚到永远”，以真诚为创意核心点，向社会承诺用真心诚恳的服务理念为大众服务。哈药集团则向社会大众发布“生命宣言”，创作了以“用生命做证”为主题的形象广告，诠释哈药集团对待社会大众生命的责任。创意中反复强调“我们的科技用生命做证，我们的责任用生命做证”，广告以富有冲击力的歌曲“为每一次心跳欢呼，为每一次呼吸喝彩，为每一次灿烂的笑容感动，生命万岁。”向社会大众做出承诺，“拓展人类生命空间”这场对社会大众的“生命宣言”显示着中国广告创意担负的社会责任。

2. 充满人文关怀的广告创意作品越来越多，父子母子亲情，人与人之间的亲情成为广告创意主题

随着社会竞争压力的增大，人伦关系的冷淡，对亲情的呼唤成为这一时期的广告创意主流。这一时期涌现出腾讯的《心无间》、支付宝的《郑棒棒的故事》、百事可乐的《把乐带回家》、大众银行的《生命树》等多个反映人伦之情的广告作品。其中较有代表性的是支付宝的《郑棒棒的故事》。

支付宝的广告短片《郑棒棒的故事》，通过“真实感人”与巧妙的传播策划配合，在两周内创造了过千万人次的真实播放数据和良好的口碑，

① ［美］大卫·奥格威：《广告大师奥格威——未公诸于世的选集》，庄淑芬译，生活·读书·新知三联书店 1996 年版，封底。

**图 5－6 南孚电池广告**

获得 2011 年互联网年度最佳营销创意奖。《郑棒棒的故事》讲述的是重庆一位贫穷“棒棒”与货主失联之后，信守承诺，不负托付寻货主的一个真实故事。2011 年年初，以挑担为生的“棒棒”郑定祥，在重庆万州城里帮人挑了两大包货物。结果，挑货途中，货主不幸走失了，遗落两袋价值万元的羽绒服货物。当时，郑定祥正面临巨大的困境：妻子病发住院，急需用钱。但面对这笔意外之财，郑定祥丝毫没有动心。他全心全意地守护着这批货物。严寒天里，他顶着感冒，发着高烧，冒着雪雨日夜苦寻货主。没有收入，他只能连夜赶赴老家借钱，陪老伴做完手术，又返回万州寻找货主……直至 14 天后，两大包货物的主人终于找到，压在郑定祥心中的大石头才落下。这本来只是一个平凡的故事，但却在网络上引起了巨大反响。在微博、各大论坛上，网友纷纷转载，争相留言，主人公那句“缺钱不缺德”也成为网络流行语。不少观看过该短片的网友表示，郑定祥的行为深深地触动了他们，让他们感受到坚持信任的意义。海南养生堂的龟鳖丸则将视角放到关注老年人退休后的落寂心理，推出《爸爸的故事》，以“爸，你没老，在我心里你永远是我的依靠……”鼓励老年人活出自己的天地。

3. 依托于新媒介强调创意主题的病毒式广告盛极一时

新型媒体的崛起推动着广告追求独特“创意”，以吸引大众的眼球。

盛极一时的是 2006 年，雅虎网邀请了中国的三大导演：冯小刚、陈凯歌和张纪中，分别拍摄了《跪族》《阿虎》和《前世今生》三则“搜索”主题系列广告，依靠三大掌门的人气迅速走火，为雅虎赚足了人气。2008 年年初，星巴克在上海地铁中投放了一部名为《晴天日记》的“电

图 5－7　支付宝《郑棒棒的故事》

视剧”，成功混合了影剧和广告。这部电视长剧将以连续剧的形式每天播放一集，每集只有几分钟，一天内多次重复播放。全剧在 40 天内播放完毕。借助新媒介的全新创意形式吸引了大众的关注。

其后，微博媒介上盛传“杜雷斯之雨夜传奇”，借助 2011 年北京雨水多，大雨滂沱之时，由私人账号@地空导弹首先发起，“今日北京暴雨，幸亏包里还有两个杜雷斯”配着图文，其后杜雷斯官微紧跟着反映“粉丝油菜花啊！大家赶紧学起来!! 有杜蕾斯回家不湿鞋～”配着图文，迅速转发起来，该条微博在发出的一小时内就获得了 29536 次转发，第二个小时获得 17247 次转发，前六个小时共获得 81611 次转发，累计获得惊人的 62138520 次曝光。如果微博上每 CPM 按照 10 元人民币算的话，这条微博就为杜蕾斯带来了 62 万元的曝光价值。探寻敏感话题，进行创意传播成为新媒体环境下广告创意的主要特点。

联合利华为推广新产品——凌仕，借助把妹话题，进行病毒传播。“凌仕效应”的 ID 发布了这样一条信息：“享受猎女，但绝不乱来；懂诱惑荷尔蒙，也懂有节有度；拒绝一味迎合，有血性，也可以有异性；少啰嗦，少迂回多点自信；解锁女人心不难，我们教你!”之后，这个主色调为黑色的网页充斥着关于“把妹”“释放荷尔蒙”的各种信息……视频、图片、有趣的调查，以及时不时的牢骚或得瑟。与此同时，品牌代言人陈冠希在网络创意广告片中穿着白大褂，说着语速不快的普通话，以“陈老师”的身份提醒你：“凡事有节制，原因……你懂的。”凌仕借土豆网打造十余条病毒视频，针对年轻群体的行为特征和趋势，全程策划凌仕效应的引爆。播客自发上传的形式，打造互联网第一次由网友全程参与的 2.0 真人秀热播视频，将新媒体最火的“病毒视频化”结合中国年轻男性群

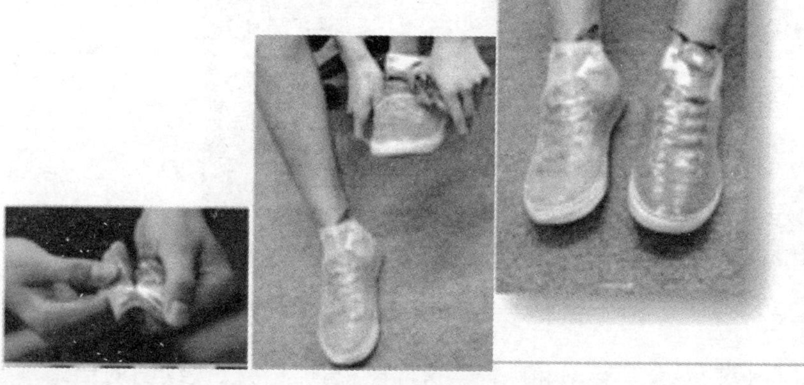

图 5－8　杜蕾斯“鞋套雨夜传奇”

体的心理和喜欢的基调，催化出凌仕效应下各种故事的集结。许多网友更是跟风自制上传“凌仕效应”视频，一时间“女追男”现象被年轻人追捧热议。为配合凌仕新产品在国内上市，土豆网更对凌仕男士香氛 LYNX 新品发布会进行了两小时线上直播，并通过拍摄 AR 虚拟实境活动，让数万网友一同见证了陈冠希和凌仕带来的男士魅动旋风。直播页面总 PV 超过 105481 次，最高同时 5140 人次在线观看了直播。使得广大网友对“凌仕效应”产生浓厚兴趣。

4. 对社会公益的关注成为新时期广告创意的中心内容

伴随着环境污染、食品安全、资源短缺、疾病、地震等各种现象，社会大众的关注焦点转向了各种社会问题。一些有前瞻意识的企业开始把广告重心转移到公益主题。公益性企业广告盛行。这种广告形式是企业对社会公共事业和公益事业的响应，以企业名义倡导一种精神文明观念，它展示一个企业的高度社会责任感，以此来博取消费者的赞同或支持，产生一种关注效应，再转嫁这种关注到企业或产品上，提高品牌的知名度和亲和力，这样的手法是目前企业形象广告使用最为广泛的一种。①

2003 年“非典”时期，国内产生了大批宣传鼓动人们战胜疾病鼓舞斗志的公益广告，发起了一场生命宣言运动。中央电视台拍摄了大型公益广告《直到永远》，面对灾难，当生命与死亡近在咫尺，当职责与信念高

① 企业形象宣传广告，百度百科。

于一切，《直到永远》以爱为证：爱让我们勇敢，爱让我们坚定，爱让我们驱赶黎明前的黑暗，有爱的火焰在心中永远燃烧，人类又怎能被非典击垮?!广告以煽情的话语，激扬的旋律，真挚的情感，触动你我心扉。更让所有胆怯的人们重拾生活的勇气和信心，昂首面对“非典”，坚强不屈。

2008 年汶川地震再次带来毁灭性灾害，国人的团结力量又一次凝聚起来。康恩贝集团以孩子为主题，策划了“贝贝有爱”行动，作了一系列公益广告，用失去亲人和家庭的孩子的视角，感受大地震带来的痛苦体验。“没有了教室，哪有课堂，没有了伙伴，谁陪你玩耍?没有了爸妈，今晚你冷吗?”广告中通过不断重复“也许”，来描绘孩子将来出现的无限可能。每个人心中对孩子都有一份关爱的情感，大家的爱心将是成就“也许”的一分力量。361°则是将自己以往广告语“勇敢做自己”改为“灾难面前，中国勇敢做自己”，在积极进行募捐活动的同时，进行公益广告的传播，灾难过后他们举行了“多一度热爱，献一份爱心”，“众志成城，抗震救灾”，“361°在行动”，以积极的态度获得大家的认可。

5. 传统文化融入广告创意中，在广告创意中体现出越来越多的中国元素

进入 21 世纪，广告创意开始逐渐走向成熟，随着中国热的兴起，民族文化在创意中大展风采，成为广告创意的宠儿。广告创意中对民族文化的运用表现在多个方面。既有对视觉的表现也有文案语言的运用。体现中国文化的水墨画、文房四宝、宫女画、花瓶、旗袍、狮子、龙等元素被广泛运用到产品广告中，譬如具有百年秘传的九江蒸酒的广告用具有传统文化特征的国画卷轴的形式来演绎，古井贡酒干脆以连环画的方式解读《曹操年表》里记载的有 1800 多年历史的“九酿春酒”。水井坊则运用有花中四君子之称的竹兰梅作为创意表现。其金狮篇以雄狮为图腾，以水墨渲染张力，以日晷与祥云等中国元素结合演绎的手法，展现高尚人士的精神追求及大国崛起的文明成就，激发消费者对中国高尚生活的共鸣。在精神层面上，越来越多的企业将本土文化融入品牌，形成独具特色的广告理念，表现出特有的哲学思维。像在中央电视台反复播放的复方风湿片“站如松”的广告，以画卷作为表现载体，舒缓的音乐中依次出现竹简、经络、药鼎、《黄帝内经》等元素，广告文案“站如松，坐如钟，形若流水，身随心动”以中国文言文的语式清晰地表现出产品的功效。早期的杏

花村酒以唐朝诗人杜牧的诗“借问酒家何处有，牧童遥指杏花村”作为广告语，宣传自己历史悠久。今天的杏花村汾酒则借用《天宝遗事》中的记载：“唐玄宗在宫中举行中秋酒宴时，命群臣熄灭灯柱，移筵到月光下进行，月饮，中国最风雅的事，似乎都与酒有关。与三五友，聚中秋夜，明月为伴，无酒不欢。”暗示汾酒是历史上最具风雅的酒，文人墨客赏月饮酒时必备之用。传统文化中的典故也被运用到形象广告中。九易广告用隆中对、草船借箭暗指其品牌服务知彼知己。此外，关公、李白、贵妃、刘备、张飞等古代人物形象也被应用到广告创意中，尤其是2008年前后，在广告创意中，中国文化成为其表现主流。

**图5－9　《站如松》广告**

6. 新技术的不断涌现使广告传播呈现出全新的变化

广告创意不再只是内容上的创意，更多地表现为媒体和技术的创意。2012年招商银行利用微信媒体展开“爱心漂流瓶”用户互动活动。在活动期间，微信用户只要用漂流瓶或摇一摇功能找朋友，就会看到招商银行点亮蓝灯。只要参与或关注，招商银行便会通过“小积分，微慈善”平台为自闭儿童捐赠积分。招商银行进行简单互动就可以贡献自己的一份爱心，这种简单做善事的方法颇为吸引人。星巴克推出的闹钟形状的App早起鸟，在用户设定的起床时间闹钟响后，只需按提示点击起床按钮，就可得到一颗星，如果能在一小时内走进任意一个星巴克，就可得到打折的咖啡——现代技术与艺术的结合成为广告创意的发展思路。传播即创意的时代到来了！

总之，进入21世纪后，中国广告创意走向成熟，在与国外广告的交流和合作中，中国广告创意迅猛发展，在内容、形式等各个方面逐渐向国际先进水平靠拢。广告作为社会文化的反映，展现了极为丰富的社会文化生活。

## 第二节　近三十年日本广告创意的发展变迁

日本的广告创意兴起于20世纪五六十年代，历经二十多年的发展，至20世纪80年代，日本商品社会极大丰富，广告创意已经十分成熟。因此近三十年的日本广告创意一直呈现出经济兴盛时期的五彩斑斓的繁荣景象，描述了日本社会五光十色、光怪陆离的社会场景。在这30年中，日本广告创意的主题和内容早已不再局限在产品的功能诉求上，更多地深入到大众的社会生活和内心深处，反映出不同时代人们的社会生活、内心苦闷和时代问题。在广告创意中，我们更多地感受到人们对生活观念和社会价值的反思，广告甚至通过提出有价值的社会提案来改变人们的传统观念和生活方式。对于日本广告创意发展阶段的划分，我们依据同时代中国广告创意发展阶段的划分标准，以便于更好地比较两国广告创意的异同。

### 一　广告创意的繁荣时期：新生活方式的广告提案

从20世纪80年代开始，日本成为世界经济大国。1985年9月，日元大幅升值，带来对外投资兴旺，1986年日本取代美国成为世界最大的资金供应国，1988年日本在国外资产达14693亿美元，成为世界最大净债权国。从1985年到1987年，日经平均股指从13113点上升到26000点，翻了一番，1987年年底，日本股市市价总额占全球41.7%，超过美国成为世界第一……经济的极度繁荣，使国民的消费水平又上了一个新台阶。经过“温饱时代”的旧3C（电视机、洗衣机、电冰箱），到“生活时代”的新3C（彩电、空调、汽车），消费者家中的日用品已经齐备，且完成了升级换代，此时社会的主流风格是“品位”，人们逐渐由追逐物质消费，进入追求个性化消费的时代，“追求与众不同的有品位的生活”成为社会的主流意识。

1. 广告创意涉及的主题极为丰富，遍布生活的各个角落。1980—1990年，是日本经济极度繁荣时期，在这一时期的广告中，我们看到既有饮料、啤酒、方便面等产品，又有电视机、电冰箱、照相机、汽车等各种各样的电器产品，还有房产广告、糖果广告、电玩广告、电脑广告、信用卡广告、酒店广告等。广告的门类繁多，涉及生活的方方面面，广告创意已经非常成熟。展现出日本经济发达社会极其丰富的社会场景。在表现风格上，各种各样新产品层出不穷，其广告表现大多采用以商品为中心的诉求方式，也就是以产品最基本的特性和性能、使用的便利性的功能特色为主，夸大并扩大产品功能的特性成为吸引大家关注的创意手法。以汽车广告为例，GEMINI 汽车广告以街的游击手为主题，一会儿单侧轮子翘起，一会儿空中飞车，采用各种特技表现汽车在各种道路上游刃有余地行驶。引擎强劲、耐久性好、舒适性佳、刹车制动好是这一时期多数汽车广告的主要诉求。它的创作手法已非常娴熟，各种特技被成熟地运用到广告表现中。

2. 作为社会生活的映照，广告创意的主题开始呈现出富裕生活下对生活方式的反思。进入 80 年代，日本的经济实力进一步增强，欣欣向荣的经济环境使日本社会处于富裕生活阶段，从而衍生出多元化的需求。随着新技术、新的生活观念从海外大量涌入日本，人们开始奉行“金钱 = 购买力”的唯钱论观念，认为金钱可以买来所有想要的东西。日本经济的持续高速发展使人们的生活方式呈现出多元化的发展趋势。在这种多元化思潮的影响下，日本的广告传播也从以往简约质朴的生活观中摆脱出来，转而争相塑造新商品、新消费型生活模式的提案。这个时期的广告以出生于生育高峰期被称为“团块世代”的年轻一代为主角，描绘了他们充分享受自由与富足生活的景象①，广告迎来了比社会性视野更大更宽广的时代。在广告作品中展现了人们新的疑问：个人的富裕生活方式到底应该是什么样子？有人认为吃喝玩乐是富足生活方式的生活形态，如著名的歌手、广告文案撰稿人井上阳水为日产汽车所拍的一部电视广告，井上阳水开着日产车奔驰在乡间公路上，潇洒地对着镜头外的观众说“你好吗?”绝尘而去……画面出现他自撰的广告语“吃、睡、玩”，这则广告主要迎合那些追求自我、喜欢享乐的年轻人。企业也适时地极力塑造全新的生活方式以吸引大众的眼球。再如松下电器公司将某些小型家电组合起来，定义为“育儿家电”，针对那些需要照顾幼儿的人群的需求。这一时期的广告诉求已经不再针对人们的消费能力，而是针对人们的消费偏好进行诉求，这一转变有着深刻的社会和学术背景。

---

① 丸茂巧等:《日本广告的表现特征（续）——从广告的不同发展阶段看广告的特征》,《中国广告》2003 年第 8 期。

3. 广告还敏锐地触及日本人的意识、生活环境以及人际关系的变化上。在80年代前期的电视广告中所塑造的情节都是依从日本文化展现贤妻良母的形象或是母子父子其乐融融的和谐场景。而到了后期，新生代年轻人成为社会主流，广告受众以出生于生育高峰期被称为“团块世代”的年轻人群为主体。描绘了他们充分享受自由与富足生活，具有叛逆精神的景象。成为这一潮流先驱的是钟纺“lady80”的广告运动，其基本概念是“80年代是女性的时代”，“自立的女性才是真正的美”，以树立新的女性的生活方式。这一广告运动使lady80系列产品的销量直线上升，取得了很好的广告效果。“80年代是女性的时代”，“飞翔的女性”等口号呼唤着女性时代的到来。[①] 最有代表性的例子是夫妻关系在这一时期发生了巨大的改变。长期以来男性在家庭中占有绝对的领导地位和强权行为，女性依附男人仅处于从属地位。“贤妻良母”是对女性的行为规范和要求。彻底推翻这种传统夫妻关系的是丸井的广告“信用销售”篇[②]。广告表现了各自都不完美的两个人相互取长补短、相互扶助的平等朋友式的夫妻关系，引起了人们的共鸣。彻底打破了以往广告中女性处于弱势，依附于男人的定式形象，以轻淡的笔触描绘更放松、更真实自然的人际关系。涉及负面部分的广告也是在这一时期出现的。从这时起广告不再仅仅塑造正面的形象和楷模，也成为人们抨击时弊的武器。广告开始通过提出有价值的社会新提案来改变人们传统生活方式。

4. 80年代的日本消费者开始追求文化的特质，愿意购买富含文化气息的商品，企业也根据消费者的需求，在广告中大量运用文化性的元素，广告商品的文化特色在创意中开始展现。早在80年代初，日本社会民众的关注焦点逐渐转向了对体育、文化、时事等的兴趣上，为了适应大众关注焦点的变化，三得利设立了文化财团，佳能和日本航空共同从外国邀请电影导演，举办了“文化的起源——语言和形状”的国际研讨会。味之素的“饮食研讨会”、三井物产的“学习的出发”等不胜枚举。[③] 企业间

---

① ［日］植条则夫：《广告文稿策略——策划、创意与表现》，俞纯麟、俞振伟译，复旦大学出版社2000年版，第180页。

② 丸茂巧等：《日本广告的表现特征（续）——从广告的不同发展阶段看广告的特征》，《中国广告》2003年第8期。

③ ［日］植条则夫：《广告文稿策略——策划、创意与表现》，俞纯麟、俞振伟译，复旦大学出版社2000年版，第181页。

的相互竞争扩大到了文化活动领域，企业在广告文化领域的建设方面投入了大量精力。与企业的活动相结合，广告传播方面主要以突出企业的文化特质为主。下面举几个当时的典型的广告案例。国铁（现 JR）的“佳日出行，人生其二”的广告运动[①]，其内容是向已经完成养育孩子重担的夫妇提议进行富有新婚气氛的旅行。在日本，大家普遍认为当父母完成了抚养子女的任务，子女长大成人后，人生的大事基本就完成了，其后的生活也就没有了奋斗目标。国铁针对子女已成年的夫妇发起了拉开人生第二幕的呼吁。帮助他们规划第二生的生活，提出了二次蜜月的概念。通过这一传播活动，激发了孩子已长大成人，今后生活毫无打算这一目标人群潜藏在内心深处的生活激情，他们纷纷参与并介绍给自己的朋友，使二次蜜月成为一种生活方式流行起来。另一个非常有名的广告战役是日产所做的脉冲装置的广告，这一广告将重视文化的人、不追求虚荣的人、老老实实生活的人所拥有的汽车作为诉求重点，与当时盛极一时的 lady80 的推崇职业妇女的诉求重点相对应，在广告中提出了女性喜爱的新概念，并采用实证形式详细地阐释了女性之所以喜爱的理由，使产品形象融入注重实用精神的主妇的家庭生活中。

5. 广告成为社会观念的引导者，导入营销理论的概念。管理营销和社会营销的概念开始出现在广告理论中，这在广告实践中马上产生了激烈的反应。代表性的案例有富士复印机“从猛烈的到美丽的”广告运动，在富士复印机的广告活动中，大众看不到任何关于商品特性的信息，感觉不到有关商品性能的信息资料，在广告中，我们接收到的是新的概念、新的思想和新的价值观等社会性信息，“从猛烈的到美丽的”的广告语，宣告与猛烈的繁杂的社会生活模式的告别，人们的生活应该转向美丽的、轻松悠闲的、充满生活情趣的社会情境中。帝人 Scholar 的广告活动则完全抛弃了对品牌的直接宣传，突出表现在忽视人的社会里，人本来应有的样子，重点阐释 Scholar 一词所蕴含的深层次的含义，即“美丽以及多利用闲暇时间，过自己想过的生活”。[②] 这些概念的塑造显示日本的广告创意已脱离单纯的产品自身的性能和单纯的品牌宣扬，广告被企业作为培养新

① ［日］植条则夫：《广告文稿策略——策划、创意与表现》，俞纯麟、俞振伟译，复旦大学出版社 2000 年版，第 181 页。

② 同上书，第 180 页。

的社会观念和认识的引领者，在意识形态领域更深一步进行创意，广告正是从商业层面展现了这种社会心理与社会文化的转变。

总之，20 世纪 80 年代日本的广告创意已处于较为成熟的时期，广告创意经历了由单纯的功能诉求到特技表现再到个人的心理观照的转向，进而成为社会流行观念的引导者，促进日本经济的快速发展。

## 二　广告创意的纵深发展阶段：回归自然温馨淳朴的愿望

到了 20 世纪 80 年代末 90 年代初，1990 年是日本经济的又一个分水岭，“世纪末大萧条”开始。1990 年年初，日本股价开始暴跌，同时地价也急剧下跌，日本经济神话破灭，进入了“逝去的十年”，经济持续负增长。日本金融泡沫破灭。隐藏在繁荣背后的欲望、不安、真伪、善恶之间的矛盾如同山洪暴发一般奔涌而出。此时，描写社会、家庭，以及大众个体心理的广告也充分描绘了泡沫经济的时代，给人们留下了深刻的印象。在 20 世纪的最后 10 年里，日本的广告诉求带有明显的哲学意味和思辨色彩，主要原因有二：一是日本泡沫经济的破灭，二是网络的兴起。

1. 低迷的经济抑制了消费需求，商业萧条。消费者清醒之后开始反思，寻找真正的自我，寻求体现自我、适合自我的生活方式，成为当时社会的主流思想。当时最为流行的是新干线的广告语：“休息吧，日本!”，“对呀，去京都吧”（日本人把京都看成自己的精神家园），日产汽车的经典广告语“东西，不如记忆”更反映出人们对拜物主义消费观念的反思和对精神家园的追求，带有一种无奈和孤独的味道。这一方面是经济萧条的反映，另一方面是网络时代新型人际关系的反映。互联网在影响人际关系方面产生了两个截然相反的结果，它一方面缩短了人与人的空间距离，另一方面又拉大了人与人的心理距离，使传统的基于血缘、地缘、姻缘的人际关系纽带受到挑战，消费市场呈现出碎片化、动态化、复杂化趋势。这种趋势使得消费者研究模型由“小众”变为“镜众”（电通广告公司首先提出了“镜众”的概念，把那些在网络上受别人影响又影响别人的人称为镜众，这些人像镜子反射光线一样，利用网络主动将自己接收到的信息传递出去，影响他人，由“镜众”们构成的网络群体是松散的、流动的，人际关系充满不确定性，这正是人们追求“永恒不变的价值”的动力），而这一时期的广告正反映了人们的这种矛盾心态。JR 东海推出的日本休假广告，强烈地反映了当时日本人疲倦的心境。日本人被认为是过于疲劳的民族，JR 东海广告明确以休息为主题，号召多一点休息，多一点出外旅行。其报纸广告的文稿结构大致可划分为：

Attention——

最必须休息的人是最不休息的人。

Interest——

各位，“日本在休假吗”要反省过劳，要善于休息，要恢复心胸的富裕。

我们这样的口信捎到了吗？

Desire——

开始这项宣传时，从年轻人那听到这样的声音“为我们说得太好了”，但是从年岁大的，特别是担当管理职务的人们那里传来的是“即使说了这么些，也——”的冷冰冰的声音。

Memory——

居世界正中的人，休息不了

最求助于人的人，休息不了。

至今一直在创造这个国家幸福的您，

就是明天起拉着世界走的您。

Action——

调整一下身体和心理的状态，

从今起，也希望您努力加油

即使帮不了您的工作和您的休息，

我们还是要唠叨下去。①

针对 90 年代经济萧条，人们忙碌疲劳，疲命于奔波的状态，JR 公司适时地提出了“休息吧”的广告诉求，维生素 A 则直接针对社会热点，将“疲劳的人是好人”作为自己产品标题，对处于身心俱疲的忙碌一族，这是最大的慰藉。它赢取了大多数日本人的心理共鸣，对企业和产品起到了很有效的宣传作用。

① ［日］植条则夫：《广告文稿策略》，俞纯麟、俞振伟译，复旦大学出版社 2000 年版，第 49 页。

2. 对于日本人来说，自然就是神灵赐予的神物，温润亲近，绝不与人类为敌。这是因为日本处于温带，温暖而潮湿，在他们看来，自然带来了生命，带来了食物。处于农耕社会的日本，人们回归自然，与自然共生。于是，与自然共一体，融自然之心于己心的理念成为日本哲学、思想、宗教等一切精神活动的根本。当日本经济出现崩盘，人们精神无所适从的时候，返璞归真、重返自然成为当时处于矛盾徘徊中的人们的精神归属。在90年代的广告中，这种返璞归真的广告创意成为一种流行风尚。

在1996年戛纳国际广告节获得金奖的日清（杯面）电视广告在日本国内引起了巨大反响。广告的内容是原始人一家三口（父亲、母亲、孩子）由于饥饿，到处寻食，来到一棵大苹果树下。孩子先举起大锤敲打了一下树干，少许苹果顿时散落到地上。于是大人又敲一下，更多苹果落下，他们高兴极了，等再敲击一下之后，突然一只豹子落了下来。三人大惊失色，豹子也饿极了，立刻向他们扑来。在豹子的追赶下，三人围着苹果树团团飞转，这时屏幕上出现字幕：hungry？（饿了吗）。与这组广告相组合的还有一组系列广告，一家三口发现地上有一块美食，但令人担心的是美食在一只熟睡的豹子旁边，他们悄悄地去拿美食，就要成功拿走了，可这时候，男主人放了一个屁把豹子惊醒，豹子立刻向他们扑来，他们惊慌逃命。还有原始人在海边悬崖上用鱼钩捉鱼的情节，均在hungry字母后出现日清杯面。

日清食品系列广告带给人们的是新奇，在看完之后总是情不自禁地发笑，原始人的生存环境与现代社会的高度文明形成强烈的对比，笨拙地从事原始狩猎的野人为了人类最基本的生存需求，不畏艰险地谋生的场景与当时的日本社会人们的心境形成了强烈的反差。让富裕的现代日本人去回味早期历尽艰辛换来的美味的感觉，是一件非常困难的事。然而以原始人与原始动物之间的角逐激发大众回味早期为疗饥而付出的那些辛苦，确实是自然的、新奇的。其实这则广告的诉求与大众对日清食品的需求并不相称，当经济极为繁荣时，人们进食已不再仅仅是为了饥饿，人们的美食需求要比人类最初的原始需求要复杂得多，但这则广告不是仅仅满足人们浅表层次的需求，而是关注当时人们内心的饥饿——在金融危机经济衰退环境下，人们对休息下来，回归自然的渴求。现代广告时尚的消费诱导和超负荷刺激使得人们感到烦闷，这则广告回到原始、回到蛮荒、回到本能，使人们摒弃喧嚣，心灵宁静，得到一种彻底的放松和解脱，满足了大众的心理需求。

还有三得利的路牌广告，整个广告就是一幅中国桂林山水的巨型照片，远处群山层峦叠嶂，涌流的云彩从容流畅，近处的水面平静苍翠，只是在左下角上有一个三得利酒的酒瓶。从画面来看，我们很难发现产品与环境之间的联系，然而仔细回味，便觉意境无限，在经济萧条、人们精神困惑的时期，喝三得利酒会将您带到自然神工鬼斧造就的室外仙境。在这里，你会感受到宁静清新，心旷神怡，忘记所有的忧愁和烦恼，心灵得到安闲和净化。内心的烦闷和压力一下子得到释放，获得暂时的心理安慰和平静，享受到返璞归真的精神快感。三得利的另一则酒广告则是通过两只破底的酒桶看到原野天空纯净绚丽，以纯自然的美好感受来表明酒的品质，给人带来精神上的愉悦。

3. 广告空间形成“少女当道”和“金婆婆、银婆婆”热。90年代后日本迎来了经济增长停滞的时代，许多广告主出于经济等多种因素的考虑，舍弃明星广告，转而另辟蹊径，从无名的清纯少女和老人中选择广告代言人。在20世纪90年代的日本形成了广告空间的“少女当道”和“金婆婆、银婆婆”热。

日本名古屋两位100岁的孪生姐妹——成田金、蟹江银，在1992年的日本敬老节的电视特别节目中亮相，该市市长还亲自登门拜访，金婆银婆即刻成为全日本的知名人物。DUSKIN、狮王、通贩生活等公司纷纷用金婆银婆做广告。其中，尤以狮王公司的广播广告“两人加起来满200岁篇”为最出色——

（女1）你变老了。

（女2）你也是呀！

（女1）但是气色却不错。

（女2）是吗？你也是嘛！看起来十分硬朗。

（男声旁白）对话中的两位老太太，是现在住在名古屋的成田金、蟹江银老太太。两人是今年刚满100岁的双生子。

（女1）我从来都不生病。

（女2）我也是一向都很健康。

（女1）我喜欢红肉的生鱼片

（女2）我喜欢白肉的。

（女1）我平常都自己洗衣服。

（女 2）我也是，一直都还做家庭主妇的工作呢。

（男声旁白）这两位同为 100 岁的老太太现在都还是家庭主妇，名字合起来正好是象征吉利的“金银”。狮王公司今年正好也满 100 年，它创立于明治 24 年，那时还是挽着武士发髻的人随处可见的时候。狮王生产的厨房、洗涤、浴厕用品伴随日本人至今也已经 100 年，今后仍将扮演您日常生活中的好伙伴！

（女 1）今后我还有许多有趣的事要做。

（女 2）我也是呀，我觉得人生来日方长呢！

这支广告巧妙地把长寿、健康的两位百岁老人与狮王公司 100 周年联系起来，借助百岁老人的健康长寿表达了狮王集团的历史悠久和健康成长。针对日本老龄化严重的现象，狮王集团将百岁老人作为企业形象的创举引起了社会各界的广泛关注，成为大众津津乐道的话题。

4. 夫妻关系、家庭生活也成为这一时期广告关注的焦点。20 世纪 90 年代的广告更加清晰地折射出夫妻在家庭生活中地位的改变。金鸟的“衣柜除虫剂”广告中妻子们的对白：“在衣柜里放上除虫剂，只要老公身体健康，不回家最好。”成了时代的流行语。“只要把钱交到家里，人不在家才好呢！”广告表面上以幽默的手法表现了由于工作繁忙而经常不在家的丈夫和似乎已经想开了的妻子渴望丈夫不在家的逍遥生活，但在表面若无其事的背后隐藏着对丈夫工作繁忙经常不在家的日本普遍的家庭状态的抱怨及对家庭的失落感。因为具有普遍性，反映了更多女性的心声，所以加强了冲击力。正是这种针对真实生活的发自内心的讽刺挖苦使广告创意具有更深层次的文化意蕴和内涵。广告不仅能折射社会生活中的正面信息，还描绘出藏在光亮面背后的负面部分。

在表现生活的不和谐的同时，广告作为人们理想的生活方式和思想的引导者，也在极力倡导着温馨和谐的家庭关系。曾荣获日本电通最高奖的日本松下传真机电视广告，以“温暖于人间的信息交流工具”为主题着力渲染夫妻的深情厚谊。电视画面展现的是一个普通的日本家庭生活片段，年轻活泼的妻子在做家务时不小心摔碎了一只茶杯，她急需另买一只，便用松下传真机与正在上班的丈夫联系，下班时，天下起了大雨，丈夫想起了出地铁口后还有一段路程才能到家，他便用松下传真机和妻子联系让他务必到时带把雨伞在地铁口等他。夫妻见面后彼此用手语交流——

**图 5－10 金鸟的衣柜除虫剂**

原来妻子是哑巴。难怪他们不用电话联系。两人用传真机进行心心沟通，恩恩爱爱，构成一幅温馨和睦的画面。这则广告将传真机这样一个远离人类情感的信息传递工具与夫妻温情融合在一起，表达得体贴入微，给人心理上带来温暖的感觉，渴慕和希冀拥有这样的家庭温馨。美好总是令人向往的，在疲惫的经济带来疲惫的夫妻关系的情境下，这样美好情感的夫妻关系令人们回想起夫妻最初的温存。

20 世纪 90 年代的广告创意反映了泡沫经济时代人们渴望摆脱苦闷、压力、烦恼，开始反思真正幸福的内涵也展现了人们希望追求内心的宁静和解脱，渴望回归自然温馨原始的社会生活的强烈愿望。这一阶段，日本广告创意的典型突破是在广告创意中开始出现社会、家庭以及个人心理阴暗面的创意，因为真实所以受到社会大众的广泛注意，大量以真实笔触描写生活的广告获得国际大奖，这给日本唯美主义的生活观带来了巨大的冲击。贴近生活发现生活中的不和谐因素，表现生活的阴暗面的广告在这一时期似乎更有力。

## 三 广告创意的全球化阶段：创意呈现国际化趋势

从 20 世纪 90 年代跨入 21 世纪，日本经济开始复苏，以往各种疲软的社会经济、紧张的人际关系得到缓解。此时，网络媒体迅速发展并昌盛起来，消费者的媒介习惯发生了很大变化，对网络投以更多的注意力。尤其是年轻人群，网络、手机、游戏掠夺着年轻人的视听时间，随着网络社交媒体的诞生和不断完善，21 世纪的广告进入社交媒介时代。碎片化的媒体特点使广告创意的各个方面也随即发生了巨大的变化。

1. 创意与新技术结合的实效广告创意成为广告创意的发展趋势。在世界经济全球化趋势更加明显的形式下，现代传播技术和途径都出现了日新月异的变化，广告传播媒体和广告传播方式的整合倾向日益显著。日本在新媒体环境发展和跨媒体广告传播方面都走在了世界前列，互联网与手机改变了人们的生活、工作、娱乐、学习的方式，网络广告和传统媒体广告传播已经开始共同融入消费者的生活中去了。这一阶段的产品广告不再仅仅局限在传统的平面电视广告上，开始出现各种融合新媒体的互动广告形式。

丰田的 App“Backseat Driver”。GPS 功能使 App 的画面与实际的路况同步，儿童坐在后座拿着手机玩着 App，即可跟着老爸一起体验驾驶的乐趣。摩天轮、商店等实际建筑可以成为加分“金币”，收集一定分数可以自定义车的外形。这种互动体验广告使消费者置身真实的感受中，对产品产生深刻印象。

东芝的“The non-stop vacuuming ad”（东京电通作品），在人口密集的京成电铁八千代台站，搭乘扶梯时会注意到卡在踏板下的垃圾样异物，让人捉摸一路。等到走下扶梯的时候就茅塞顿开了。原来是东芝吸尘器在前方，正在大量吸取这垃圾样踏板。这个广告借用了电梯媒体的特性，把吸尘器的模型放在电梯口，在电梯踏板上装上垃圾样装饰，给人造成吸尘器正大量吸收电梯上的垃圾的错觉。还能勾起大众想要在社交媒体上分享的欲望。

值得一提的是乐天 Fit’s 口香糖的系列广告，编制了多个美少女舞蹈和歌曲，在网上形成了病毒式的传播，让很多年轻人纷纷效仿，这则广告在日本盛极一时。更令人惊奇的是 KDDI 电视的以“惊喜、常态化”为题的 Campaign 活动，展示了 4G LTE 技术下的未来科技。活动在东京·港区的增上寺举行，台下 1500 名观众通过特定的手机 App 实现控制喷泉、汽车，以及现场舞台的灯光、屏幕、音乐等设施。运用数码技术和消费者进行新的沟通，下载并启动具有增强现实技术的专属 App，使大众自觉地将手机画面和产品内容互动、拍照、进行网络分享已成为日本广告致力研究的重要广告创意形式。

2. 从目标人群来说，新中年人群成为广告关注的焦点人群。这一年龄段的人们正处于年富力强和事业发展的高峰阶段，具有很强的消费能力。因此商家把注意力集中在这样一个群体。日本是一个依赖心理很强的国家，那些具有强劲经济实力的中年阶层群体的消费者，成为各行业商家最为关注的对象。新中年男人是公司中的骨干，是家庭的顶梁柱，是社会的中坚力量。在日本这样一个论资排辈的社会，年轻人只能是中年人的陪衬。因此大多数广告的目标人群集中在45—60岁的日本大叔。

在日本家喻户晓的威士忌酒——三得利的广告成为大叔人群的广告经典。三得利品牌在日本已有几十年的历史，被认为是日本最好的酒之一，深受日本男士的喜爱。广告描述的是一个担任公司课长的中年男性，习惯于每天下班后去喝上几杯。傍晚下班的时候，年轻漂亮的女下属深情款款地说："课长，我很喜欢你的背影噢！"中年男士装作一本正经地严肃地对她说："说些什么?"女下属委屈地说："只看你一下，不行吗?"中年男士有些尴尬地回答，"说什么呀！"屏幕和画外音都出现了同一句话："恋爱，不是远日的火焰！"华灯初上的街道上，中年男士远去的背影，他突然出乎意料地跳了起来，重复着一句广告语："老就是新。"最后屏幕上出现一瓶三得利威士忌酒。据日本调研专家和广告专家的调研发现，新中年阶层对生活的感受和价值观具有一定特点。他们不愿接受自己的年龄，害怕别人说自己老，所以积极从事时尚的、富有活力的活动，努力挽住青春的尾巴，让自己显得年轻。三得利的威士忌广告抓住了新中年人群的心理特点，通过"恋爱，不是远日的火焰！"的画外音以及男人远去的背影活泼的跳跃，展现这个年龄段人群同样需要爱情的萌动以及青春的活力。"老就是新"一语双关，既表现产品又凸显主题。①

**图5－11　三得利酒**

① 丸茂巧：《进入新世纪日本电视广告表现的特点》，《广告大观》2002年第11期。

3. 广告创意出现国际化的交流趋势。进入21世纪，日本企业和产品与国外的交流进一步加强，大量国外企业进驻日本，日本也在国外大量建厂，日本消费趋向的主旋律出现“全球化、数字化”趋向。在这样的主旋律之下，一系列新商品、新服务、新生活形态应运而生，反映到广告上就是广告创意出现国际化交流的趋势。过去的日本广告在内容上更多地展现日本的文化特色，日本的风土人情，随着跨文化的产品传播，日本的广告创意越来越多地出现外国影星、球星以及风景名胜等国际元素。90年代以后倡导回归原始自然心境而一举成名的日清方便面在21世纪推出了一系列国际化广告，有用法国足球巨星齐达内代言的，有用苏联领导人戈尔巴乔夫代言的，还有用柏林墙的，广告创意中对国际元素的充分应用也从侧面反映出进入21世纪后消费者的关注焦点。

日清方便面的法国球星齐达内篇中，将带嘴的大茶壶当作球，在人声鼎沸的足球场上，巨星齐达内在众多选手的夹击下用胸部停“球”。这个大茶壶在齐达内脚下应用自如，只见他带球，转身，传球，用头顶将大茶壶送进了对方球门。这个场景还原了他在上届世界杯足球赛中精彩的一幕。唤起了很多足球爱好者的狂热。最后的镜头是大茶壶被顶进球门，冲撞到球网上，壶嘴上还冒着热气：“热汤，准备好了吗？”其后出现日清方便面的形象标识。①

日清方便面的另一则广告借助在日本大有名气的美国高尔夫球女将克丽丝·玛吉来吸引大众关注，高尔夫运动是日本人非常喜爱的一项运动，其男子和女子的水平都比较高。广告一开始是克丽丝·玛吉出场及场边观众的欢呼声，当克丽丝·玛吉举杆奋力打向一个特殊的高尔夫球——“一把茶壶”时，茶壶飞向了天空，人群又是一阵欢呼，这时一个不协调的声音出现，一位男观众正在吸溜吸溜地吃着日清方便杯面，工作人员向他亮起一块“安静”的牌子。茶壶落在果岭上（果岭是高尔夫各个球洞旁边的一片特别平整的草坪），当克丽丝·玛吉用推杆击打大茶壶后，大茶壶歪歪扭扭地滚向洞旁，最后茶壶长长的嘴正好插进洞里（在高尔夫专业术语里，这是一个小鸟球），场外一片欢呼。克丽丝·玛吉拿起茶壶说道：“你准备好了吗？”② 日清杯面的形象赫然印在大众心中。

---

① 丸茂巧：《进入新世纪日本电视广告表现的特点》，《广告大观》2002年第11期。

② 同上。

中国的影视明星范冰冰也被三得利乌龙茶用于日本市场的产品宣传。在日本观众和媒体眼中，中国影星简直是个美丽的搪瓷娃娃，甚至可以说十全十美，受到日本大众和媒体追捧，因此三得利选取了日本大众心目中的偶像作为代言人，通过范冰冰餐后喝茶的陶醉表情来展现三得利乌龙茶让三餐变得更美味。2004—2005 年，花王的新产品 asience 的广告使用章子怡作为代言人来传递亚洲黑发之美。在日本广告中国外影星的频繁运用表现出日本广告国际化的程度非常高。

4. 除了国际影星频繁出现在广告创意中，国内影星代言的名人广告也成为 21 世纪广告的主流。日本的电视广告一则广告的时间很短，一般集中在 15 秒左右，要想在这样短的时间内吸引消费者的注意力很难做到，因此很多企业选用明星广告，依靠明星的亲切感和熟悉感吸引大家的注意力。

丰田汽车的真人版哆啦 A 梦系列广告，运用日本大众喜爱的影视歌三栖明星山下智久为主角，针对日本近年来在年轻人间出现“不买车、不会开车”的现象。运用幽默的表现手法描述了 20 年后已成人的大熊、静香围绕汽车展开的一系列活动。大熊从小就有一个梦想是跟静香去兜风，可长大后 30 岁的大熊不会开车没有驾照，约会时总是错误百出，在跟静香约会时，静香要上钢琴课，不会开车的大熊无法送静香去，只好眼睁睁地看着静香被小夫先生带走。大熊看到小夫先生开着车多次跟静香兜风，抓狂了，下决心要开车。这个广告通过明星山下智久扮演单身无能的大熊，在向年轻人提议“汽车生活可以实现很多梦想”。明星山下智久成为大亮点，吸引了无数消费者的眼球。

**图 5-12　丰田汽车的广告**

大冢制药的大豆棒“SOYJOY 花生”TVC。起用日本知名演员瑛太，演绎通过一年 365 天每天食用这一纯大豆健康食品，身体乃至人生都逐渐向好的方向发展。资生堂 UNO FOG BAR 喷雾型发蜡 TVC（日本电通作品）。起用瑛太、小栗旬、妻夫木聪、三浦春马四位型男，目标受众群主要是年轻男性。由于产品特点和四位型男的作用，使得产品也受到女性青睐，目标受众群进一步扩大。在此基础上，大冢制药还推出了四型男 + 宫崎葵版，进一步扩大了消费人群。

Reveur 洗发水的广告，邀请荣仓奈奈、长泽雅美、石原里美、户田惠梨香四人出演。明星广告在日本广告中所占的比重越来越大。据有关部门统计，日本近 50% 的广告起用明星来做广告，日本明星广告的比例远超其他国家。

**图 5－13　Reveur 洗发水**

5. 世界性的环境问题成为各国的关注焦点。在日本，公民的环保意识非常强。在环境保护浪潮中，他们良好的公民意识与保护环境的高度自觉性在广告中很明显地体现出来。有的企业直接做环保的公益主题，还有的企业是在商品广告中夹带有热爱环境、保护大自然的构思和情节。

比如松下电灯的广告，创意者们用电泡内的钨丝或发光体的形状组成了各种英文字母，表现了节省用电，节省能源，拯救地球的构思。广告要表现的主体——灯泡的既节电又使用耐久的商品信息也昭然若揭，非常巧妙。

日清纺的企业形象广告，讲述全球气候变暖，棕熊热得找来小姑娘帮忙剃毛，看着报纸开始担心北极熊的安危，远目少顷，老泪纵横。借用日本的经典童谣，欢快地表现日清纺以环境和能源为重的经营方针。

SUNTORY 南 Alpes 天然水的广告水龄（南 Alpes）篇，旁白：“这片森林将雨水变为天然水，花费 20 年的时间培育这样的水质。”画面中全是茂密森林的清新感觉，轻松欢快的背景音乐，配上森林里各种小动物，自然纯净的环境烘托出 SUNTORY 的纯正水质，森系气息扑面而来。

**图 5-14 SUNTORY 南 Alpes 天然水**

夏普利用森林伐木过程中剩余的材料制作了 15000 部限量版木质手机 SH-08C。广告的制作过程，就是在森林里木琴演奏的过程。小球在木琴上轻轻滑过，自然的流动产生轻柔的自然之乐，幽深的森林，轻盈的小鹿，构成一幅天然环保的优美图景。

21 世纪以来，媒体的碎片化使广告表现的主题和内容日益丰富起来，广告创意日趋成熟。更多的新技术运用到广告创意中，使广告呈现出百花齐放的格局。这一阶段的日本广告创意开始大步迈入国际化的潮流中，在创意中大胆出奇地利用世界元素和国际思维，将广告创意推向全球化。

## 第三节 中日广告创意的比较

在梳理了中国和日本 30 年广告创意的发展变迁后，我们对中日两国的广告发展历程有了较为清晰的认识。中日两国同处于东亚共荣圈，文化的共通性使两国在广告表现上有一定的相似性，但由于两国的广告创意所处的发展阶段、营销阶段以及社会背景的不同，两国的广告创意表现出很大的差异。

## 一　广告创意的差异：创意内容视角

从发展阶段来看，日本广告创意比中国广告创意明显要成熟很多。中日两国广告创意历程都表现出很强的阶段性特点。

20世纪80年代中日的经济背景具有很大差别，因而广告创意表现出明显差距。日本经济已经非常发达，各种商品极为丰富。广告商品涉及生活的方方面面，甚至在国内从没见过的电游玩具已频繁地出现在当时的日本广告中。在广告中描述生活状态、意识形态的广告创意频频出现。80年代的日本广告已经进入在广告中大量展现文化要素的文化信息时代。而此时我们国内仍然处于产品计划供给的阶段，产品资源非常短缺，大部分企业处于对外来商品的加工组装阶段，没有任何品牌意识，买商品还要靠拉关系，找后门才能买到，因此企业的商品宣传意识极差。80年代后期，企业有了一定的宣传意识，但也只是以反复播放产品名称的叫卖式广告为主。

到了20世纪90年代，环境破坏已成为世界性的话题。在日本，企业广告中提出的环境问题越来越引人注目。这些具有社会责任的公益广告成为日本广告的主流。这一时期日本经济发生危机，人们生活水平有所回落，广告开始结合环境问题大量地传播人性回归的主题。中国广告在20世纪90年代是发展最为迅速的10年。在这10年中，伴随着国外大品牌进入中国市场，品牌观念在国内迅速发展起来，许多企业纷纷开始创建自己的品牌之路。国外品牌也纷纷启用已成熟的广告策略迅速侵入国内市场，在国内外广告创意的相互融合中，国内市场广告创意百花齐放，迅速成长。这一时期的成长出现两个特点：一是伴随改革开放消费者的收入迅速上涨，逐渐开始追求商品的个性化特点。二是企业开始注重建立自己的形象，大量的品牌形象广告出现。当日本广告已发展到环保诉求时，中国广告才刚刚开始塑造形象。所以说，这一阶段中国的广告创意与日本仍有很大差距。

进入21世纪，互联网以及媒介的碎片化，使日本的广告创意出现全新的改观。企业在继续强调环保的同时，进一步强调自己的社会责任和对公众的亲切感。随着技术的进步，在日本企业的广告中开始更多地出现依靠新技术来创造互动模式的新创意，使日本广告创意进一步走向讯息科技时代。中国广告进入21世纪以后，意识到前期广告的问题，学习了西方先进的营销理念，开始运用文化营销，在广告中更多地运用文化性因素，深入消费者的心理。经济的快速发展也带来了严重的环境问题，这一时期环保广告开始出现，一些企业开始将环保理念融入自己企业的广告中。伴随互联网的崛起及普及，媒体碎片化出现，广告创意中的技术因素加强，这一阶段中国广告创意展现出齐头并进的发展态势。在国际交流与合作的整体大环境下，虽然中国广告出现多个广告创意时代交融的态势，但与广告在各个阶段都经历了充分发展的日本相比，差距还很明显。

## 二　广告创意的差异：市场营销的视角

西方市场营销概念经历了四个发展阶段，即以生产为中心的阶段、以销售为中心的阶段、以消费者为中心的阶段和强调消费者长远利益与社会整体利益的阶段。从产品策略上来说，日本广告更早地接触到先进的市场营销理论，对消费者和市场的研究较为深入。在广告创意中，建立在大量消费者调研基础上的以消费者为中心的创意理念是其奉行的基本创意策略。中国广告对营销理论接触较晚，对理论的运用还处于初级阶段，基本还处于以产品为中心的策略阶段。

市场营销理论初始于美国，日本从20世纪50年代开始引入市场营销理论，60年代日本经济进入快速发展时期，市场营销原理和方法广泛应用于家用电器工业，市场营销观念被广泛接受。60年代末70年代初，社会市场营销观念开始引起日本企业界的关注。从70年代后期到80年代起，随着日本经济的迅猛发展及国际市场的迅速扩大，文化营销成为主流。广告随即也迅速做出反应。在广告策略上，企业更多地采用文化诉求，通过对文化的回顾和反思增加消费者的好感和认同。如东京许多大商店在1986年一反往常大搞“广告战”的做法，大量开设各种画廊、美术厅、楼顶花园、影剧院之类的文化设施，举办许多书法、绘画、文学等内容的讲座。依靠这些文化设施和活动的吸引使顾客大大增加。而80年代的中国产品资源短缺，产品供不应求，因此产品广告并不需要创意，只是起到告知作用，就会带来很大的销量。因此在策略上，广告创意是以生产为中心，按照企业的要求和想法进行广告传播。

90年代日本的广告创意理论已非常成熟，各种先进营销理念被广泛运用到广告创意中。前期经济的快速发展使产品间同质化程度已经很高，同类产品在品质和功能上很难找出差别。在众多同类产品面前，消费需求变得复杂莫测，消费者对产品的选择也近乎挑剔。争夺消费者成为市场竞争的关键。与此对应的，广告策略也把消费者放到首位。广告创意不再一味地介绍产品和服务，而将更多的精力放到产品和服务给消费者带来的具体利益上。以消费者为导向的广告策略深植于日本企业的理念中。消费者调研成为广告创意必经的环节。而中国的广告市场直到 90 年代才刚刚接触到西方先进的营销理念，这时候的市场已经进入激烈竞争状态，加上国外企业的进入，市场上的商品种类和数量急剧增加，供大于求的市场竞争局面出现。在这种态势下，企业间的竞争加剧，产品“酒香不怕巷深”的观念被彻底打破，消费者的选择空间越来越大。许多产品开始面临销售困难的困境，企业进入到以销售为中心的阶段。在销售为中心的理念指导下，广告创意开始强调产品独特的功能特点，强调与竞争对手的差异性，力图塑造独有形象与竞争对手形成区隔，以图扩大销量。

进入 21 世纪，环境问题成为世界性问题，人们对生态环境、能源等与整个社会利益相关的社会问题普遍关注，日本企业非常重视企业与环境的关系，注意实现企业经营与自然环境和社会环境的有机协调。许多企业以地球和自然、国家和地区、社会和人类的共生作为目标，并在与近邻社区的相互交往、地区绿化、废弃物处理等方面积极承担责任，社会整体利益和消费者长远利益成为 21 世纪营销的中心。日本佳能公司提出了“共生”的经营理念，提出了要以“人与人共生”“人与机械共生”“人与自然共生”来开展企业经营业务。佳能认为，真正的全球企业不仅要与客户及所在社会建立良好的关系，还应当与各国、环境及自然和谐相处，并担负起对社会的责任。“共生”所谋求的是“全人类共享幸福美满生活的社会”。进入 21 世纪，佳能公司又提出了以“社会生态学的佳能”为目标迈向 21 世纪，目标是在“共生”背景下创造世界的繁荣与人类的幸福。营销理念指导着广告创意，21 世纪的日本广告创意中以社会责任和公共利益为主体的广告成为主流。早在 20 世纪 90 年代末期中国广告就开始了对绿色主题的关注。譬如曾风靡一时的秦池酒大张旗鼓地宣传“永远的绿色，永远的秦池”，但从当时企业的经营来看，绿色只是个噱头，并没有真正地深入企业的营销环节中。进入 21 世纪后，伴随着市场竞争的激化，市场营销理念开始被企业普遍接受，消费者调研、大数据逐渐成为盛行的词汇。企业的营销过渡到以消费者为中心的阶段。具有前瞻意识的中国企业也开始将融入环保内容的绿色营销和社会整体利益放到企业营销中，以唤起大众的关注与好感。在广告创意中，将环保公益和产品信息有机结合在一起的广告也开始出现。但从整体而言，进入21世纪后，虽然企业的营销理念发生转变，但广告创意策略并没有及时调整，广告创意基本处于以生产和销售为中心的阶段。广告公司和广告主虽然意识到消费者信息的重要性，但不愿花费财力物力去获取更多消费者的信息和资料。广告创意存在生产者本位或创意者本位的现象，创意策略明显落后于理论。

## 三　广告创意的差异：社会文化的视角

从社会文化视角来看，日本的广告主题涉及面广泛，内容更为丰富。中国的广告创意主题虽然在2000年以后也呈现出丰富多彩的趋势，但主题涉猎面还不够广阔。广告创意的主题和内容受社会生活、文化的影响十分明显，因此，创意主题的差异展现出社会文化的不同。

20世纪80年代的日本，社会资源极为丰富，广告主题涉及人们生活的方方面面。这一时期的广告主题主要有三种方向。一是对于富裕生活的思考，在广告中人们展开对各种富裕生活的想象，广告的主题已经完全脱离单纯的物理功能利益的描述，转向为人们塑造一种全新的富裕生活的新模式。二是对社会文化前所未有的关注。富裕时代的人们把越来越多的精力放到社会文化领域，显示出对体育、文化、时事的关注。赞助文教、体育文化艺术、慈善等公益事业成为很多企业的广告主题，如东芝电气公司在川崎市设立了“东芝科学馆”，展示了从最早的电灯泡到现代电力电子工业的发展历史。这些博物馆一般都向公众免费开放，深受社会的欢迎。三是女性主体意识的觉醒。以钟纺公司为代表的化妆品企业首先在广告中发起女性自主的女权运动，得到日本女性一致欢呼认同。其后在各种广告中自立、自尊、自由、飞翔的女性等概念层出不穷。女性的自主意识彻底被激发起来。同一时期的中国广告，由于所处计划经济影响，产品处于供不应求的局面，电视机、报纸还没有普及。企业没有广告意识，仅有的广告大多也是单纯的叫卖式广告 ，省优部优等成为那个时代的广告专用词汇。这时的广告创意比日本要落后几十年。

90年代，日本受到经济危机的冲击，繁华时代的昌盛景象一去不复返，取而代之的是长期的经济不景气、失业率高、犯罪率居高不下、环境污染等社会问题层出不穷。广告作为社会的影像，更多地表现出经济衰退时期人们的真实的生活景象。这一阶段广告创意的最大特点是一改以往唯美的风格，以真实的笔触揭示日本社会人们的现实生活、内心挣扎和苦闷。广告的主题主要涉及三个方面：一是繁华背后，人们开始思考真正的幸福是什么。哲学性的思辨成为广告的重要内容。以日清杯面为例，这一阶段的广告主题弥漫着人类对原始自然的人性思考。二是面对日本高龄化现象的出现，银发主题成为社会广泛传播的热点话题。三是伴随环境污染等社会问题的出现，企业选择的广告主题更多地涉及环境破坏、生态平衡、节约安全等方面。与之形成鲜明对比的是，20 世纪 90 年代正好是中国经济崛起的时期，广告主题逐渐丰富起来。崛起阶段的中国广告主要有三个主题。一是市场初现竞争格局，对产品功能的诉求广告以及寻找产品差异点的比较广告占据主要广告市场。二是塑造企业品牌的品牌形象广告成为主流，以商品形象为主题的创意作品大量涌现。三是在广告中开始出现人文关爱及环保主题的广告。“海尔，真诚到永远”，凭借着先进的技术与人性的服务理念，海尔把广告做到了纽约时代广场，成为最早走向世界的中国民族品牌。但总体来说，中国 90 年代的广告主题还处于产品功能和形象广告阶段，广告主题表现浅显，缺乏对社会和人生的深度思考。

进入 21 世纪，随着经济的复兴，日本的广告已经不再仅仅担负着经济的功能，更多地表现出社会责任和公共利益。日本广告的主题中展现出更多的社会文化因素。这主要表现在，环保公益主题广告占有越来越大的比重，成为日本广告的中流砥柱。关于父子母子亲情以及和睦家庭关系的广告主题受到消费者的青睐。激动人心的体验式广告以体育和娱乐的形式唤醒了人们的运动精神。对价值观、个性化追求的广告主题不断涌现。与此同时，强调艺术性和唯美主题的广告也大量出现在化妆品广告中。总之，21 世纪的日本广告中出现越来越多的社会文化信息。中国广告的主题也表现出新的特征。一是人文关怀的广告主题大量涌现，情感广告成为主要的广告形式。二是广告主题中越来越多地融入文化气息。原《国际广告》主编唐忠朴先生，一直倡导广告创意中对中华文化的运用，广告的中国气派与中国风格，主张“广告既是商品的推销者，又是文化的传播者”，倡导高品位的广告文化。北京 2008 年奥运会的宣传片，从和田玉奥运玺印，到开幕式的“宣纸”、国画、活字，再到镶嵌昆仑玉的奥运奖牌，体现了中国文化的核心“和”。三是环保类公益主题广告也成为广告主流。到了 21 世纪，中国与日本在广告主题上的差距已越来越小。社会文化信息越来越多地融入作品中。

## 四 广告创意的差异：创意风格视角

从广告创意风格来说，日本的广告抽象简单、委婉含蓄，注重细节描写，而中国的广告相对直白，更多以说教告知为主，注重宣扬主张。

日本人不喜欢把话说得太直白，广告创意多采用隐喻含蓄的手法来表达。它往往避开直接和产品有联系的某些问题，将所要表达的意象隐含在形象里，使人通过感受，领悟到一种深沉的意味，采用迂回的方式暗示产品的功能。像在1996年戛纳广告节中获得金狮奖的日本沃尔沃汽车的广告，想要表达安全的主题，却采用一枚别针，上面弯成汽车顶盖，下面弯成汽车底板和车轮形，针环为车尾，针扣为车头，奇怪的是针尖没有扣在扣槽里，给大家留下悬念。广告采用一件日常生活中最不起眼的物品做比喻，引起大众的自然联想和疑问。

与中国广告相比，日本广告更注重抽象的表达。日本广告语常常仔细地描写与商品无关的信息，却不直接描述商品的优点。像“独自一人聆听大海，过于寂寞”，单看文案，我们看不出是何产品，实际这是丰田汽车的广告。日本的广告作品中充满了大量的自然风景，落日的夕阳，迎风摇曳的芦苇，雄伟壮丽的山峦，茂密的原始森林，天空中游荡的白云，鸟群等景象被创意者加入毫无关系的广告中，用以增添广告的意蕴。因此在日本广告中表现出很重的用符号和象征来表意的特征。在过渡工业化的时代，用纯自然的景观作为创意主题，是日本广告中独有的创意风格。

注重对生活细节的描述是日本广告的重要特色。在日本广告中直接表明主张的广告鲜见，更多的广告是采用描写和叙述的手法。比如日本养命酒的广告，“饭量比儿子少了……”“今天也是在女儿面前强打精神……”没有一个字号召大家购买“养命酒”，却站在父母的角度，用父母对自己身体的细微感受，从侧面表达了购买“养命酒”的必要性。父母的不经意的感叹却能令人心动，让儿女感到愧疚。日本帝国宾馆的广告语“让废纸多留宿一晚”，对宾馆的等级、服务质量没有任何提及，而是通过一个细节描述说明帝国宾馆无微不至的服务理念。“让废纸多留宿一晚”，言外之意是指有的顾客在留宿期间会将一些重要文件或纸条遗漏在房间，帝国宾馆广告承诺会替顾客保存这些被不小心丢掉的纸张，如此微小的环节都能为顾客想到，更何况大的方面呢？从而以小见大地说明了宾馆高品质的服务质量。[①]

与此相反，中国的广告明确而直白，直述式告知广告占重要比重。为了让消费者在短时间迅速了解商品，广告往往直接向人们倾诉产品的功能、特点等信息，与产品无关的信息一般不会提及。举一个大家熟知的农夫山泉的例子，农夫山泉的多个广告创意均采用明确而直白的方式。无论是专家将 pH 试纸放入该品牌矿泉水中向观众证明其呈弱碱性；还是表现山区儿童贫困生活并提倡为贫困孩子捐款抑或学生们在课堂上偷偷饮用农夫山泉，均离不开对产品的直接描述。中国广告中大多数产品均采用这种直白表现方式，这与中国企业对广告的认知程度、消费者的接受心理以及文化背景有着很大关系。

注重宣扬说教式主张是中国广告的另一个典型特点。翻开中国近三十年广告语，满眼都是“质量第一，用户第一”“一切为用户着想”等类似主张的宣扬。标语在中国政治和社会生活中一直发挥着积极的作用。“今年春节不收礼，收礼就收脑白金”“春节送礼，黄金搭档”“春节回家，金六福酒”“我有喜事，金六福酒”“怕上火喝王老吉”等广告铺天盖地，对中国大众日常消费产生很大影响，成为大众司空见惯的广告形式。

除了广告创意大师所讲到的创意要素之外，广告创意风格的不同与各国广告的发展阶段、文化背景、大众心理等密切相关。由于现存的各种差异，中日广告在创意风格上表现出明显的差异性。

---

① 赵岚、靳卫卫：《中日广告的语言与文化》，《东瀛文化》2012 年第 11 期。

# 第六章

# 中日公益广告主题比较

广告大师奥格威在其《广告大师奥格威》一书中写道："一则好的公益广告不仅仅是一则广告，还可以说是一个城市内涵和品位的代表。"①公益广告在某种程度上已成为一个国家文明程度的标尺，以其灵活多样的表现形式吸引着人们的关注，承担着传播社会传统文化、弘扬道德风尚的使命。随着时代的不断发展，公益广告日益成为社会文化宣传的主力军，长期持续地向公众宣传积极向上的价值观，培养公众的社会责任感，协调人与人、人与自然的关系，倡导和谐的人伦与社会关系。

国家广告研究院院长丁俊杰说："公益广告是国家社会经济文化发展到一定阶段的必然产物。在这个时代，经济文化尤其是广告发展到这个阶段，公益广告必然扮演着社会发展的主要角色，必然要承担更大的责任。"② 作为经济和文化社会生活发展的产物，它不仅综合反映着不同国家不同时代文化的整体风貌和发展水平，体现着一个国家的社会价值观、文化道德、公民素养，而且以独特的形式推动着国家和社会文化的发展。

中日两国在政治、经济、文化、历史等方面都有着密切的关系，在传统文化、伦理道德等方面也有许多共同之处，因此两国公益广告有很多共通之处。但由于两国社会地理环境、文化管理体制以及经济背景不同，也形成各自不同的意识形态和文化特征，这使得公益广告主题的选择表现出一定的差异性。

---

① ［美］大卫·奥格威：《广告大师奥格威：未公诸于世的选集》，庄淑芬译，机械工业出版社2003年版。

② 来自丁俊杰在2012年CCTV电视公益广告全球征集活动上的讲话。

## 第一节 中国公益广告的发展梳理

潘泽宏教授在2001年出版的中国第一部系统研究公益广告的专著——《公益广告导论》中这样定义公益广告："面向社会广大公众，针对现实时弊和不良风尚，通过短小轻便的广告形式及其特殊的表现手法，激起公众的欣赏兴趣，进行善意的规劝和引导，匡正过失，树立新风，影响舆论，疏导社会心理，规范人们的社会行为，以维护社会道德和正常秩序，促进社会健康、和谐、有序运转，实现人与自然和谐永续发展为目的的广告宣传。"这一概念的定义虽然并不全面，但从公益广告的社会文化视角将公益广告的主要特征表达出来。中国经过几千年的历史发展，在特定的自然环境和社会环境等多种因素的主导下形成了特有的伦理道德、行为规范和价值观念。根植于中国几千年传统的文化土壤中，中国的公益广告有着较强的民族特性。基于中国公益广告深受中国传统文化的影响，我们重点选取了能够深切体现中国文化特性的四个方面：公益广告的文化背景、经济背景、广告主题、管理机制来分析中国公益广告中的文化因素。

### 一 社会文化背景分析

儒道文化是中华文化的主体与精髓，是中华民族在共同生活中形成的对社会成员起约束和团结作用的准则。"它承担着建构中国最为根本的哲学观念、思想精髓、文化认知，帮助我们学会如何看待社会、如何与人相处。"[①] 儒家的礼乐文化对教化社会风气、匡正人的德行曾起了重要作用。而道家的"为而不争，为而不有"思想对于救弊补偏，匡正世风，追求与大自然的和谐相处等方面具有十分重要的借鉴意义。这些思想深深影响着我国的公益广告的思维和创作。

#### （一）以仁为核心的儒家处事之道

儒家文化以"仁"为核心，儒家仁爱的思想是一种基本的伦理观念和道德理想。为了达到仁，儒家还提出很多道德行为准则，如忠恕、孝悌、礼、义、恭、宽、信、敏、惠等中国传统道德的主体思想。千百年来，儒道文化主导着国人的思想智慧和行为。在儒家道德文化中，"仁"

① 肖明、王娟：《央视公益广告中的儒家道德文化解析》，《大众文艺》2012年第9期。

的思想体现为“仁者，爱人”。指将对家人的感情进一步延伸，以爱心对待所有人。“老吾老，以及人之老；幼吾幼，以及人之幼”，便是“仁爱”精神的表现。这种关心扶助他人，热心公益，帮助弱势群体的传统价值观，在物欲横流的时代背景下显得尤为可贵。在儒家文化的影响和熏陶下，以仁爱之心待人成为中国人的待人处事之道。它左右着国人的观念和行为，依照这个准则行事就会给人带来愉悦和谐。

（二）以礼为核心的文化背景

礼是儒家核心价值观的核心范畴，儒家文化很重视“礼”，“礼”在处理个人为人处世、协调人与社会关系方面起着重要作用。孔子认为，礼不仅是个人行动的规则，人的一举一动都不能超越出礼的界限。同时，遵守礼的规范也应该是每个人的道德要求。所以孔子主张“道之以政，齐之以刑，民免而无耻；道之以德，齐之以礼，有耻且格”。古代的统治者非常重视礼在社会政治生活中的作用，所以《左传》隐公十一年载，君子曰：“礼，经国家、定社稷、序人民、利后嗣者也。”昭公十五年又说：“礼，王之大经也。”儒家的创始人认为礼不仅是约束人们社会行为的基本准则，而且是约束人与人之间社会关系的基本准则。所以他说：“礼之所兴，众之所治也。礼之所废，众之所乱也。”① 在日常生活中，“礼”不光是指注重礼节，礼貌待客，还指我们待人处事的方法和态度。中国是礼仪之邦，对礼的遵守和维护有着深厚的文化积淀。

（三）天人合一的发展价值观

以老子为主体的道家文化也是主导中国文化体系的中心文化，其“以柔弱胜刚强”“上善若水，水利万物而不争”“合抱之木，生于毫末”“九层之台，起于垒土”“千里之行，始于足下”“祸兮，福之所倚；福兮，祸之所伏”“信言不美，美言不信”等影响着中国千百年的警世名言皆出于道家文化语录。长期以来，在物质文明飞速发展的同时，人类的精神世界却常常出现滞后，会出现“物欲横流、权力膨胀、尔虞我诈、道德虚伪、心理失调、人格败落，仇恨、污染、失控”② 等现象。在这种情况下，老子提出的“为而不争”“上善若水”思想，促使人们进行认真的反

---

① 转引自蒙云龙《用儒家文化“仁”、“礼”思想规范网民网络失范之必要性》，《前沿》2007 年第 2 期。

② 罗映光：《道家文化及其现代价值》，《西南师范大学学报》2004 年 11 月。

思，以起到某种救弊补偏、匡正世风的作用。道家文化对中国人的文化修养以及价值观有着重要的影响。

## 二　经济背景分析

中国的经济发展大致经历了三个阶段，第一个阶段是1980—1990年，我国经济处于从计划经济向市场经济过渡阶段，这一阶段经济发展以计划经济为主，市场经济为辅，企业经营没有自主权，广告意识淡薄。第二个阶段是1990—2000年，尤其是改革开放后，中国经济迅速发展，市场经济体制开始建立。企业逐渐脱离政府的包揽实行自负盈亏，广告在这一时期得到飞速发展。随着企业经营观念的日趋成熟，越来越多的企业过分强调对经济效益的追求，给生存环境带来了破坏和影响。部分企业的公益意识增强，开始大量投入资金用于公益广告。第三个阶段是2000年以后，随着经济国际化的发展趋势，企业公益广告成为一种常态，大量的企业运用公益广告来树立自己的企业形象，在为社会大众服务的同时，也建立起良好的企业形象。在我国，公益广告的发展是随着经济的发展繁荣而迅速发展起来的。企业通过公益活动影响着消费者的意愿和观念，拉近了企业和公众的关系，从而获得了消费者的忠诚。当然随着经济的快速发展，产生了各种各样的社会问题，公益广告也担负起积极引导舆论导向的社会责任。

## 三　中国公益广告主题的历史变迁

中国的公益广告大致分为以下三种类型：

第一种是媒体直接制作发布的公益广告，如电视台、报纸等媒介发布的公益广告，这类公益主题往往围绕着党和国家的相关政策以及某一阶段的宣传重点展开，帮助政府进行政策宣传。譬如改革开放、希望工程以及各地精神文明办公室发布的有关国风、家风等主题的广告。

第二种是社会专门机构发布的公益广告。比如联合国教科文组织、联合国儿童基金会UNICEF分别发布过“保护文化遗产”“儿童有受教育权利”等公益广告，这类公益广告大多与发布者的职能有关。

第三种是企业发布制作的公益广告。主要围绕企业的主体精神展开。虽然很多国内学者认为企业发布的公益广告因为涉及企业形象等目的只能算是公关广告，不能称为公益广告，但笔者认为企业的公益广告传播也是围绕着社会热点及公共利益展开，也是以公众利益和为公众谋福利为主要目的，因此在本书中所提及的公益广告也包含企业所做的公益广告。

我国的公益广告起步较晚，学界比较认可的说法是1986年贵州电视台的“节约用水”公益广告是我国现代意义上公益广告的开端。在此后的二十多年的时间里，公益广告逐渐受到越来越多的重视。从1996年开始，我国每年开始举办主题公益广告活动，公益广告迅速发展起来。进入21世纪以后，公益广告以迅雷不及掩耳之势繁荣起来，企业纷纷投身公益，公益广告走向繁荣阶段。

我国公益广告的发展大体经历了三个阶段。

### （一）20世纪80年代的公益广告

20世纪80年代初期，我国的公益广告稀少，但也有一些口号性的公益广告，如“实践是检验真理的唯一标准”的大标语出现在全国各地的街头小巷。从20世纪80年代中期开始，政府有关部门已经开始在报纸、路牌广告上有计划地发布有关环境保护、计划生育等题材的宣传。1984年7月5日，由《北京日报》《经济日报》《工人日报》《北京晚报》、八达岭特区办事处等单位联合主办了“爱我中华，修我长城”公益广告活动。邓小平为“爱我中华、修我长城”社会赞助活动题词：“爱我中华 修我长城。”[①] 这算是一次规模较大的公益活动。1987年，中央电视台在黄金时段推出“广而告之”栏目，这是中国第一个电视公益广告栏目，在长达30秒的公益广告中，涉及社会生活的方方面面。“广而告之”栏目在创办时就表明了其公益立场：通过提醒、批评、规劝，向广大人民群众传播各种有利于社会进步的思想、行为方式和道德准则，以改变人们的道德观和价值观，达到培养良好的社会风气，促进文明和社会进步的目的。由于早期的公益广告刚刚起步，内容比较分散，一般每一个广告一个主题，且相互没有很大关系，因此我们很难总结出80年代公益广告的年度主题。这其中比较有代表性的是1989年中国青少年发展基会发起的救助贫困地区失学少年活动的希望工程广告，以贫困地区孩子对学习的渴望为主题，通过失学孩子的一个个渴求知识的眼神，展现中国贫困农村需要社会的关注。广告还创造了广告歌曲“希望是绿色的小苗，希望是幼稚的小孩，希望是爱心一片，希望就在明天。让农民后代人人有书读”。1990

---

① 《历史上的今天》，人民网，2003年8月1日。

年9月5日，邓小平为希望工程题名，希望工程引起全社会关注，公众及企业纷纷捐款，献上爱心。

总之，在20世纪80年代，由于公益广告刚刚兴起，公益广告多是由政府部门和媒介发布，企业缺乏公益意识，公益广告表现单一，主题没有什么规律而言，缺乏年度主题的规划，题材杂乱，多表现为浅层次上的个人行为规范。

（二）20世纪90年代的公益广告

20世纪90年代以后，随着国外品牌以及先进的广告理念进入中国市场，国内广告丰富起来。公益广告也进入一个全新的阶段。这一阶段公益广告主题丰富多彩，出现了大批以遵守公德、保护环境、关心老人妇女儿童为主题的公益广告，对于唤醒人们的公益意识产生了积极的影响。1990年年初，一系列宣传北京亚运会的公益广告在“广而告之”栏目中陆续播出，代表作品有《当好东道主，热情迎嘉宾》《干干净净迎亚运》《有朋自远方来》等，内容包括文明礼貌、交通秩序、环境卫生、市民的言谈举止等①，倡导大家积极建立北京的新形象。1991年，电视公益广告《啊，真对不起》获得国际广告博览会铜奖。这些广告对建立良好的社会风尚起到了积极的推动作用。公益广告真正开始年度主题规划是从1996年开始。从1996年国家工商局主办第一个以“中华好风尚”为主题的公益广告大赛活动开始，我国逐步形成以中央精神文明办、国家工商总局为主，国家广电总局和国家新闻出版总署共同参与的公益广告大赛机制，公益广告得到全社会的广泛关注和积极响应。我国公益广告进入稳定发展时期。从1996年到1998年，国家工商行政管理局在全国范围内每年都组织开展不同主题的公益广告活动，组织公益广告月，公益广告得到空前的重视，公益广告的主题宣传开始明确起来。这一阶段公益广告的主题主要表现在以下方面：

1. 希望工程

希望工程是20世纪90年代社会参与度最广泛，最富影响力的民间社会公益事业。1994年宣传希望工程的五集系列片《渴望》篇、《流失》篇、《救助》篇、《红烛》篇、《爱意》篇，以呼吁社会救助失学儿童为主旨，采用纪实手法，系列铺陈，层层递进，从现象到本质，从个别到一

① 王峰：《央视公益广告人文主题的变迁》，硕士学位论文，黑龙江大学，2010年。

般，从典型到普遍，多角度、多层面地对关系到国家未来的重大社会问题，做了真实而全面的反映，向社会发出强有力的呼吁——“中国每年有100多万少年儿童因贫困而失学，他们期待着您的帮助！”通过一个个真实的电视画面，人们感受到了失学儿童迫切渴望上学的心愿，也感动于贫困地区教师的清苦艰难和献身精神。[①]“希望工程”形象代言人“大眼睛姑娘”苏明娟那求知若渴的眼神深深地打动了无数华夏儿女的心，激起了人们广泛参与救助因贫困而失学的青少年的热情。

**图6-1 希望工程形象代言人苏明娟**

2. 中华好风尚

1996年，国家工商局发出《关于开展“中华好风尚”主题公益广告月活动的通知》，这是我国第一次以国家行政管理部门组织开展公益广告活动。开展以“中华好风尚”为主题的公益广告月活动，即选择一个月，突出一个主题，形成公益广告的声势，不仅能够扩大公益广告的影响，而且有助于推动公益广告整体水平的提高，对于弘扬中华民族传统美德，具有十分重要的现实意义。其中较有代表性的是上海东方广播电台制作的一条《无偿献血》公益广告，获得1996年度全国“中华好风尚”广播类广告评比金奖。这条公益广告通过女儿与父亲一问一答的对白，循序渐进地把献血的意义一一剖析出来，通过孩子的视野来发现献血的崇高意义。当

① 王峰：《央视公益广告人文主题的变迁》，硕士学位论文，黑龙江大学，2010年。

孩子发出“那我们献血就是把温暖与爱意还有生命的热望献给别人喽”的逻辑推理时，人们都会由衷地感到广告将抽象的献血意义宣传得具体化了，使人们受到了一次无偿献血光荣的教育。

3. 自强创辉煌

1997年，全国开展了“自强创辉煌”主题的公益广告宣传活动。国家工商局发出《关于开展“自强创辉煌”主题公益广告月活动的通知》，宣扬自尊、自信、自强不屈的民族精神。鼓励人们自发向上，自强不息。围绕着主体精神，《身残志坚》《自强之路》《龙舟》《做一个有用的人》《我的未来不是梦》等一批鼓励人们奋发向上的公益广告诞生。弘扬万众一心，众志成城，自强不息，艰苦奋斗的民族精神。《身残志坚（听太阳篇)》获得1997年公益广告大赛广播类金奖。广告通过两位盲人的对话展开故事情节，巧妙地借“听海”引出了寓意深刻的故事：

> 伴随着舒缓的音乐声，两位盲人出现了：一位将要失明的小姑娘，一位老伯。盲人老伯用耳朵来“听”日出。在好奇心的引导下，小姑娘发现这个所谓的“听”只是一种象征的说法。广告用这看似离奇却十分真实的故事，突出了盲人老伯身残志坚、热爱大自然的思想感情。在老伯的精神感召下，小姑娘也和他一起“听”日出，学会了战胜困难，欣赏自然，努力创造生命的辉煌。

广告不仅表现残疾人自强不息的精神，而且对每一个听众都是一种心灵的洗涤，只要我们每个人心中拥有太阳，生活就会充满了阳光。

4. 下岗再就业

90年代末，国有企业改革造成大量职工下岗，下岗职工再就业存在一定困难。公益主题以服从中央工作大局为重心，着力解决人们关注的热点问题。中央电视台适时推出以“下岗再就业”为主题的公益广告，鼓励下岗职工保持自强精神和正确的择业观念。其中较有代表性的是《从头再来》和《支持就是力量》。《从头再来》是公益歌曲，用来鼓励下岗工人不要被生活的艰辛和失败所压倒，振作起来，重新开始新的生活。《支持就是力量》以男主人的口吻抒发自己对妻子的关怀：

> “自己不太会说话吧，但她下岗的这段时间，她说的也少多了。”

“……我希望，还像我们结婚十年来一样，开开心心地说说笑笑。不要把那个（下岗）藏在心里面。”“我相信，你会振作起来，我认为，你会比以前干得更好!”广告以丈夫自述的方式，深刻地刻画出妻子坐在窗前因为下岗难以自拔的失落，广告以丈夫找到沟通解决的途径与妻子亲密地交谈的场景表现对妻子的支持。

从下岗职工家人的视角，表现出家人对下岗职工的关心至关重要。这些公益广告放下过去那种一味说教的面孔，在真人真事的基础上制作而成，感染力强。随后，中央电视台又陆续制作和播出公益广告下岗题材五篇:《我的父亲》《郑州纱嫂》《走路》《击掌》《蒲公英》。当时国企改革正处于攻坚阶段，工人下岗成为全社会的热门、敏感话题。这组广告把焦点对准下岗工人，让人们一起来关注他们，为国企改革推波助澜。

5. “抗洪救灾”成为年度主题

1998 年夏，抗洪救灾的公益广告再次吸引人们的视线。长江流域遭遇百年不遇的洪涝灾害，媒体纷纷刊发抗洪救灾主题的公益广告，颂扬几十万解放军官兵日夜兼程，和几百万人民群众一起，战洪水、斗恶浪的英勇气概，弘扬万众一心、众志成城的民族精神。人的英勇斗志和勇于牺牲的精神被充分调动起来，央视适时地推出了一系列抗洪救灾的公益广告，用一幅幅感天泣地的画面——中国人民军队在滔天大浪前组成的人墙；急流中与汹涌的浪涛搏斗的军民；神情坚定，面容坚毅的奋战官兵……展现出中国军民在大灾面前英勇无畏的顽强精神。《为我们的抗洪将士喝彩》摘取了 1998 年全国优秀报纸广告评选的公益广告类金奖。广告讲述面对“楚河”掀起的恶浪，“将”“帅”不再留守后方受保护，而是英勇奔赴最前线，与“兵”“卒”同抗洪魔。红黑双方也不分彼此，站在了同一条战线上，一致对抗洪灾……以独特的视角再现了万众一心、众志成城的精神。

可以看出，20 世纪 90 年代的公益广告呈现出多彩纷呈的局面。这一阶段的公益广告在政府的大力扶持和推动下，呈现出多元化的发展形态，广告的主题出现大型系列化策划，而且在行业协会的推动下开始出现有组织、大规模的运作活动。广告内涵进一步深化，其主题核心重点表现在颂扬中华好风尚和中国人民万众一心、众志成城的精神风貌。而在主题规划方面，一直贯穿着知识改变命运、希望工程的扶助和时代因素所引起的下岗再就业的精神支持。

（三）2000 年以后的公益广告

进入 21 世纪以后，公益广告日趋成熟，政府组织了一系列大规模、系列化的主题活动。公益广告在主题、内容、形式等方面日益丰富起来，主题的特色化更为明显。21 世纪的公益广告在主题规划上，大多围绕着政府的决策或者突发事件进行大规模的集中宣传。与此同时，伴随着环境问题成为世界性的关注重点，它也日益成为公益广告的核心主题，因此 21 世纪的公益广告在进行阶段性的主题活动宣传的同时，始终贯穿着环境问题，呈现出阶段化的特色。

1. 知识改变命运

2000 年，在 21 世纪开始之际，由著名爱国人士李嘉诚先生推动的"知识改变命运"系列公益广告成为年度主题。为紧密配合政策需要，中央电视台推出"知识改变命运"的公益广告作品，强调知识兴国。希望工程的代表形象"大眼睛"女孩儿苏明娟的形象从平面媒体走进电视屏幕，以大眼睛女孩的形象为契机，很多公益广告选取了偏远山区的孩子为表现对象，展现他们迫切渴望读书的愿望。在香港富商李嘉诚投资赞助下，由著名导演顾长卫执导拍摄了 40 集广告片，表现了各行各业具有突出贡献的社会精英的人生历程。"知识改变命运"系列公益广告引起了大众的普遍关注，成功人士的现身说法激励着无数的年轻人。通过各个层面的人生变迁，大背景下的波澜壮阔诠释"知识就是力量"。展现了中国人民迈向 21 世纪的精神风貌。

2. 公共道德教育

公共道德是指在人们长期共同生活中形成的，依靠社会的舆论，人们的信念、习惯、传统和教育等力量来维持，在社会交往和公共生活中为每个社会成员所遵循的行为准则。其基本内容为尊敬师长、爱护公物、文明礼貌、讲究卫生、遵守公共生活秩序等。对公民的公共道德教育是一项长期而艰巨的任务。2001 年 11 月，央视在黄金时段推出思想道德公益广告。在国歌之后《新闻联播》之前，每天播出思想道德公益广告，作品有《共同的力量》《同升一面旗，共爱一个家》《爱我中华，再创辉煌》等，将个人、家庭、国家利益紧密结合起来。2002 年，中央电视台推出"爱心传递"主题系列广告，其中《洗脚》篇等受到中央领导同志和社会各界的充分肯定。同年，政府相关部门进一步颁发相关规定，要求贯彻党的十六大精神和“三个代表”重要思想，落实《公民道德建设实施纲要》，要求广播、电视媒介每套节目用于发布公益广告的时间应不少于全年发布商业广告时间的3%。报纸、杂志媒介每年刊出公益广告的版面应不少于发布商业广告版面的3%，强化对公民道德建设的宣传力度。2006年年初，中央文明办、国家工商总局、国家广电总局、新闻出版署四大部委联合举办“全国思想道德公益广告征集比赛”，引起了社会各界的广泛关注和强烈反响。这些思想道德公益广告以弘扬爱国主义、集体主义、社会主义为原则，通过艺术的形式全面展现了社会主义思想道德体系。央视也启动了“汇聚力量，传播文明”首届中央电视台公益广告大赛，将公益广告推上了一个新的阶段。各地媒介纷纷推出《可乐罐》篇、《公车》篇及《气象》篇等主题，以贴近百姓生活，创意独特、构思巧妙，小中见大，在百姓中引起强烈共鸣。

3. 突发事件

进入21世纪以后，面对各种灾害，公益广告积极发挥了鼓舞人心的作用。2003年，全国人民陷入“非典恐慌”当中。公益广告在这时充分发挥了引导舆论的作用，通过对各种事实的真实、透明的传播报道，通过对大众士气的鼓舞，呼吁全国人民积极面对生活，鼓起勇气和信心，昂首面对非典坚强不屈！中央电视台播出以“弘扬民族精神，共同抗击‘非典’”为主题的公益广告，策划了《直到永远》《春天》《不能》《万众一心，众志成城》《生命不言败》等公益广告，其中公益广告《不能》篇发布在“非典”暴发初期，引导人们正确地面对恐慌，拉开了抗“非典”公益广告的序幕。地方媒介也发布了《换个角度看SARS》《一人一口罩》《生命在于运动》《全民健身，抗击非典》《轻松战胜非典，生命依旧灿烂》《抗非之战终将胜利》等公益广告，上海电视台对“非典”期间的公益广告进行了整体策划，针对不同时期推出了系列同题公益广告《每一双手》，通过居委会老大妈、地铁消毒员、工厂工人、小朋友和医护人员的诉说表达她们战胜病毒的决心和信心。在后期的“非典”宣传中，公益的主题以歌颂坚守在抗击“非典”第一线的广大医务工作者为主，并向全国人民普及医学知识，强调勤洗手、多运动，依靠知识和运动战胜疾病。中央电视台联手首都多家平面、网络媒体如央视国际网站、北京青年报等，向全社会发起“向陋习开战，倡文明新风”为主题的公益flash及公益广告，目的是以生动活泼的形式，改变国人不讲卫生的生活习惯，推动公民道德水平提升。这是21世纪以来公益广告在面对突发事件时积极有效地帮助政府处理危机的典型案例。公益广告在应对危机时起到了积极的社会作用，在全民中普及了健康卫生的意识和全民健身的观念。

4. 节约资源

早在20世纪90年代末期，资源损耗严重已成为世界性的话题，我国前期经济的快速发展对资源和环境造成了较为严重的影响，土地沙化、水资源短缺等一些资源问题相继产生。在这种背景下，党和国家对全面促进资源节约做出了具体部署，节约资源也成为这一阶段公益广告的年度主题。《节俭养德，全民节约》的公益广告遍布大街小巷。2005年，针对许多城市水电供应紧张的局面，各大媒体推出“节约创造价值”系列公益广告，包括《省电》《政府大有可为》《变废为宝》《价值对比》《拍卖最后一杯水、一瓶空气——保护环境，节约资源》以及《节约资源，健康生活》等，通过生活中的小细节，譬如：“只要全国空调每调低一度，将节约数十亿度电”等数字化的描述摆事实、讲道理，大力提倡节约资源，鼓励全民来创造一个节约型的社会，强调宣传节约节俭是每一个公民的义务。针对自然资源开采严重，相关部门做了《保护森林资源》公益广告，再次运用触目惊心的数字表明森林资源正大面积地遭受破坏，“据统计，中国每年耗费1200万立方米木材，用来生产餐巾纸和一次性筷子，相当于吃掉上亿棵参天大树。珍惜森林资源，坚决抵制一次性餐具！”广告将资源损耗的严峻再次呈现在人们面前，呼吁全社会人民行动起来，珍惜节约资源。

5. 宣传廉政文化

廉政主题的公益广告是从2008年开始出现的一个新的公益广告主题。廉政文化，是人们关于廉洁从政的思想、信仰、知识、行为规范和与之相适应的生活方式和社会评价，从根本上反映着一个阶级、一个政党的执政理念、执政目的和执政方式，是廉洁从政行为在文化和观念上的客观反映。主要内涵是从政的思想和道德、从政的社会文化氛围、从政人员的职业道德和社会公德。廉政文化建设，是社会主义先进文化建设理论和思想的新发展，它的核心价值是清廉为民做事。2008年，为深入贯彻落实党的廉政建设方针，全国范围开展“扬正气，促和谐”全国廉政公益广告创作活动。央视广告部拍摄制作由姚明主演的《裁判》和由国家体操队主演的《正气》《廉洁是一种力量》。广告主题为“认认真真比赛，干干净净做人”，宣传廉政意识，促进社会和谐。这一时期在全国各地都揭起了反腐倡廉主题的公益宣传，地方电视台纷纷推出《百密一疏》《松》《廉洁》《猜拳》等公益广告，从博大精深的传统文化为切入点，以挺直的松、莲、竹及水墨画，古筝乐曲把自然与人的社会意识和责任相联系，以莲和竹来象征“廉洁”的高贵品质和人格追求。以大观小，小中见大的方法去寓意人的正气。旨在弘扬正气，促进社会和谐，形成良好的社会风气。

6. 食品安全

食品安全是人们生活的基本保障。但随着食品安全问题的不断发生，工业明胶、塑化剂、铅超标、毒生姜等食品安全事件的频发使人们对食品安全缺乏信任。频发的食品安全事件，尤其是像茅台酒、肯德基等知名品牌也出现危机，让公众几乎患上了“食物焦虑症”，从而引发较大范围的信任危机。食品安全成为风口浪尖的主要话题。各地纷纷制作了大量的公益广告，普及食品安全知识，增强消费者的信心，促进经济的良性发展。中央电视台、国务院食品办联合推出《食品安全，一生陪伴》。“科学培育，为了这一刻的期盼；安全生产，为了这一刻的信赖；精心检测，为了这一刻的放心；诚信经营，为了这一刻的成功；严格监管，为了这一刻的美满；大家的幸福，共同的责任，食品安全，一生陪伴。”强调食品安全是大家一生的依赖。呼吁各部门从根源上遏制住食品安全的隐患。各地广告公司也纷纷推出《毒胶囊》《谁吃了我的皮鞋》《虫人》《烧鸭》及《苹果》等，以直观简洁幽默的方式告诫大家食品安全问题的严峻性。提醒大家注意自己的饮食，全面推广食品安全观念。

7. 关注空巢老人

随着我国人口老龄化程度加快，出现在空巢老人中的问题日渐突出，空巢老人的处境逐渐受到关注。如何让老人度过一个生活上有保障、精神上愉快的老年生活，成为摆在所有人面前的一个重要问题。从 2010 年以后，公益广告中关注空巢老人的主题逐渐增多，并呈上升趋势。中央电视台多个频道连续策划推出“关爱老人”系列公益广告，引起人们的广泛关注。

2010 年 1 月，中央电视台推出《老爸的谎言》，讲述年迈的父亲为了不让在外工作的孩子担心，在电话中隐瞒了母亲生病住院的事实，广告结尾令人深思：老爸的谎言，你听得出来吗？“别爱得太迟，常回家看看。”

2月，推出《妈妈的等待》，描述在孩子成长的不同时期，妈妈对孩子无私的奉献和牺牲展现伟大的母爱。广告表现了一个女人从青春走向年老，从照顾孩子、陪伴孩子到注视孩子，最后到默默等待孩子的历程。字幕：爱是什么，爱是只要你快乐，爱是陪你走一辈子，爱是无悔的青春流逝，爱是痴痴地等待。3月，公益广告《关爱老人——打包》以儿子的角度讲述患有老年痴呆症的父亲忘记了自己生活中的各种记忆，甚至忘记了自己的儿子，但却始终不忘把儿子最爱吃的饺子带回去留给儿子。“他也许忘了许多事，但从没忘记爱！”广告从各种角度演绎老人对孩子的理解和深沉的爱，引起了强烈的反响，其中《关爱老人——打包》在网上点击超过百万。唤起了大众的情感共鸣。

8. 留守儿童教育

伴随着越来越多的农村青壮年远离家乡，走入城市，在中国便产生这样一个弱势群体，他们的父母为了生计离开家远走他乡，外出打工，用勤劳获取家庭收入，为经济发展和社会稳定做出了贡献，但他们却留在了老家。包括内地城市，也有许多父母双双外出去繁华城市打工，这些本应是父母掌上明珠的儿童集中起来便形成一个特殊的群体——留守儿童。根据权威调查，中国农村留守儿童数量超过了6100万人，相当于英国人口的总和。① 留守儿童成为一个突出的社会问题。他们处于成长发育的关键时期，无法受到父母在思想认识和思想观念上的引导，因此与父母相伴的时间微乎其微，对留守儿童的教育引起人们的更多思考。全国妇联发起“关爱农村留守流动儿童家庭教育”活动，建立了留守儿童之家，创建了电脑教室，让孩子和父母在视频中相见。与此同时，还编制了各种宣传公益材料，关注留守儿童的教育。中央电视台连续在新闻频道黄金时段播出公益广告“关注留守儿童”系列广告。有《上学》《玻璃》《春节》《志愿者》等，将留守儿童的生活展示在大众视野中，唤起人们对留守儿童的关注和爱护。其中《玻璃》深刻刻画了孩子的生活处境。该广告讲述一个七八岁的孩子在狂风大作中经历遥远的路途，不畏各种艰难终于把一块大玻璃抱到了到处透风撒气的破旧的家中，艰难地比画着准备装到玻璃早就掉光的窗户上，但孩子的力量毕竟有限，玻璃掉到地上碎了一地。孩子无助、茫然的表情让我们的心被狠狠地揪起。广告中孩子的稚嫩和装玻璃的过程

---

① 全国妇联：《中国农村留守儿童数量超过6000万》，新华社，2013年5月10日。

令人触目惊心。这一系列的公益广告将孩子老人对远在外地打工的父母子女的思念和牵挂娓娓道来，广告呼吁留守儿童的父母为亲情放个假，弥补一下对老人和孩子多年缺失的关爱！在社会上引起很大的反响。

总之，21 世纪以后公益广告渐成规模，呈现出以下几个特性：一是挖掘传统文化，弘扬社会正气。二是结合突发事件进行重点宣传。像“非典”、汶川地震等重大突发事件发生后，公益广告迅速做出反应，一时期呈现出大量的宣传“众志成城、万众一心”的公益广告，展现中国人民的坚强、勇气、吃苦耐劳、与困难搏斗的勇气、毅力和民族凝聚力。三是贴近民生民意。公益广告发展的三十年，也是公益广告主题日益成熟的过程，从最初的单纯作为政府行政政策的宣传工具逐渐发展为关注百姓个体精神和个性意识，深入寻常百姓人家，关注百姓的日常生活。观众在广告中可以看到自己的生活影子，更容易接受和记忆。四是对环保、保护动物等主题的关注。环保主题一直贯穿于我国公益广告之中，特别是进入 21 世纪以后，对环境和保护动物的主题的关注使公益广告的数量大幅增加，广告通过各个角度展现环境对人类的重要性，影响和改变着一代代人的思想和观念。

## 四　中国公益广告的运作模式

我国公益广告的运作主要是由政府部门来组织运作，政府利用公益广告推广国家的大政方针、重点工作，宣扬中华民族的优秀传统文化，进行积极的社会宣传，创造和谐社会，发挥着政府对社会的促进作用。从目前我国公益广告的管理来看，公益广告的管理存在两个问题：一是公益广告主要是多头管理，即由多个部门管理。具体来讲，一个广告要受到宣传部门、工商部门、新闻出版部门、文化部门，甚至一些地方的党委宣传部，精神文明办公室，城市建设管理及街道管理委员等多个部门管理①，虽然多头管理会形成全方位多角度宣传的效果，但各个部门因权力不清会相互推诿。由于没有一个真正完全负责的部门，从而难以建立协调统一的公益广告的行业运作方式。二是在管理机制上，公益广告的管理和商业广告的管理是混杂在一起，模糊不清的。因此又受到商业广告的管理禁锢。在夹缝中生存可以很好地形容我国目前公益广告的运行机制。

① 范倩倩：《我国电视公益广告管理现状及对策研究》，中国公益广告网，论文集。

在运作模式上，媒介、企业、广告公司、政府存在着职责不清的状况。媒介长期以来处于强势主导地位，掌管着公益广告的很多职能。许多媒介基本担负了公益广告从选题到制作发布的全过程。媒介往往是根据政府的宣传需要确定主题，自己组织企业出资，有的甚至自己制作，自己发布。企业是公益广告资金的重要来源，大多数企业投资公益广告是为了宣传自身品牌形象，以及同媒体和政府进行公关沟通搞好关系的需要，积极性并不高。因此，媒介想方设法吸引企业加入进来，在公益广告上打上企业或媒介的名称，通过帮助企业宣传的方式吸引企业加入进来。从广告公司的角度而言，除了极个别实力雄厚的广告公司出于公益意识，更多的广告公司由于公益广告投入资金较少而不愿全力以赴。政府部门是发起者和投资人，但由于缺乏统一的监管部门而常常使公益广告有头无尾，稍纵即逝。

在近三十年公益广告的发展历程中，公益广告从最初零星的地方性的运作模式逐渐发展成政府主导型的运作模式：主要由政府、企业、慈善机构或个人出资，广告公司和媒介部门负责创意或制作、发布和传播。但由于公益广告的运行机制还不完善，导致各部门职责不清，对公益广告的重视度不够等问题突出。但总体而言，我国公益广告的运行机制正经历着由不完善到逐步完善的发展过程，随着市场的发展，企业的社会责任感不断增强，我国的公益广告运作模式会日益成熟。

经过近三十年的发展，我国的公益广告已在政府、企业以及社会大众的共同推动下，呈现出有规划、有组织，从单一选题向多元化发展。在选题上贴近百姓民生，关注百姓心声，将国家大事跟自身发展紧密地联系起来，在内容和形式上，呈现出丰富多彩、百花齐放的局面。在创作风格上，不再是单纯的口号式的宣介和教条式的训诫，通过更多的细致生活情节和故事深入地阐释主题，使大众喜闻乐见。从总体来看，中国公益广告经过二十多年的发展，已形成较为成熟的发展模式。

## 第二节　日本公益广告的发展脉络

日本的公益广告是在完全学习美国公益广告模式的基础上建立起来的。在《电通广告词典》中对公共广告的定义是："企业或团体表示它对社会的功能和责任。表明自己过问和参与如何解决社会问题和环境问题，向消费者阐明这一意图的广告。"[①] 日本的公共广告机构从成立的最初阶段起，就是以美国的AC为范本，其所传达的公益主题和精神跟美国非常相近，内容涉及公众关心的各种社会话题。

## 一 社会文化背景分析

在日本文化发展进程中，中国的儒家文化一直扮演着重要的角色，影响着日本人的哲学思维。这主要表现在以下几个方面。

### （一）"和"的精神

这是日本文化的精髓之一。"和"的精神是指和谐、合作、友爱、互助、宽厚、忍耐、谅解等。早在稻作民族时期，由于国土狭小，为了战胜自然，便于生活，日本人以合作的方式共处，十分重视人与人、人与自然的和谐。在公元604年，日本圣德太子十七条宪法中第一条就规定："以和为贵"。从此以后，"和"的理念成为日本人的生活原则。"和"的意思不单单是指朋友之间的关系融洽，更多意思是指以"和"之心来商量事情，自然就会通达事理。在日本人的社会生活中，"和"的精神无处不在。日本人在人际交往的时候，处处按照"和"的理念来要求自己，寻求和睦和谐的境界。日本人搬家到一个陌生的新场所，往往会拿着礼物拜访周围的邻居来表示友好，以求与大家和睦相处。日本人崇尚自然，亲近自然，强调人与自然的和谐。譬如日本和服的花色大多绚丽多彩，图案多源于自然之景。

### （二）"礼"的精神

"礼"源于中国传统的儒家文化。儒家非常重视礼仪，孔子说："非礼勿视，非礼勿听，非礼勿信，非礼勿动。"（《论语·颜渊》）随着儒家文化进入日本，"礼"的文化对日本产生了深远的影响。圣德太子主动吸收了中国的儒家文化，在十七条宪法中明确规定为臣必须"礼于君，仁于民"，明确了"礼"的文化规范。在日本明治维新以后，日本政府通过社会、学校教育等多种途径宣传"礼"的文化，使"礼"文化成为日本的主导文化。日本人非常注重礼仪，哪怕是一个简单的动作都有缘由和出处。日本是一个用"礼"进行充分整合的国家。

### （三）"敬"的精神

"敬"的思想源自禅宗，禅宗主张"我心即佛""万物皆有佛心"，强

① 黄升民、杜国清：《企业理念的重构和表现》，《国际广告》1997年第5期。

调人与人的交往和相处要以平等、互敬、关爱为原则。要建立和维持和谐的社会环境和氛围，就必须互相尊敬。“敬”是依靠“礼”来实现的，为了表示相互间的敬意，日本人的生活中非常重视馈赠往来。过年、过中元节都是互相馈赠、表示友好关爱的节日。日本人非常重视细节，“敬”表现在生活中的各个细节上，譬如：双手接送物品，上下楼时，上在后，下在前等。他们出门时将自己整理得一丝不苟来表示对他人的尊重，通常他们也将家里收拾得一尘不染表示对家人与客人的尊敬。他们不随便扔垃圾，注重对资源的再利用是对社会的尊敬，对自然的尊敬。日本著名的体育竞技运动相扑在制定规则时分数并不是唯一标准，还要考察互敬互爱的道德表现。

（四）武士道精神

武士道精神在日本有一千多年的历史，是日本特有的文化现象。从11世纪产生以来，它逐渐积淀在这个民族内心的深处，发展成为日本社会居于主导地位的道德规范。儒家文化中君臣、父子、夫妻、兄弟、朋友的五伦之道为其提供了基本的道德准则。义、勇、仁、礼、诚是武士道精神的基本要义。武士道精神的最大特点是忠于职守，为了个人荣誉和信仰不惜一切代价。真正的武士道精神崇尚正直、坚毅、淳朴、胆识、礼节、忠诚等美德。在今天，武士道精神虽然已经不再被日本政府作为一种公开的信仰来倡导，但它已经浸入日本国民的血液中，深深地影响着一代代的日本人。

## 二　经济背景分析

战后日本经济快速发展，直到20世纪80年代，日本已跨入世界三大经济强国的行列。社会产品极大丰富，GDP多年稳居世界第二的位置，广告费也位于全球第二，仅次于美国。“1985年9月，日元大幅升值，带来对外投资兴旺，1986年日本取代美国成为世界最大的资金供应国，1988年日本在国外资产达14693亿美元，成为世界最大净债权国。从1985年到1987年，日经平均股指从13113点上升到26000点，翻了一番，1987年年底，日本股市市价总额占全球41.7%，超过美国成为世界第一……”① 经历了战后50多年的发展，日本的经济已非常发达。伴随着

① ［日］植条则夫：《公共广告的研究》，日经广告研究所，2005年，第250页。

经济的高速发展，日本社会也出现了一些问题。人口老龄化严重，劳动力质量下降，社会保障负担加剧，日本在经济的快速发展中对资源能源的过分开采和利用使环境受到影响等。在经济发展带来的诸多社会问题面前，公益广告开始活跃起来。进入90年代以后，日本出现泡沫经济，股价暴跌，经济持续低迷，进入经济大萧条时期。国民的消费水平下降，失业率大幅提高，老龄化现象严重，环境损坏严重。公益广告作为时代的反映，在这一时期更多地关注自然环境、社会福利、老龄化和经济衰退所引起的社会问题。进入21世纪以后，日本经济开始逐渐复苏，日本政府推出建立低碳社会，推进绿色经济发展战略，实施全民参与的循环经济，转变经济发展模式，提高国际产业竞争能力。以环境破坏、节约、生态平衡、健康安全为主题的社会责任宣传成为公益广告的时代使命。

总之，战后50多年的发展使日本公益广告的发展趋于成熟，近三十年来，随着日本经济的昌盛—低迷—复苏的发展历程以及日本经济发展战略的调整，公益广告的主题也随着经济的发展展现出不同的特色，进入21世纪，企业越来越多地将自身的经济利益与社会公益联系在一起，促进日本公益广告的大幅快速发展。

## 三　日本公益广告主题的发展变迁

在日本，公益广告又称为公共广告。日本的公共广告机构对于广告主题的选择有明确的规定和要求。为了能够充分地反映国民的意愿和要求，及时宣传社会的热点焦点和百姓关心的话题，日本公共广告机构通过问卷调查的方法获取公共广告主题。制定了主题选择的标准①；

1. 把尊重人类的精神放在第一位。
2. 事关全民的重要的公共课题。
3. 能够把握实际，阐明问题的主题。
4. 非营利、无党派、非宗教、不以直接影响立法为目的的主题。
5. 通过广告手段能够有效地达到目的的主题。
6. 促进市民自发运动的主题。
7. 能够具体的表现问题，提出解决方针的主题。

① ［日］植条则夫：《广告文案策略——策划、创意与表现》，俞纯麟、俞振伟译，复旦大学出版社2000年版，第251页。

从70年代以后，伴随着作为社团法人的日本公共广告机构变成全国规模的公共广告组织，日本的公共广告主题广泛涉猎公众关心的各种社会问题，力求深入国民心中。70年代日本的公共广告主题已经十分丰富，涉及的主题主要有环境、公共道德、社会福祉、社会老龄化、粮食问题、能源问题、青少年教育等丰富多彩的内容，为80年代公益广告的繁荣局面打下了基础。

（一）20世纪80年代的公益广告

到80年代初，公共广告的主题已经较为丰富，涉及各种社会问题，呈现出大繁荣的景象。进入80年代后，随着国民运动的高涨，公益广告的涵盖面不断扩延，广告主题更为深刻，它所传达的各种观念逐渐扎根于公众的意识中。这一时期公共广告的主题主要集中在以下几个方面：

1. 老龄化问题

伴随着日本社会进入老龄化社会，公益广告的主题更多涉及老龄化问题。从1980年到1985年，老龄化问题一直是公共广告关注的话题。这一时期的公共广告中出现大量关于老年人孤独问题的讨论，很多广告为老年人规划如何积极重新开展人生第二幕。公共广告《老人的幸福是什么》引起人们对老人的孤独寂寞主题的反思，物质的满足不足以使老人幸福，老人的幸福重点是与孩子的交流沟通以及积极快乐的生活方式和态度。

2. 资源短缺问题

日本地域狭长，是个能源匮乏的国家。能源主要依靠进口，节约资源一直是日本公共广告的主题。这一时期，强调资源匮乏的公共广告《杳无人烟》引起较大的反响，广告以长崎县端岛上的“军舰岛”为素材创作，告诫人们：“我们正生活在没有资源的岛国——日本岛上”，广告在播出后引起日本人的广泛关注。自然资源和能源的短缺引起了人们的心理恐慌，使日本社会深切认识到自身资源能源的严重不足，在全社会普及了节约能源资源的意识。在公共广告长期的宣传和教育下，日本人对资源的关注和节约成为一种习惯和生活方式。

3. 社会福利问题

日本的社会福利涉及残疾人、孤残儿童以及老年人养老等话题。日本在地铁、公交等公共场所设置残疾人专用通道和电梯，在日本公共场所一般都有轮椅可以顺利通行的缓坡。不仅如此，公共广告机构在公共场所做了大量宣传对残疾人关心和帮助的公共广告。《15厘米高的大墙》以车道与人行道的段差为例，说明了环境建设中多年来被人们忽视的问题，提出了在环境整备之时要充分考虑残疾人的方便。《现在请您闭上眼睛一分钟》则让国民亲身感受盲人的世界，从而体恤盲人的痛苦，给予他们更多的关怀和帮助。

4. 外交礼仪

从 1984 年到 1990 年的六年期间，随着国际交流的日益密切，跟外国人的交流、在外国的礼节等主题成为公益广告中新出现的主题内容。《初次见面》《与外国人交往的礼仪》《向中国赠送日本的书》《那时的谢谢不能忘》等公共广告在日本广为传播。日本是礼仪之邦，讲究礼仪是日本人的习俗，平时人们见面总是要互施鞠躬礼，并说“您好”“再见”“请多关照”等礼貌用语。在公共广告中，对日本礼仪的宣传强化了人们对国家礼仪的学习和关注。与此同时，在公益广告中更注重对其他国家的捐助和支持。这六年间日本公共广告机构通过一系列大规模的广告活动营造了日本国际化交流和援助的环境和氛围。

5. 教育问题

在 1979 年到 1988 年的十年间，教育成为公益广告关注的重点。教育主题涉及学校教育、家庭教育、亲子关系、陪孩子读书、鼓励读书和孩子的身心健康等内容。据日本公共调查机构的调研发现，在日本，父母工作繁忙，孩子被独立留在家中的现象较为普遍，因此这一时期出现大量强调父子深情、与孩子的沟通与交流等主题的公益广告。其中较为有影响的有：《爸爸不小气》《孩子是您的再现》《餐桌上的交流》《别让孩子独自吃饭》等公益广告。强调父母应该注意孩子的内心世界，加强与孩子的沟通和交流，了解孩子的心声，注重对孩子的教育。

（二）20 世纪 90 年代的公益广告

进入 90 年代以后，由于前期经济的超速发展，通货膨胀、环境破坏、人性丧失等一系列的环境和社会问题应运而生。伴随着世界性经济危机的爆发，日本经济进入萧条时期。在危机爆发之初，企业经济的困境使公益广告处于低谷时期。但伴随着全球性的环境问题日益严重，以公害、环境破坏、生态平衡为主题的公益广告大量产生并形成气候，引起人们的广泛关注。因此，与 80 年代相比，公益广告的主题和内容更为丰富，针对性更强。这一阶段的广告主题主要集中在以下方面：

1. 公共礼节

自 1990 年后的十年间，公共礼仪成为日本公益广告的重要话题。据植条则夫的《广告文稿策略》中关于日本公共广告主题的记载来看，从1990年到2000年，公共礼仪几乎年年被选为年度主题。日本堪称礼仪文明之国，非常讲究公共礼仪，譬如在公共场合禁止大声喧哗，在电车和公共汽车上禁止打电话，走路时禁止抽烟，应到指定场所吸烟等。在公共礼仪广告中，乱扔垃圾是一个提及率很高的主题，乱扔垃圾涉及乱扔烟头、口香糖、易拉罐等内容。公益广告的内容不是口号化的禁止人们乱扔垃圾，而是宣传呼吁解决治理垃圾的具体办法，号召人民身体力行。代表作有《在你家门口也乱扔垃圾吗》《这是你扔的烟蒂吗》等。从1990年开始，日本公共组织每年推出多个维护公共礼节的公益广告，在社会中形成人人维护公共秩序的社会氛围。

从1990年到2000年的十年甚至可以称为是日本公共礼仪宣传的十年。日本政府连续推出公共礼仪广告。主要有：1990年《人品摆在那里》将乱扔垃圾跟个人人品联系在一起。1991年《被遗弃的房间》（乱扔垃圾），1992年《波斯菊花街道》（乱扔垃圾），《不减量的工作》（乱吐口香糖），1993年《至少不做乱扔空罐的人》，1994年《垃圾袋透明化》，1995年《沙子又叫了》（乱扔垃圾），1996年《耻辱被贴在墙上》（随处张贴小广告），1997年《孩子的眼睛注视着大人乱扔垃圾》《超级上诉本人》（公共场所的狗粪），1998年《乱扔垃圾的世纪就要过去了吗》，1999年《是大阪的渔业丰收吗》（打捞垃圾）等，经过十多年的公共礼仪宣传，日本的社会公共环境和秩序有了明显改观。

2. 自然资源保护

从1991年到2000年，资源保护一直是公益广告的年度主题。资源保护主要涉及动物保护、植物保护、文化环境保护、人类遗产保护等内容。从1990年开始，资源开采过渡成为世界性的话题。日本公共广告机构结合日本资源匮乏现状，以资源问题为着眼点，推出了一系列资源保护活动。其中《自然的呼唤》《灭绝的危机》《枯萎的生命》《地球的呼声》等引起较大反响。广告将人类资源耗尽的一幅幅残缺景观展现在人们眼前，人类如果继续无节制地开采资源，忽视资源匮乏问题，将面临巨大的生存危机。1991年《国蝶——紫色蝴蝶“养育的双亲”》，强调保护动物资源，与人类接触较多的小动物像蝴蝶等应该珍惜爱护，与它们做朋友。1993年《200年后还想见面啊》，强调对贝类资源的保护。1994年《更道德的循环利用》，呼吁对资源的循环利用。1996年《自然在默默地呻吟》，反映自然资源被人为损坏，呼吁人们停止肆意破坏自然资源的行为。1998年的《可悲的新物种》，1999年的《蜥蜴鱼》等更是大力度倡导保护珍稀物种。

3. 环境污染

从20世纪80年代开始，环境污染已成为日本公益广告的主要内容。进入90年代，日本的环境治理已初现成效，企业普遍具有环保意识。公益广告宣传的重点由企业转向了个人，重点培养公民的环境意识。伴随着全球环境污染问题的加剧，针对世界环境污染严重的问题，日本和美国多次合作，重点宣传环境问题。1993年的公益广告《为了地球开始行动吧!》以日本的宇航员在太空中的亲身经历告诫人们破坏环境会为人类带来灾难。1995年《人类与地球的约定》，1998年《消失的星球》，1999年《妖怪们在哭泣》等一系列公益广告讲述整个生存环境的恶化，人类面临着全球变暖，冰川融化，生态破坏等多重危机。

在环境污染主题的公益广告中出现次数最多的是水资源污染。从1993年开始，日本公共广告组织和美国公共广告组织正式开始合作，开展以水资源保护为主题的公益广告宣传活动。《北斋的波浪》是日本和美国的公益广告机构合作的第一部关于“保护水资源运动”的公益广告。1995年第二次日美合作主题是“DROP BY DROP”，内容主要是与公众生活紧密相关的河流与湖泊的水污染，号召人们在日常生活中具备环保意识，防止污染与我们生活紧密相关的河流湖泊。1996年第三次日美合作宣传以“水做的人”为主题的广告，该广告以“人体70%是水，污染水源就是污染人类自己”为诉求点，强调水资源对于人体的重要性，水资源的污染跟每一个人的生存紧密相关，保护水资源就是挽救自己的生命。①

（三）2000年以后的公益广告

进入21世纪以后，日本的经济开始逐渐复苏，公益广告的主题进一步扩大。这一时期，日美公共广告机构的合作仍在持续，对环境、资源等主题的宣传仍然如火如荼。公益广告的宣传除了自然环境、环境污染、公共秩序等永恒的主题外，还多了一些新的主题。公益广告的表现主题和范围进一步扩大。

---

① 苏立：《日本公益广告中的环境教育》，《内蒙古农业大学学报》（社会科学版）2009年第5期。

1. 地方振兴

自2002年以后，地方振兴成为日本公益广告宣传的一个主题方向。地方振兴主要是以控制人口减少及解决东京人口集中化等问题为目的，旨在创造充满活力与希望的日本社会，鼓励人口生育以及积极利用地方特色自主创业，从而创造更多就业机会，早日实现日本地方经济再生。一时间，地方振兴广告成为时代潮流，各个地区纷纷推出以振兴地方为主题的公共广告，强化传播各地优势和实力。主要代表作有：《北海道》《大阪队》《关西活性化》等。

2. 青少年犯罪

日本的社会弊病广告重点表现在毒品犯罪、青少年犯罪等方面。日本毒品犯罪在经过历史上三个泛滥期后，本已渐趋减少，但进入21世纪以后，毒品犯罪又开始出现增多现象，并呈现低龄化趋势。中学生滥用和买卖毒品成为社会问题。2005年左右，日本内阁公布了一项有关“药物乱用”情况的舆论调查结果表明，有91.5%的日本国民认为日本青少年“药物乱用”的问题严重，这里的药物指毒品。据统计，2005年日本全国因涉嫌毒品犯罪被逮捕的人数是2000年的6倍。日本政府为此提出了防止“药物乱用”的计划规划。公共广告组织也加强了对学校学生的防药物滥用宣传。在青少年喜欢欢聚的场所，如车站、闹市等发放宣传单页，启用影星工藤静香拍禁毒广告，积极进行传播。并开展“消灭毒品，兴奋剂运动”等活动，向青少年宣传“药物乱用”的危害，防止青少年误入歧途。

3. 防止自杀

一直以来，日本是一个自杀率高的国家，日本传统文化中的武士道精神对自杀的高度认同是导致日本自杀率高的重要原因。特别是20世纪90年代日本经济出现泡沫大量员工失业，社会上弥漫着颓废的情绪。日本每年的自杀人数从1998年开始连年上涨，这一现象引起了社会的高度关注。日本从2007年开始，将每年的9月10日开始的一周时间定为“预防自杀周”，国家连同地方公共团体广泛举办各种活动，推进民众对自杀的认识。从2009年开始，日本将每年的3月定为“自杀对策强化月”。2010年3月，日本政府在全国开展“爸爸，睡得好吗?”的公益宣传活动，日本社民党党首、内阁府特命担当大臣福岛瑞穗亲自上街发放宣传品，呼吁家人多关心父亲的睡眠质量，并告诉上班族：“每天都觉得很累，但是睡不着——如果这种现象持续两周，就可能是抑郁症，应引起充分重视。”2012 年为配合 3 月防止自杀宣传月的活动，日本内阁起用人气偶像团队的 AKB48 担任形象大使，通过出演电视广告呼吁人们远离自杀。整个活动以“人人参与”为主题，希望每一个国民都引起关注，尽一己之力，关心周围的人，将远离自杀推及每一个人。

4. 亲子教育

从 2001 年以后，亲子教育成为一个耀眼的主题活跃在各年的年度主题中。在经济高速发展的日本，国民生活条件日益优越，独生子女大量涌现，下一代磨炼意志的机会减少。日本公共广告协会在进行了充分调研的基础上，认为有意识地给孩子提供机会，培养孩子独立意识和责任感应是社会关注的重心。与此同时，在对日本孩子的大量调研中，当问及孩子“你对家庭有什么更高的期望”时，孩子回答得最多的是“家里人都能愉快地过日子”。父母与孩子的沟通是建立幸福家庭的基础。因此，日本公共广告组织将亲子教育作为新的公益宣传主题，以期引起父母的广泛关注。日本亲子教育的公益广告体现在两个主题：一是培养孩子的自立和责任感。日本教育孩子的名言是：除了阳光和空气是大自然赐予的，其他一切都是通过劳动获得的。二是孩子与父母的沟通。强调在家庭关系中有很多活动对于增进亲密关系非常有益。这是亲子关系宣传的重心。日本心理专家认为近年来日本青少年犯罪的增加与亲子间关系日渐冷漠有紧密关系，因此推出了一系列促进亲子关系的广告。其中较有代表性的有《拳击场》，电视画面上家长在拳击场外给场内的孩子加油，父母声嘶力竭地大声叫喊着：“加油，再加一把油”，“绝不能临阵脱逃”，“现在可是决定胜负的时候，再加一把油”，“其他孩子都在玩命，你一定会做得更好”！拳击场上是一个埋头苦读准备大考的孩子在强大的压力下痛苦地捂着头高声喊叫着倒在了拳击场上。孩子的话外音：“拼命努力到底是为了什么?”字幕：父母和孩子谈谈吧，一起思考明天吧。2007 年，日本全国推出的四组广告中提倡亲子交流的《教育委员会》篇居于榜首。该广告通过电视、广播以及平面媒体广为传播，选择了多个孩子以儿童教育委员会成员的身份提出对家长的希望。平面广告则以众多孩子留言的方式向家长呼吁：和我们一起考虑我们的烦恼吧！

总之，由于日本公益广告发展较早，直到 20 世纪 80 年代已经初具规模，公益广告在反映民生、百姓关注热点等方面表现得较为成熟。随着年代的推移，日本公益主题呈现出非常鲜明的特色。一是选题很广，日本公益广告年度主题明确，选题涉及社会福利、老龄化、环境保护、公共礼仪等广泛的素材。而且年度主题的内涵呈现出不断扩大的特色。日本公共组织每年进行大规模选题调研，选出反映民生的公益广告主题。二是公益主题的持续性。从近三十年的日本公益主题的选题来看，很多选题往往持续10年、20年进行长期、持续的大规模传播，在一代代国民心中形成长久的印象。三是主题反映社会热点，规划性强。日本公益广告的主题总是与时代的社会热点紧密相关。针对某一阶段的社会热点问题，往往是采取长时间有规模有计划地大规模宣传活动。例如：80年代日本国际化交流增多，国际化的交流成为公益广告的主题，在1983年以后，日本推出了二十多个公益广告，从各个角度营造日本国际化交流的社会氛围。

## 四　日本公益广告的运作模式

日本的公共广告机构是日本广告界最大的团队，其会员包含正式会员和赞助会员，所有会员都需交纳会费。正式会员一般为企业、团体等法人，往往由广告公司、媒介、广告主组成，赞助会员一般为个人。日本公共广告机构的活动经费完全来自会员的会费和赞助，作为对赞助会员缴纳会费的回报，日本A C向赞助会员赠送当年的每期活动报告——“A C报告”，并就新作品向其做问卷调查。广告创意和制作的费用由广告公司和制作公司承担，媒体发布主要由媒介部门免费发布。① 其活动完全是公益性质的，会员不会从中获得一点儿经济利益。但如果成为日本公共广告机构的会员，其社会威望和影响力会得到提升。日本公共广告机构发布的公共广告，署名都是日本公共广告机构，不出现任何企业的名称和信息，在日本形成了良好的社会影响。

在日本的公共广告中，媒介、广告公司以及企业的分工非常清晰。媒介有着非常准确的定位，即只是提供版面空间和播出时段，不涉及任何形式的公共广告的创意和制作。这既体现了自身的专业性又防止干预过多降低了公共广告的创作质量和水平。广告公司则是自觉来履行创意和制作广告的义务，尽力用自己的专业技能服务于社会。企业在日本公共广告机构

---

① 魏玮华：《日本公共广告对中国的启示研究》，硕士学位论文，对外经济贸易大学，2012年。

中担负重要职能，面对公众对企业自身经营中各种问题的质疑，日本企业开始参与到公共广告组织中，强调自己的社会责任。许多公司设置“公共贡献室”，热心于社会公共事务。他们是公共广告的捐资者，但这是一种无偿的捐助，在公益广告中不会出现任何企业的任何信息。

在日本的公共广告中，为了尽量排除公共广告被政治利用的风险，政府以及地方自治机构与公共广告机构没有直接关系，日本的公共广告强调运作主体的独立性和纯洁性，以确保公共广告活动的社会性和公众性，这样不会受到政府以及其他利益集团的影响。

经过近三十年的发展，日本的公益广告机制已趋于完善，无论从选题的确定、主题的表现还是运作模式上，都呈现出很强的专业性特点。从选题来看，日本公共广告的选题是在进行大众调研的基础上确定，更为准确客观。在主题表现上，公益广告远离标语性口号性抽象的宣传模式，更多地从生活中具体细微的视角深入的表现主题，入木三分、层层深入。在运作模式上，有最大的公共广告组织，分工明确，公益性质更为纯粹。日本公益广告从 20 世纪 60 年代起步到今天，历经五十多年的发展和完善，已经非常成熟了。

## 第三节　中日公益广告主题的比较研究

通过梳理中日两国公益广告的发展变迁，我们可以看出，中国与日本在文化、经济、发展阶段的诸多不同，导致两国的公益广告发展与主题也存在诸多差异。在过去的 30 年间，中日两国的公益广告无论在主题、内容还是表现形式上都有了较大的发展，但由于日本公益广告起步较早，较中国公益广告相比，其在主题的选定上更为成熟和完善。

### 一　经济背景的比较

从中日的经济背景来看，近三十年来，中日的经济发展都经历了三个阶段，大体分为：1981—1990 年，1991—2000 年，2001 年至今，虽然两国经济都经历三个阶段，但发展层次和水平又不尽相同。

日本的经济发展起于战后 20 世纪 60 年代，到 80 年代时已发展到较高水平。这一时期日本经济持续增长，社会资源十分丰富，国际的交流与合作频繁，日本成为仅次于美国的世界第二经济大国。而 80 年代的中国，刚刚从“文革”中解放出来，经济体制以计划经济为主，所有产品都依靠配额和票据，社会财富极为短缺，中国经济还处于短缺经济时期。具体来说，当时电子产品已充斥日本家庭时，而中国家庭电视机仍为稀缺的奢侈品。

进入90年代以后，日本经济在历经了30年的高速发展期后，开始进入瓶颈阶段，在世界性的经济危机的影响下，日本经济出现泡沫。这一阶段，日本经济开始负增长，失业率不断升高，国民生活压力加大。而20世纪90年代正是中国经济高速发展时期。1992年，邓小平南行，改革开放的春风吹遍大江南北，市场经济体制逐步建立起来。外资企业开始以各种形式进入中国市场，与中国本土企业产生竞争，中国企业进入全新蜕变阶段，经济进入快速发展时期。20世纪90年代，在日本经济停滞徘徊时，中国经济得到突飞猛进的发展。

进入21世纪以后，日本经济开始逐渐复苏，日本政府在吸取以往经验的基础上推出绿色经济发展计划，强调节约资源，充分利用自身优势发展特色经济。日本经济又得到持续发展，但发展速度减缓。而进入21世纪后的中国大步踏入经济国际化的发展趋势，不断加强与国际的交流与合作，经济发展稳速增长。总之，经过近三十年的发展，中国经济的高速发展使中日经济发展的差距逐渐减小。

经济的繁荣程度直接关系着公益广告的发展水平。因此，即使处于同一阶段，两国的公益广告还是表现出很大的差异。

1980—1990年：日本经济已十分繁荣，社会产品极为丰富，这时候的公益广告已经达到了成熟的程度，无论是数量还是质量都达到了较高的水平。广告选题广阔，涉及社会生活的方方面面，已形成围绕年度选题长时间全方位传播的运行机制。此时国内还是计划经济时期，广告缺乏活力，公益广告基本属于刚刚起步阶段，多由地方政府或部门发起，企业没有参与意识，主题分散，没有规划。

1991—2000年：日本的经济衰退，前期经济的快速发展带来的一系列环境问题尚未解决，泡沫经济又带来了新的社会问题，公益广告担负着更为重要的引领作用。这一阶段的公益广告深入社会深层揭示社会心理，呼吁社会关注环境资源、大众福利和公共礼仪，在主题的表达上更深入人心。90年代，我国的公益广告也开始蓬勃发展起来，公益广告大量涌现，这些公益广告一般采用政府规划、企业出资的模式，呈现出一定的阶段性特点。在公益主题的选择上，基本是以政府为主导。这一时期的公益广告开始体现经济发展的特征，譬如知识改变命运，下岗再就业等广告，跟经济发展趋势紧密相关。但相比于同时期的日本，在选题的广泛性、对社会心理的深入、内容创意等各个方面都存在很大的差距。

2000 年至今，伴随着日本经济的复苏，日本公益广告向更广阔的领域延伸，在运作形式上更为规范、协调。经济的发展直接影响着公益广告的主题，日本公益广告的主题选择除了继续宣传环境、公共秩序等永恒主题外，又多了一些新的主题。涉及最典型的例子是经济发展带来高强度高压力，企业员工跟家人和孩子沟通交流的机会越来越少。从 2001 年以后的十年间，亲子教育一直成为各年的年度主题。进入 21 世纪中国的公益广告日趋成熟，也涌现出一些体现经济发展进程的公益广告，譬如农村人口流动所带来的留守儿童问题等。但总体而言，公益广告的选题还处于政府的宏观调控下，受政府政策的影响更多一些。

## 二 社会文化背景的比较

中日两国是一衣带水的邻邦，有着很深的文化渊源。早在隋唐时期，中国儒家、佛教等文化就传入日本，逐渐与日本的神道相融合，对日本人民的道德观和价值观产生了深远影响。因此中日两国的社会文化背景有很多相似之处。这主要表现在：

（1）对忠孝观念的重视。在中日两国的公益广告中，我们能够见到大量的忠孝主题的公益广告。在中国文化中，忠孝作为调节社会人伦关系的基本规范，包含着丰富的社会历史价值。古老的中华民族向来提倡忠孝道德，形成了光辉千秋的传统美德，直至今日，忠国孝亲被当作宪法条文规定下来，我国宪法第 49 条明文规定：父母有抚养教育未成年子女的义务，子女有赡养扶助父母的义务。这条宪法及老年人权益保障法的规定正是对中华民族传统孝道的继承和发扬。而宪法中关于公民“维护国家统一”“维护国家荣誉和利益”等体现对公民“忠国”的要求。在日本，忠孝思想是日本传统文化的重要组成部分，日本人从出生就背上了忠孝的思想。因为他们从出生那一刻就注定欠下了“皇恩（受于天皇之恩）”“主恩（受于主君之恩）”和“亲恩”（祖先父母之恩），这是他们必须终其一生偿还的债务。尽忠和尽孝是每个日本人必须无条件履行的义务。为了使这一思想得到执行，日本政府完善教育制度，对教育内容进行严格规定，把传统的忠孝思想变成书面形式，明确并反复向国民提出。

（2）对礼仪的关注。中日两国对礼仪文明都很关注。在两国的公益广告中，遵守社会公德、公共礼仪一直是两国公益广告的重心。中国具有五千年文明历史，礼仪占有非常重要的地位，素有“礼仪之邦”之称。礼仪文明作为中国传统文化的重要组成部分，各方面的礼仪规范可谓源远流长。礼在社会中无处不在，出行、坐卧、宴饮、婚丧、寿诞、祭祀等都有固定的礼仪和规定。中国人的礼制精神是亲亲爱人，礼仪原则是自卑尊人。在汉字里，礼既表示礼貌和秩序，又意味着为表敬意和隆重而举行的仪式。千年以前中国就有了《周礼》《仪礼》《礼记》等礼仪专著。“虚席以待”“程门立雪”等以礼相待的典故在历史上源远流长。日本的礼仪文化是建立在中国礼仪文化的基础上的，礼仪文化作为儒家文化的核心，伴随着儒家文化一起传入日本，在日本受到格外的重视。日本至今仍然保留着我国唐代的浓厚的礼仪和风俗。历代统治者为了使礼仪文化得到巩固和传承，将礼仪文化加入到学校的礼仪教育之中，同时在社会上广泛传播传统礼仪，促使传统礼仪全面走向学校和社会。礼仪文化深深地烙入日本人的生活中。日本传统礼仪重视“恭敬和亲”，强调通过自谦、敬人来融洽人际关系。这些跟中国礼仪文化中的谦恭敬信基本是一致的。

（3）对自然的崇尚。对自然资源和环境的保护是近二十年来两国公益广告中出现频次最高的主题。中日两国文化中对自然的崇尚是几近相同的。中国传统文化将人置于大自然中强调人与自然的和谐相处，古代思想家认为，生（创造生命）是宇宙的基本规律，人与万物都是一体的，都是同类，是平等的，人没有权利把自己当作万物的主宰，“屈物之性以适吾性”。应该对天地万物心存爱念，使万物都能按照其自然本性得到生存和发展。这叫“各适其天”①。以老子为主体的道家文化主张崇尚自然，顺从自然，追求对自然本性的回归。例如：“人法地，地法天，天法道，道法自然。”日本文化中强调人与自然的和谐，人对自然非常亲和，他们对自然的崇拜达到了神化的程度。大自然带来的灾难，像台风、大地震等在日本人看来是自己有错激怒了神，或是神充满慈爱的考验。日本人自古就认为，人和自然是融合在一起的整体，人只是自然的一部分，是宇宙万物的一个种类，应与自然亲善地共生共存，人不需要征服自然，战胜自

① 叶朗：《中国传统文化中的生态意识》，《北京大学学报》2008 年第 1 期。

然，相反地，应该顺从自然热爱自然。与自然交往，与自然对话，回归自然，在日本是令人愉悦的事情，是高雅的情趣，甚至被视为一种美德。①

中日两国的文化背景有很多共同之处，但毕竟两国的文化发展进程不尽相同，因此两国文化背景又存在着很多差异。具体到现实生活中，主要表现为：

（1）中国人把孝道放在第一位，日本人把忠放在第一位。因此在具体生活中表现为，中国人以家庭为中心，日本人以事业为中心。中国自古就有“父母在，不远游”“百善孝为先”的教义，在历代的各种文化传播中，对父母的孝心始终是小说诗歌等各种艺术作品塑造的核心。因此在中国从公益广告诞生之日起，孝道始终是公益广告的宣传主题。日本人更注重对企业对工作的忠心，这种以工作为中心的奉献精神使得他们往往忽视对家庭的关照，甚至出现虐待儿童的事件。因此在日本的公益广告中我们经常看到家庭主妇对老公不着家的抱怨以及呼吁与老人跟孩子多交流多沟通的亲子教育内容。

（2）在礼仪文化上，日本人更注重礼仪。虽然中国古时被称为礼仪之邦，但由于对旧礼教的矫枉过正和西方文化的融入，时至今日，传统文化受到冲击，诸多民族文化传统已处于失序状态。国民缺乏现代公民意识，还意识不到遵守公共规范与自己生活紧密相关，以至一些违背社会公德、不遵守公共秩序的事情屡屡发生。因此遵守社会公德一直是公益广告的宣传主题。公益广告从“请走斑马线”“请不要夹塞”到“不要大声喧闹”等生活中种种失礼行为入手，为国民进行礼仪文化的普及。日本是个很注重礼仪的国家，虽然受到西方文化影响，但礼仪文化没有受到冲击。日本长期通过学校教育、社会宣传等多种渠道对国民进行礼仪文化的教育。日本人讲究公共礼仪，甚至到了吹毛求疵的程度，搭公车时大声说话、吸烟、坐姿不正都会引起公众声讨。这在日本的公益广告中有深刻体现。从70年代末至今，公共礼节一直是日本公益广告的年度话题，对日本民众进行着长时间多角度的礼仪传播。礼仪已深入日本人的骨髓中。

（3）日本对自然资源和环境的保护意识更为强烈。中日在经济高速发展之初都经历过对环境和资源的过分利用。但日本由于经济发展较早，因此觉醒较早，对环保的宣传也较早。日本环境教育从20世纪70年代就

① 路邈：《日本自然观浅析》，《北京第二外国语学院学报》2004年第2期。

成为公益广告的主要目标，经历70年代的节约资源能源教育，80年代的反对过分捕杀、珍爱动物，90年代以后公民个人环保意识的培养，直到今天对环保的宣传从来没有间断过，长时间大规模持续性的宣传使环保的观念深入人心。中国的环保教育起步较晚，直到90年代，环保教育才刚刚开始，但并没有形成系统化的系列主题。进入21世纪，虽然环保主题的公益广告大量涌现，但缺乏系统性、阶段性及规划性。目前仍有很多企业和个人没有意识到环境污染和肆意利用破坏自然资源的危害，企业和个人的环保意识还没有完全形成。

## 三　公益广告主题的比较

从宏观来说，中日两国的公益广告在表现主题上都呈现出视野广阔，取材广泛；紧抓热点，时代性强的显著特征。近三十年来日本公益广告涉及近二十个种类的上百个主题，主要是公共道德、环境问题、资源问题、教育问题、社会福祉、国际交流、社会病理等。随着公益广告主题内涵的不断扩延，在原有主题的基础上，又出现国际贡献、犯罪问题、医疗健康、传统保护等新主题，从社会生活的方方面面反映着日本社会亟须解决的各种问题。中国的公益广告近三十年来也涉及公共卫生、交通安全、公共道德、环境保护、科学教育事业、国际宣传、关爱个体生命、公共价值取向、政治政策宣传等十多个种类，并呈现出不断扩延的趋势。进入21世纪，随着经济的不断发展，一些新问题也不断涌现，原来不受关注的青少年教育、食品安全、毒品、盗版、网络健康等公益主题开始频频引起人们关注，进一步扩大了公益广告的内涵。在主题表现上，两国公益广告的主题也总是与当时的社会热点紧密相关。20世纪90年代，日本企业的环境治理初见成效，培养公民的环保意识成为社会热点。《没问题吧，这种凶器》（扔碎瓶子，牙签）、《至少不做乱扔空罐的人》《不减量的工作》《乱扔垃圾》《乱扔垃圾的世纪就要过去了吗》等作品，大大提高了公民的环保意识。我国公益广告主题和日本一样，也始终跟社会热点紧密结合。20世纪90年代，国有企业进行大规模改革，下岗职工再就业成为社会热点。《从头再来》《脚步》《下岗再就业》《支持就是力量》等公益广告紧贴时代脉搏，鼓舞斗志，撼动人心。

虽然中日两国的公益广告在主题表现上有很多相似之处，但仍然存在着不同和差距。

（1）从主题的产生过程来看，日本公益广告的主题来自受众调研，中国公益广告的主题主要是政府命题。

为了尽可能获得日本民众的心声，准确找到公众迫切需要解决的社会问题，日本公共广告机构每年在进行公益广告命题时，会委托在全国各地的分会对各地民众进行问卷调查，将收集到的问卷进行分析统计，以便获取民众的最大意愿。各地分会根据民意调研结果找出自己区域内重点关注的公益广告选题，然后提交给总部，全国的公共广告机构会员通过投票选出下一年的公益广告主题。在这个过程中，民众的意愿得到了充分的关注，选出的选题因为反映民生所以会引起广泛关注。

中国的公益广告主题来源于政府各个部门的决策，往往是为了配合某一阶段的政策宣传需要，政府各部门是公益广告主题的发起者，选题完全出于党和国家的宏观宣传的要求，与民众距离遥远，在一定程度上与民众的意愿脱节。由于选题往往是高高在上的主题，民众没有任何参与，因此对公益广告的主题反应冷淡，参与度不高。

（2）从主题的整合规划上说，日本公益广告整合规划性强，主题集中，重延续性。中国的公益广告整合规划差，主题分散。

日本公益广告是由公共广告组织制定，年度公益广告主题确立后，全年的公益广告宣传都会围绕这个主题展开。以20世纪80年代为例，国际化交流成为当时公益广告的年度主题。从1983年到1988年，日本公共广告组织推出了大量作品，从国际交流、国际支援等多个角度营造了日本国际化的全新视角。通过连续六年大规模、持续性的宣传，全方位塑造了日本迎接国际化的氛围。日本公共广告机构对一些公益主题会持续关注很多年，其中环境保护问题较为突出。从70年代开始一直到现在，日本公共广告组织对环境保护的宣传从来没有停止，公益广告的环保教育主题从宏观到微观，从企业观念到公民意识的培养，逐渐向纵深发展，这种长期持续性、潜移默化的公益广告的宣传在公民心中形成了很强的环保意识。值得一提的是日本对地震等自然灾害的公益主题循环持续地宣传特性。日本是一个地震多发的国家，日本公共广告机构在日常生活中经常进行地震知识宣传，制作了大量海报和公益广告片，宣传如何做好防备以及如何进行自救，使日本民众在平时已经做好充分准备，防止地震发生时手足无措，造成不必要的伤害。当地震发生后抗震救灾的时段，公益广告重点传播团结一致的力量，人与人之间的关爱。呼吁全国民众团结起来，抗震救灾。

地震后一段时间，公益广告的主题是关于灾后重建和心理安抚。其后，公益广告主题又重新恢复到平时的防震知识宣传。循环连续性的突发灾难公益宣传使日本国民面对灾难能够积极有效地处理和应对，保持良好的社会秩序。

我国的公益广告在主题的制定上明显缺乏规划，较为分散。公益主题的制定往往是根据政府某一阶段的政策引发或是由突发事件引发，在进行一段时间的大力宣传之后便销声匿迹了。由于没有一个专门的公益广告机构统筹规划公益主题，公益主题的制定自然缺乏统一规划，有的年份或月份是由政府某一部门根据自身政策宣传需要发布某一公益主题，宣传一两个月便偃旗息鼓，有的时候是企业出于建立自身形象需要发布公益广告，也有时候是媒体根据情势发布公益广告，专门公益广告规划部门的缺乏，很难将各个部门、各个企业的各种选题统一起来。因此，公益广告主题较为分散。很难确定明确的年度选题。由于对公益主题没有规划性，公益主题不可能形成长期持续的大规模宣传阵势。我们很难找到像日本的环境问题那样经过系统规划，从整体到企业到个体循序渐进的，持续几十年的大规模全方位的公益广告宣传。我国的公益广告更多是迎合形势需求的短期宣传，稍纵即逝，基本在大众心中留不下什么印象，更不用提给大众养成什么习惯。以公共道德主题为例，公共道德主题一直被各种媒介认为是我国改革开放以来公益广告中最主要的主题，公共道德作为每一个公民必须遵守的社会公德，涉及个人的作风、习惯等，这需要经历一个长期的持续性的观念培养过程。而在实际的公益广告宣传中，只是蜻蜓点水般一提而过，规模较大的有两次，一次是 1996 年在中宣部等四个部门的倡导下发起的“中华好风尚”的公共道德宣传，一次是 2001 年，配合《公民道德建设实施纲要》，在中央电视台播出的思想道德公益广告，作品有《共同的力量》《同升一面旗，共爱一个家》《将爱心传递下去（洗脚篇）》《爱我中华，再创辉煌》等，虽然也产生了一定的社会影响，但由于时断时续，阶段性强，没有给人留下深刻印象，更没有起到培养公众形成习惯的效果。整体来说，中国公益广告延续性差，缺乏整体规划性。

（3）日本的公益广告选题及表现较为具体翔实。我国的公益广告无论选题还是表现一般比较宏观抽象。

日本的公益广告选题是在民众调研的基础上产生，参与审核的成员往往是企业及媒体成员，能够更多地反映民意。因此，在选题上能够更为具体，更接近民生。在主题表现上，日本的公益广告从小事入手，给人以深刻印象。在日本公益广告中我们很难见到像“保护环境，人人有责”等这样内容空洞、口号化的大道理，而是以深入浅出、具体翔实的小事来阐释道理，细致入微地指导大家的具体行动。日本一位资深的广告人杉山恒太郎曾在一篇文章中这样写道：“作为创意人如果抱着‘我想把这个社会变得更好’或者‘我想为这个社会做出贡献’的想法去做公益广告，反而会失败，因为这种感情不会永远保持下去。只有用普通人的心情去创作公益广告才能做好。”日本公益广告的表现手法一般比较平实，从细微处入手，从大家的日常生活中的小细节入手。以日本20世纪90年代的环保公益广告为例，虽然同是表达“保护环境，人人有责”的意思，但在广告中采用的是《踩了口香糖》，《到此一游的耻辱》，《至少不做乱扔空罐的人》，《没问题吧，这种凶器》（乱扔空瓶，牙签），《小草在哭泣》，《鱼儿回来了真高兴》等，以具体生动的小细节（如乱扔口香糖、空瓶子等日常生活中的不良行为）将简单的道理呈现在公众面前，易于被人们理解和接受。

我国的公益广告作为政府进行宣传和教育的重要阵地，其主题多是一些涉及国计民生、民族精神、爱党爱国、自强创辉煌等重大主题以及国家政府的重要决策。公益广告的主要职能是配合党和国家的大政方针，积极进行国家政策方针的推广和宣传。在这样的背景下，公益广告的主题往往会是比较抽象和宏观的，像“中华好风尚”“自强创辉煌”“公民道德行为规范”等大量抽象的公益广告主题由政府部门发布，随之应景的公益广告作品一拥而上，由于主题较为抽象，在表现上容易出现空洞说教的效果。在由中国广告协会主办的“公益广告与社会责任”主题讨论会上，国家广告研究院院长丁俊杰教授指出：“目前中国公益广告存在的四个问题，一是逢迎讨巧，内容空洞，不考虑受众的接受意愿，不但不能推动民众的积极健康，而且会引起反感。二是喊口号，简单用字配图。三是跟风严重，例如句式的模仿，一句‘这里是我家，卫生靠大家’不管是企业和学校都在用。四是面子工程，只为完成任务，内容空洞，流于形式。”① 抽象的主题，空洞、流于形式的内容使公益广告无法达到预定的宣传效

① 刘现娟、薛庆元：《内容空洞　跟风严重　公益广告四大病症待治》，《中国消费者报》2014年6月6日。

果，公众很难理解和接受。

## 四　中日广告运行机制的比较

日本公共广告的制定机制是以日本公共广告机构为中心，跟政府几无联系。整个公益广告运行机制比较严谨。中国没有统一的公共广告管理机构，公益广告运行机制散乱。

日本公益广告学习美国公益广告的发展模式，建立全国公共广告机构，统一规划和制订公共广告的主题。它的会员遍及全国各地，主要是企业、广告公司和媒体，几乎全国所有的报纸公司、广播公司、铁路公司等都是成员。为防止政府过多干涉，日本公共广告机构与政府几乎没有联系。在制定年度选题时，企业、媒体、广告公司都以会员身份参与制定，由于日本企业是公共广告机构的中流砥柱，因此，企业对公益广告选题的确定起到了主要作用。日本很多企业都设有“社会贡献室”，不管是缴纳会费的会员还是提供赞助的企业，在公共广告中是不求任何回报的。日本公共广告机构发布的公共广告，署名都是“日本公共广告机构”，这种纯粹的公共广告在日本社会获得了良好的社会评价。[①] 广告公司也是完全出于对公共责任的认知自愿参加日本公共广告组织，完全出于社会责任选派精干力量全力完成作品。日本公共广告强调运作主题的独立性、纯洁性，这确保了公共广告组织的公共性。

中国的公益广告没有专门负责公益广告实施和执行的具体机构，大部分是由各个政府部门组织，媒体负责具体规划实施。由于没有统一的组织部署和规划，造成公益广告没有长远计划，年度主题杂乱，没有持续性。公益广告呈现出很强的政策性。资金主要来源于企业投资，但由于我国的公益广告主题的确定基本由政府实施，企业没有自主权，因此企业积极性不高。媒体就采用企业署名的方式来激发企业的主动性，目前由企业署名的公益广告是我国公益广告的主要形式。广告公司负责公益广告的制作和创意，也是出于多种商业的需求。随着经济的发展，企业冠名公益广告和免费占用媒介资源产生严重冲突和矛盾，中国公益广告的运行机制亟须调整。

19 世纪美国著名的历史学家大卫·波特曾经说：“现代社会里，广告

① 魏玮华、张殿元：《日本公共广告运行机制研究》，《青年记者》2013 年 2 月。

的社会影响力只有教会、学校能够与之匹敌。”① 公益广告在改变公众意识、形成公众习惯、促进公众利益等方面发挥着积极的社会作用。中日两国公益广告的比较研究，使我们清晰地看到我国公益广告与日本公益广告的差距，为我国公益广告的发展和完善提供了新的思路。

① 冯念文：《谈公益广告发展中的政府行为》，《中国工商管理研究》2006 年第 9 期。

# 结　语

研究中日广告文化比较，首先要搞清楚“什么是广告文化?”这是一个相对缥缈的概念，不同的专家学者的定义和解释各不相同。大家对广告文化的认识犹如雾里看花，心驰神往却又感觉神秘莫测，摸不着边际。当我们结合社会热点话题找到了广告与传统文化的契合点时，广告文化的面纱揭开了一角，尽管之前有人从心理学、社会学、审美学等多个视角对其进行了各式各样精到的论述，但当我们从文化学的视角去审视它的时候，还是感觉到新奇的一面。它把丰富多彩的文化内容创作出一片艺术的世界，让大家在美的感受以及情感的体验中去把握一个民族的文化精神。

在课题的研究过程中，深厚的源远流长的儒家文化越来越清晰地呈现出来，中日两国文化都是在儒家文化影响和熏陶下发展起来的，又结合各国特色形成各自独有的民族文化，具有很强的可比性。忠孝节义俭以及女性伦理观是儒家文化的核心和重要内容，无论在日本还是中国，这些伦理观念都成为两国的民族文化传统，涌动在民族的脉动中，成为两国的广告文化之魂。所以，我们只有对两国的传统文化有着清晰准确的把握，才能够明白广告文化的核心精神是什么。

我们之所以把广告文化定义为民族文化的艺术再现，是因为几千年的传统文化展现出鲜明的文化特色，无论在内容还是形式上对广告都有非常明显的影响。举例来说，同样是“忠文化”，日本文化对“忠”非常关注，忠必须是绝对的忠诚，被绝对化。而中国文化“民以轻君”“水能载舟，也能覆舟”的价值取向表现出忠不是最根本的道德标准。因此在广告表现中，两国广告表现出较大的差异。在中国广告文化中积极号召人们要有爱国主义精神。在日本的广告传播中则很少见到直接宣传爱国主义的广告内容，因为忠诚已内化为日本人的基本品质，所以对国家的忠诚更多地表现在资源匮乏的危机感。因此对家园、资源的保护成为广告宣传的核心。再比如，中日两国的审美思维有所不同，中国强调和谐，中国儒家文化的传统根基使中国人长期形成追求完美和谐，尚全勿缺的审美要求。日本强调不完美，日本复杂的地理环境，频频发生的自然灾害使日本人感到无所适从，他们只好求助于自然神灵的力量，而自然的一石一木并不是对称的。因此，日本人时时处处仿照大自然，避免对称饱满的布局结构，这种非对称残缺存在于日本的各种艺术中。文化思维的差异表现在广告中则是中国广告的创作风格是极力追求对称、完整，而日本广告创作则强调依斜残缺。由此可见，只有从文化价值建构的角度对广告文化题材意蕴进行挖掘，才有助于我们把握广告文化的内在奥秘。只有把对广告文化的研究深入到民族文化的视角，才能对广告文化有真正了解，才能更好地阐释传统文化在广告文化中的重要意义。

本书部分案例源自《IAI 中国广告作品年鉴》，在此一并致谢！